한국 천주교회의 도덕적 권위와 사회적 역할

한국 천주교회의
도덕적 권위와 사회적 역할

추교윤 글

신(神)중심 시대에 교회는 진리의 산실이자 권위의 구심체였다. 세속화와 함께 교권은 신정분리(神政分離)의 원칙하에 한정된 영역으로 응축하였지만, 사회는 여전히 교회를 필요로 하며, 어려운 시기에는 교회의 역능을 보다 절실히 요망한다.

이 책은 1970년대 유신 치하에서 1990년 초 민주화 시대에 이르는 한국 현대사의 격동기에 한국 천주교회가 주도한 사회 참여 활동들을 국가-교회-시민사회의 3원적 도식을 바탕으로 종합적으로 분석한 방대한 연구서다.

교회와 국가 간의 단선적 관계에 치중해왔던 종전의 주류적 관점에 시민사회라는 요소를 삽입해 고찰했다는 점, 또 교회의 사회적 영향력을 "도덕적 권위"라는 개념에 준거해 설명했다는 점에서 이 책은 창의적이며 의미 있는 학문적 성과로 기록되어 마땅하다.

많은 사람들이 억압받고 좌절하던 유신시대와 5공 시절, 한국 천주교회가 억압적 군부 권위주의 정권에 맞서 인권 회복과 사회 정의의 실현을 위해 선도적 역할을 수행했음은 교파나 정파를 막론한 국민 대다수가 공감하는 "시대적 상식"에 속한다. 추교윤 신부의 이번 저작은 지금 우리가 공기처럼 스스럼없이 향유하는 자유나 민주질서가 어떤 주체들에 의해 어떻게 쟁취된 것이며 그러한 과정에서 한국 천주교회는 어떤 행보를 취했는가를 상론함으로써, 상식 이면에 내재하는 우리 사회의 치열한 단면을 새로이 주지시켜 준다.

불교가 국교였던 고려조 500년, 유교를 통치이념으로 삼은 이조 500년에 비하면 신도수 10%대에 불과한 이 땅의 천주교는 아직 그 연조나 세력이 일천하다고 아니할 수 없다. 그럼에도 불구하고 "민주화"로 통칭할 수 있는 지난날 한국사회의 변혁 과정에서 천주교가 엄청난 위력을 발휘할 수 있었던 것은 부정, 부패, 불의에 대한 "빛과 소금"의 역할을 강조한 "도덕적 권위" 때문이었다는 것이 저자의 지론이다.

도덕적 일체감을 기반으로 한 원시사회나 전통사회는 물론이요 기능적 상호의존성에 기초한 근대사회도 사회 체계의 유지존속을 위한 도덕성을 필요로 한다. 교회가 영적 가치를 세속적 가치로 전환하여 사회가 필요로 하는 도덕성을 공급할 때 종교가 사회변혁의 촉진자가 된다는 점을 우리는 막스 베버의 개신교 윤리 명제로부터 쉽게 추론할 수 있다. 뿐만 아니라 현대적 맥락에서도 사회질서의 확보를 위한 모종의 신성성(sanctity)이 요구된다는 점이 에드워드 쉴즈의 『중심과 주변(Center and Periphery)』이나 제프리 알렉산더의 『시민사회론(The Civil Sphere)』과 같은 저작들에서 거듭 드러나고 있다.

유신, 10 · 26, 광주 민주화 항쟁, 신군부 정권 출범, 박종철 고문치사 사건 등과 같은 비극적 사건의 흐름 속에서 한국 천주교회가 자칫 무력화할 수 있는 국민 의식을 일깨워 지배 이데올로기에 대한 저항력을 진작시키고 무정형의 시민사회를 조직화하는 데 앞장섰다는 저자의 견해에 전적으로 공감하며 대부분의 독자들도 그러하리라 생각한다. 다만 "보수화"나 "사사화(privatization)"라는 테제하에 시도된 90년대 이후의 진단은 이전 시기의 그것에 비해 논리성이나 치밀성 면에서 현저한 격차를 보이고 있다는 점을 "옥의 티"로 지적하지 않을 수 없으나, 티 없는 옥이 있으면 어찌 후속적 정진을 기대할 수 있을 것인가?

사회적 격변기에는 카리스마적 지도자가 등장할 개연성이 높다.

실제로 근 20년에 달하는 시련의 세월에 우리 국민은 김수환 추기경이라는 걸출한 종교적 지도자를 세상의 지도자로 믿고 따르며 고락을 함께해 왔다. 길고 긴 추모 행렬은 그를 중히 받드는 흠모(欽慕)이되, 그분이 우리에게 당부한 것은 수평적 사랑, 즉 연모(戀慕)라는 점에서 민주화 시대 이후의 한국 가톨릭교회가 사회 속에서 어떻게 거듭나야 하는가를 이 책과 더불어 숙고하게 한다.

2009년 3월
고려대 사회학과 교수
김문조

종교가 인간 개인이나 사회를 위해 수행하는 역할에 대해 탐구하는 것은 종교 사회학을 연구하는 연구자들에게는 언제나 중요한 주제라고 할 수 있다. 특히나 특정 사회 안에서 어떤 종교가 다른 종교에 비해 상대적으로 소수임에도 불구하고 사회적인 영향력이 다른 종교에 비해 두드러질 때, 그 종교의 특별한 요인이 무엇인가에 대해 연구하는 것은 연구자들의 관심을 끌기에 충분하다고 할 수 있다.

이 책은 한국 천주교회에 대한 이러한 관심에서 출발하였다. 한국 사회에서 천주교회는 불교나 개신교에 비해 신자 규모가 상대적으로 소수임에도 불구하고 매우 영향력있는 종교집단으로 인식되고 있다. 그런데 그럼에도 그 요인에 관한 연구는 매우 부족한 실정이다. 이러한 이유에서 필자는 국가–시민사회–천주교회의 분석틀을 마련하고 '도덕적 권위(moral authority)' 개념을 상정하여 천주교회의 사회적 영향력을 연구하고자 하였다.

이 책에서는 먼저 종교적 권위를 가지는 천주교회가 어떻게 도덕적 권위를 확보하게 되었는지 그 과정을 파악하고 있다. 이 과정은 1970년대부터 활발하게 전개하였던 천주교회의 사회 참여 활동을 분석하는 것을 통하여 이해될 수 있다. 즉 천주교회의 사회 참여 활동이 전체 한국 사회에서 상당한 지지를 받고 정당성을 획득하게 됨으로써 천주교회의 종교적 권위가 사회적 영향력을 가진 도덕적 권위로 전화(轉化)되었던 것이다. 따라서 필자는 먼저 군부 권위주의 체제하에서 천주교회가 도덕적 권위를 확보해가는 과정에 대해 체계적인 분석을 시도하였다. 그리고 다음으로, 사회영역의 각 부분에서 이 도덕적 권위가 어떻게 작용하고, 그 영향이 무엇인지를 살펴보고자 하였다. 마지막으로 한국 사회의 변화속에서 천주교회의 도덕적 권위는 어떤 변화의 과정을 거치는지를 분석하여, 천주교회 도덕적 권위의 의의와 한계를 평가하고자 하였다.

이 책은 필자의 2005년도 고려대학교 대학원 사회학과 박사학위 청구 논문을 새로 다듬어 출간하는 것이다. 따라서 이 책에는 여러모로 부족한 필자에게 많은 도움을 주셨던 고려대학교 사회학과 교수님들의 가르침과 격려가 담겨 있다. 특히나 박사 논문을 지도해 주시고 이 책의 추천사까지 선뜻 허락해 주신 김문조 교수님의 도움은 절대적으로 중요하였다. 또한 양 춘 교수님, 노길명 교수님, 안호용 교수님, 조대엽 교수님의 가르침도 필자의 연구에 커다란 격려가 되었다. 이 자리를 빌어 그분들께 깊은 감사를 드린다. 이밖에도 일일이 거명할 수는 없지만, 필자가 연구를 지속하는 동안 도움과 격려를 아끼지 않았던 많은 분들께도 감사드린다. 특별히 안상인 신부님께서 보여주신 사랑과 관심에 대해서는 무어라 감사를 드려야 할지 모르겠다.

전혀 대중적이지 않은 이 책은 미래사목연구소 소장이신 차동엽 신부님의 배려와 도움으로 출간이 가능하게 되었다. 뿐만 아니라 월간 〈사목정보〉의 김양석 실장님과 최현주 님, 그리고 자세하고도 세밀한 교정으로 이 책의 격을 더욱 높여준 김숙향, 박진령 님의 노고에 힘입어 이 책이 출간되었다. 이분들께도 정말 감사드린다.

끝으로 평생을 가족을 위해 헌신하시다가 이제는 하느님 안에서 영원한 안식을 누리고 계시는 사랑하고 존경하는 어머니께 이 책을 바친다.

덕정성당 사제관에서

2009년 3월

추교윤 신부

차례

제 1 장

서론

1. 문제제기

종교를 사회학적으로 이해하려는 노력은 뒤르카임(E. Durkheim), 베버 (M. Weber), 마르크스(K. Marx)와 같은 사회학의 고전적 이론가들은 물론, 현대 사회학자에 이르기까지 끊임없이 지속되어 왔다. 이들은 객관적이고 실증적이며 과학적인 방법을 사용하여 종교를 하나의 사회적인 현상으로 파악하였다. 또한, 종교가 사회 안의 실재이며 사회를 구성하는 여타의 사회적 현상들과 지속적이고 상호적인 관련을 맺고 있다는 점을 이론화 하였다. 사회학적인 관점에서 종교를 연구하는 학자들은 종교가 인간 개인이나 사회를 위해 공통적으로 수행하는 역할은 무엇인지, 어떤 이유로 모든 사회에 종교가 있는지, 종교와 사회와의 관계는 어떻게 정의할 수 있는가의 질문으로부터 시작한다. 즉, 종교의 이념, 종교 조직, 종교의 지도력과 같은 요인들을 분석하며, 이들이 국가, 사회, 경제, 정치 등 여타의 영역들과 어떤 관련을 맺는지 파악하고자 한다. 또한, 이러한 분석을 토대로 종교의 사회적 역할을 제시한다. 그들에 따르면, 종교는 대체로 사회의 조화와 균형을 유지하는 통합적인 역할과 사회의 구조변동을 이끌어 내는 변동적 역할을 수행한다.

본 연구도 '종교의 사회적 역할에 관한 연구'이며, 한국 천주교회의 사회적 역할에 대해 살펴보고자, 한국 사회의 민주화 과정에서 천주교회가 수행한 역할에 대해 분석한다. 그동안 한국 천주교회의 사회적 역할에 대한 사회학적 연구가 매우 드물었으며 소수의 연구에서도 각기 다르게 평가하였다.[1] 한국 천주교회의 사회적 역할에 대한 엇갈린 평가는 그동안의 연구가 한국 민주화 과정과 한국 천주교회의 역할에 대한 설득력 있고 체계적인 분석이 미흡하였기 때문이다. 이와 같은 이유에서 본 연구는 사회과학적인 관점에서 국가와 시민사회에서 상대적으로 자율적인 천주교회가 한국 민주화 과정에 미친 영향에 대해 설명해 보고자 한다.

이러한 논의를 전개하려면, 한국 천주교회가 어떻게 사회적 영향력을 행사할 수 있었는가에 관한 근거를 파악해야 한다. 한국의 다른 종교와 비교하여 구성원의 수가 상대적으로 적은 집단에 불과한 천주교회가 어떤 과정을 통하여 한국 사회에서 영향력 있는 집단이 될 수 있었고, 그 근거가 무엇인지에 대한 설명이 필요한 것이다. 이에 따라, 본 연구에서는 천주교회의 사회적 영향력을 이해하는 매개적 개념으로 '도덕적 권위(moral authority)'[2] 라는 개념을 상정하고 사회영역의 각 부분에서 '도덕적 권위'의 작용과 영향에 관한 설명을 통해 한국 천주교회의 역할에 대한 적절한 답을 찾고자 한다.

---

1 이를 구체적으로 살펴보면, 천주교회가 저항 세력이 의지하는 '일종의 피난처 구실'(최장집, 1985: 210)을 했다고 파악하기도 하고, '사회운동 세력 중의 하나'(조희연, 1998b: 167; 정영국, 1993: 229; 윤상철, 1997: 75), 혹은 '미시동원집단'(정철희, 2003: 105)으로서 천주교회의 역할을 바라보는 입장이 있다. 이와는 반대로 이 시기 한국 사회에서 천주교회의 역할은 적극적인 의미의 정치적 저항운동을 전개하는 중심적인 위치에 있었다고 보는 입장(최종철, 1992; 천선영, 1992; 김녕, 1996; 1998)이 있다.

2 '도덕적 권위'는 국가와 시민사회의 구조 안에서 천주교회의 사회적 영향력에 관한 근거를 설명한다. 또한, 결과적으로 천주교회가 한국 민주화에 끼친 역할을 이해하는 데 중요한 개념이다.

2. 도덕적 권위에 대한 이론적 설명

권위(authority)는 일차적으로 '순응을 강제할 수 있는 능력'이고(T. May, 1998: 127), '사람들의 행동뿐만 아니라 신념에 영향을 미치는 힘, 믿게 하는 힘'으로 정의한다(D. Bell, 1975: 40-41). 따라서 '권위가 있다' 는 것은 다른 이의 행동이나 신념에 영향력을 미칠 수 있는 위치에 있음을, 또한 옳고 그름에 대한 신념을 제공하는 영향력이 있음을 의미한다. 그런데 권위는 정당성(legitimacy)을 제공하는 근거에 따라, 여러 유형으로 구분한다.[3]

정당성에 따라 분류할 때, '도덕적 권위(moral authority)'의 경우, 개인적 차원에서는 도덕적 자질의 우월성에 근거하고 사회적 차원에서는 공동선(common good)에 토대하는 것을 뜻한다(I. Udoidem, 1988: 63). '도덕적(moral)'이란 개인적 차원에서는 합리성(rationality)과 의지(will)의 사용과 연관되어 인간 존재로서 타당한가를 기준으로 한다. 사회적 차원에서는 개인이나 전체로서의 공동체 모두의 요구에 부합하는가를 기준으로 판단한다. 다시 말해, '도덕적 권위'는 개인의 도덕적 우월성과 공동선(common good)을 바탕으로 한, 사회적 정당성(social legitimacy)에 기반을 두는 권위를 말한다. 또한, '도덕적 권위'는 자원을 동원(mobilization)하여 다양한 집합행동이 발생하도록 하는 강력한 영향력을 행사하는 힘이다.[4] 사회 구성원은 이에 도덕적으로나 감정적으로 움직이거나 행위를 취하기도 한다.

'도덕적 권위'는 다양한 권위 주체를 통해 표현된다. 도덕적으로 우월한

---

3 베버(M. Weber)는 권위를 정당성에 따라 세 가지 유형으로 구분하는데 전통에 기반을 둔 전통적 권위, 개인의 비범한 특질에 근거한 카리스마적(charismatic) 권위, 법적-합리성에 토대를 두는 합리적 권위로 나눈다(M. Weber, *Economy and Society* vol. I, Berkeley, University of California Press, 1968, 212-215).

개인이거나 공동선에 근거하여 사회적 정당성을 인정받는 사회집단일 수도 있다. 그 가운데서 종교는 도덕적 권위와 밀접한 연관성이 있다. 종교가 지향하는 규범적 가치는 대체로 그 사회의 질서 유지에 도움이 되며 사회가 개인에게 요구하는 바람직한 가치와 일치하는 경우가 많다(이원규, 1997: 212). 종교는 본래 신적(神的)인 정당성에 바탕을 둔 권위가 있다. 그런데 어떤 특정 종교가 종교의 이념이나 윤리적 실천에 관한 가르침을 제시하는데, '공동선'의 주제에 관한 보편적 가르침과 그에 따른 활동을 적극적으로 전개하고 사회 구성원에게 그 정당성을 인정받으면 '도덕적 권위'로 전화(轉化)한다. 또한, 그 영향력이 사회 전체에 확대된다. 이와 같은 전화에는 '공동선'이 중요한 준거가 된다. 공동선이란 인간 존재를 보전(保全)하고 최대한의 인간 발전을 포함한다(이종은, 1992: 99). 구체적으로는 사회적 형평성에 대한 관심, 사회적 약자에 대한 배려, 불의한 구조의 개혁, 인간존엄성과 인권수호 등과 같은 다양한 주제가 있다. 그러므로 종교의 도덕적 권위는 사회 정의구현 활동, 사회복지적인 활동, 인권수호 활동 등의 관계한 종교 활동을 통해 형성된다. 이러한 종교의 도덕적 권위는 전체 사회에 정신적이고 도덕적인 영향력을 행사하여 새로운 질서를 향한 행위를 구성하고, 사회를 변화시키는 영향력을 행사한다(M. McGuire, 2002: 249-251).[5]

　　이러한 관점에서 천주교회의 도덕적 권위를 설명할 수 있다. 천주교회의

4　일반적으로 권위라는 개념은 '복종을 강제할 수 있는 능력'으로 정의한다. 이 개념에는 행동과 의견, 신념 등에 행사할 수 있는 영향력이라는 개념이 내포되었다. 권위의 개념을 영향력으로 이해하는 것에 관해서는 D. Bell, Power, *Influence and Authority*, New York: Oxford University Press, 1975, 40-41; B. Turner, *Religion and Social Theory*, London: Sage Publications, 1991, pp.190-193; 이원규에 의하면 '권위'는 설득력 있는 힘 가운데, 자발적인 복종을 유발할 수 있으며 사람들이 당연히 받아들이는 영향력으로 정의한다(이원규, 『종교사회학의 이해』, 서울: 나남, 1997, 399 참고).

5　종교의 도덕적 영향력과 사회변동과의 관계에 대해서는 베버의 『프로테스탄트 윤리와 자본주의 정신』(M. Weber, 1958) 참고.

도덕적 권위는 1970년대 초부터 활발하게 전개한 사회 참여 활동과 연관된다. 1974년 민청학련 사건 당시, 지학순 주교의 구속을 계기로 천주교회는 부정부패와 부조리 근절, 사회 정의 실현, 인간존엄성, 인권존중과 같은 시대적 상황이 요청하는 공동선의 가치를 실현하는 활동을 범교회적인 차원에서 전개하였다. 불의한 국가 권력과 구조가 공익(public interest)을 위한다는 명분으로 개인의 사적 이익과 권리를 침해하는 것에 도덕적인 판단을 하고 인권을 억압하는 국가에 대해 시민사회를 대신하여 저항운동을 본격화하였다. 천주교회의 사회 참여 활동은 권위주의 체제 변화를 열망하던 사회적 욕구와 결합하여 높은 수준의 사회적 정당성을 인정받을 수 있었다. 극심한 억압으로 인권이 탄압받고, 사회적 불평등과 불의한 구조가 지배 이데올로기에 의해 정당화되었던 시기에 공동선에 입각한 천주교회의 사회 참여 활동은 한국 사회의 변혁 방향을 제시하였다는 점에서 강렬한 사회적 지지를 확보하였다. 그뿐만 아니라, 사회적 지지를 확보한 이 활동은 개별적인 명망가 중심으로 전개되었던 체제저항운동을 활성화하는 촉매로 작용하였다. 지학순 주교 사건과 그에 따른 천주교회의 체제저항은 천주교회의 도덕적 권위를 촉발시키는 주요한 요인이 되었다. 그리고 한국 천주교회 도덕적 권위의 영향력은 한국 사회의 민주화 이행 과정에서 시민사회 체제저항운동과의 변증법적인 관계를 맺으며 민주화 운동을 활성화하는 역할을 수행한다.

본 연구에서는 다른 경쟁 집단의 도덕직 권위에 비교한 천주교회의 도덕적 권위를 밝히는데 이는 다음과 같은 까닭이다.

첫째, 천주교회는 교계제도에서 비롯한 조직적 특성이 다른 종교에 비해 강하다. 천주교회는 로마 바티칸에서부터 지역교회에 이르기까지 내적 동일성을 유지하고 강력한 응집력으로 연결망을 형성한다.[6] 또한, 이를 바탕으로 전 세계적으로 강력한 도덕적 영향력을 행사한다. 이에 반해, 같은 시기에 활발하게 사회 참여 활동을 전개한 개신교는 개별 교회

중심적 성향이 강해 사회 참여 활동이 주로 개별 교회나 인물 중심으로 전개되었다.[7]

둘째, 비세속적이고 카리스마적인 천주교회 성직자의 도덕적인 삶과 리더십이다. 특히, 지학순 주교, 김수환 추기경 등의 지도자들은 인권 수호와 사회 정의 문제에 도덕적이고 초교파적인 입장을 견지하여 천주교회의 도덕적 권위를 더욱 부각시켰다. 김수환 추기경은 1989년부터 1995년까지 매년 〈시사저널〉이 실시한 '한국 사회를 움직이는 영향력 있는 인물' 설문조사에서 정치인 3김 씨를 제외하고 가장 영향력 있는 인물로 선정되었으며 종교계에 관한 설문에서도 가장 큰 인물로 선정되었다.[8] 이 조사에 따르면, 김수환 추기경은 정치인이나 경제인보다도 더 큰 영향력을 행사하고 있음을 알 수 있다. 이는 국론이 분열될 때마다 예언자적 메시지를 전하여 바르고 곧은 목소리로 사회적 지침을 마련하고 사회의 도덕적 양심을 일깨워주는 김수환 추기경에 대한 기대와 바람을 표현한 것으로 평가할 수 있다. 김수환 추기경에 대한 이 같은 평가는 1996년

6　각 종교별 응집력에 대한 경험적 연구는 뒤르카임(E. Durkheim)의 『자살론』을 들 수 있다. 뒤르카임은 가톨릭보다 프로테스탄트의 자살률이 높은 것은 프로테스탄트의 응집력이 약하기 때문이라고 본다(E. Durkheim, 1995: 156).

7　전체적으로 한국 개신교는 보수주의가 강하고, 개체 교회의 성장과 발전에 모든 관심과 열정을 쏟는 개교회주의를 표방하면서 탈사회화되어 갔다는 입장이 강하다. 이에 관해서는 노치준, 1986: 80-105; 이원규, 2002: 116 참고.

8　〈시사저널〉은 1989년 창간 기념으로 서울·경기지역의 대학교 사회과학계열 교수 350명을 대상으로 한국에서 가장 영향력 있는 인물과 세력에 대한 설문조사를 실시하였다. 여기에서 김수환 추기경은 노태우 대통령 다음으로 영향력 있는 인물로 선정되었고, 1990년부터 1992년까지는 노태우, 김대중, 김영삼, 정주영, 김수환 추기경의 순위로, 1993-1995년에는 김영삼, 김대중, 김수환 추기경의 순위로, 1996년에는 김영삼, 김대중, 김종필, 김수환 추기경의 순위로 선정되었다. 이를 통해 볼 때, 김수환 추기경은 천주교 지도자임에도 종교를 뛰어 넘어 한국 사회의 정신적 지주로 인정받고 있음을 알 수 있다. 이 조사는 김수환 추기경의 비정치적인 영향력이 바로 도덕적 권위에 의한 것임을 밝힌다. 이에 관한 보다 자세한 내용은 〈시사저널〉 1989년 10월 29일자; 1994년 10월 27일자; 1995년 10월 26일자를 참고.

또 다른 조사[9]에서도 '영향력 있는 인물 베스트 10' 가운데 1순위로 나타났다. 이 결과는 김수환 추기경이 종교를 뛰어 넘어 한국 사회 전체로부터 도덕적 권위와 영향력을 인정받는 지도자임을 입증하는 것이다.

셋째, 천주교회의 공신력과 신뢰성에 대한 사회적 인식이 높다는 점이다. 천주교회는 당파적 정치에 대해 중립적이고, 사회정치적 사건과 현실에 대한 올바른 진술과 해석을 제공하여 타종교에 비해 비종교인으로부터 높은 관심을 받았다.[10] 이 점은 한국 천주교회가 80년대에 들어서서 급속한 양적 성장을 보였다는 점에서 잘 알 수 있다. 80년대 초반 한국 천주교회의 연평균 신자증가율은 8.51%로서, 인구의 자연증가율인 1.57%보다 5.4배나 높은 것으로 나타났다(노길명, 1988: 40). 다양한 종교가 경쟁하는 사회에서 어떤 종교가 다른 종교보다 더 큰 관심을 받는다는 것은 그 종교의 도덕적 특질에서 나오는 사회적 정당성(social legitimacy)이 크다는 것을 의미한다(강인철, 2001: 146-148). 이러한 이유에서 천주교회의 도덕적 권위가 타종교의 권위보다 드러났다고 할 수 있다.

3. 기존 연구의 검토

한국에서 생산된 종교와 사회변동에 관한 연구의 압도적 다수는 개신교를 대상으로 한다.[11] 한국 천주교회와 관련해서는 극소수의 연구자

---

9 〈뉴스메이커〉 1996년 10월 3일자에서는 김수환 추기경, 이건희 회장, 이회창, 조순, 김현철의 순위로 나타났다. 이에 대한 평가에서 김수환 추기경은 5·6공을 거치면서 천주교 성직자만이 아닌, 사회적 양심의 대변자로서 국민정서 속에 자리 잡고 있다고 본다.

10 한국 천주교회 200주년 기념 사목회의위원회가 조사한 「사회조사보고서」에 따르면, 앞으로 종교를 선택할 경우 어떤 종교에 관심이 있는 가하는 질문에 천주교(31.87%), 개신교(17.00%), 불교(25.07%), 천도교(2.55%), 유교(1.13%)의 순으로 응하고 있다(200주년 기념 사목회의위원회, 1985: 230-1).

(최종철, 1992; 천선영, 1992; 김녕, 1996; 1998; 강인철, 1998)를 제외하고는
큰 관심을 기울이지 않는다. 몇몇 신학자(대표적으로 함세웅, 1988)들이 이
주제에 대해 다루기도 하였지만, 이는 신학적인 전망 속에서 천주교회가
이룬 정치·사회적 활동을 충실하게 역사적으로 기술하는 데 치중한 것
이다. 따라서 연구의 양적 문제와 함께 질적인 내용에서도 천주교회와
현대 한국 사회와의 관계에 관한 연구가 부족하다.

사회학적인 관점에서 의미있는 연구는 최종철(1992)이 처음 시도하였
다. 최종철은 천주교회와 개신교를 포함하는 기독교회의 정치사회적 태
도를 연구하였다. 여기에서 그는 기독교회의 정치·사회적 태도에 영향
을 미치는 내부적 요인으로 ① 종교 교리, ② 종교 조직의 특성, ③ 종교
적 지배구조 내의 갈등구조, ④ 타종교와의 경쟁상황, ⑤ 해외 종교 조직
등의 다섯 가지를 선별하였다. 종교 외부적 요인은 ① 정부의 종교 정책,

---

11 개신교에 대한 종교사회학적 연구 가운데 상당수가 해방 이전 혹은 1960년대에 개신교가 이룬
정치·사회적 성격을 분석하는 것이다. 그런데 이 같은 연구는 종교를 다른 사회영역으로부터
'분화된' 영역으로 전제하거나, 한 국가 수준에서 독립성을 갖는 '자율적인' 단위로 전제하는
경향을 보인다. 따라서 개신교에 대한 연구도 개신교 '내부의' 측면에 주로 관심을 갖거나, 분화
된 개신교가 국가나 경제 등 여타 사회영역과 맺는 관계를 분석하려는 경향이다(강인철, 1996:
10). 이러한 국내의 연구는 크게 개신교의 정치사회적 특성을 개신교 내적 원인으로부터 찾는
연구와 개신교의 외부적인 구조적 요인 및 내부적 요인을 종합하는 연구로 나누어 볼 수 있다.
대표적인 연구를 간략히 살펴보면, 종교 내부로부터 그 특성을 설명하려는 연구는 교리나 종교
이데올로기(이원규, 1987b; 김성건, 1991)를 그 원인으로 설명하거나 개신교 조직체(박영신, 1984;
노치준, 1990)를 통해 설명하고자 한다. 또 개신교 내부적 요인과 외부적인 구조적 요인을 전체적
으로 검토하려는 연구들은 최종철(1992)과 강인철(1996a), 윤승용(1992) 등을 들 수 있다. 개신교
에 대한 이 같은 연구들은 개신교의 정치사회적 태도와 행동 양식을 규정하는 다양한 요인들을
고려하면서 그 요인들 간의 관계양상을 발견해냄으로써 무엇이 개신교로 하여금 기존질서에 대
립하게 하고, 결과적으로 사회변동의 요인이 되는지를 밝히고자 하는 것이다. 그동안의 연구들
에서는 대체로 다음과 같은 요인들을 개신교와 사회변동의 관계를 규정짓는 요인으로 제시하였
다. 즉 ① 교회의 역사적 전통, ② 교회의 내부구조, ③ 선교 국가의 교회와 그 파견자들(선교사
들)의 지원과 통제, ④ 타종교 및 교파들과의 경쟁과 연합관계, ⑤ 교회의 사회내 위치 및 주요 갈
등 세력과의 관계, ⑥ 국가와의 관계, 그리고 교회 내부적인 요인을 세분해서 ① 종교부문의 이
데올로기 지형, ② 종교 권력구조와 이를 둘러싼 갈등의 구조, ③ 종교 조직의 특성, ④ 지도자집
단의 특성, ⑤ 신자집단의 사회적 구성, 등이 포함된다 (강인철, 1996a: 15-26).

② 압력단체의 사회적 조건이라는 두 가지 요인으로 구분하여 기독교회의 정치적 태도를 범주화하고자 한다. 그리고 이 같은 요인 간의 상관관계 안에서 천주교회의 정치·사회적 태도에 대해 규명하고자 하였다. 그러나 이러한 시도는 세분화된 요인 간의 연관성을 명확히 밝히지 못했다.

천선영(1992)은 베버의 이념형적 방법을 원용하여 '천주교 정의구현 사제단'의 활동과 한국 사회 변동의 상관성에 대해 논증하고자, 양자 사이의 구체적 연계 양상을 이념형적으로 결합하여 그 인과성을 분석한다. 이 또한, 사제단의 활동이라는 요인을 과도하게 드러내어 단선적인 인과성을 주장하는 것처럼 보인다.

강인철(1998)은 천주교 사회운동(catholic action)을 제도교회와 사회 간의 활발한 접촉이 이루어지는 사회적 공간으로 파악하고 천주교 사회운동의 사회적 역할에 대한 의의를 제시하였다. 이는 역사적인 차원에서 정리하는 수준에서 천주교의 사회운동을 다루고 있어 천주교회의 역할을 함축하는 의미를 파악하기가 어렵다.

천주교회와 현대 한국 사회에 관한 연구에서 보다 체계적이고 주목할 만한 연구는 김녕의 연구(1996; 1998)다. 김녕은 스스로 밝히듯이, 종교정치학적 관점에서 천주교회의 역할과 의의에 대한 사례를 중심으로 상세하게 다루었다. 그는 이전 연구(1996)에서 천주교회가 한국 정치의 정치적 반대운동에 영향을 주고 참여하게 된 이유와 그 기능에 질문을 제기하고, 교회의 정치 개입 및 갈등에 입각하여 해답을 찾고자 한다. 이후의 연구(1998)에서는 좀 더 논의를 진전하여 교회의 정치적 영향력의 근원과 제약요인에 대해 분석하였다. 그러나 김녕의 접근방법은 종교정치학적 관점으로 국가와 교회 갈등에 집중되었고 여타 사회영역과의 관계 안에서 천주교회의 역할을 알아내기는 어렵다. 그의 연구는 천주교회 사회참여 활동의 이론적 배경이나 구체적인 사례에 대한 방대한 자료를 정리하였다는 점에서 유용하다. 그러나 한국 사회 각 영역에서 천주교회의 역할을 명확히 제시하지 못했다.

이밖에도 부분적으로 한국 민주화 과정에서의 천주교회의 역할에 대해 언급하는 연구(정철희, 1995; 김동춘, 1997)가 있다. 그러나 이들은 '천주교회 역할 분석'이 아닌, 개괄적 수준에 머문다.

4. 연구 과제와 분석틀

1) 연구 과제

본 연구는 기존의 연구를 보완하여 한국 민주화 과정에서 천주교회의 역할에 대한 결론에 이르고자 한다. 이를 위해서는 다음의 과제가 있다.

첫째, 1970년대 이후의 시기 동안, '도덕적 권위'로 대표되는 천주교회의 사회적 영향력이 어떻게 형성되었는지 밝히고자, 한국 사회의 성격을 규정한다. 천주교회는 1784년 서구에서 도입된 이래, 국가로부터 혹독한 박해를 거쳤다. 그 결과, 엄격한 '정·교 분리 원칙'을 지키면서 정치적·사회적 문제에 무관심하거나 보수적인 태도로 일관하여 '친 체제(Pro-establishment)적 성향'을 유지해 왔다. 그러나 1970년대부터 사회 전반의 문제에 개입하면서 변화하기 시작하였다. 이 시기부터는 민주화운동과 인권운동을 통하여 인간존엄성의 수호자로, 또한 가난한 이들을 위한 보호자로서 국민으로부터 전폭적인 지지를 얻으며 사회적 영향력을 행사해 왔다. 그러므로 본 연구에서는 일차적으로 이러한 사회 참여를 가능하게 한 사회적 조건과 맥락을 조사한다. 이는 천주교회의 사회적 영향력이 어떻게 이루어졌는지 알 수 있는 배경이 된다.

둘째, 천주교회의 사회적 영향력이 어떻게 가능했는지 살펴본다. 천주교회는 다양한 사회변혁 활동을 전개하면서 사회로부터 도덕적인 정당성과 영향력을 인정받기 시작했다. 이는 천주교회의 사회변혁운동이 그 시대 모든 사람의 간절한 열망을 나타내는 것이었다는 점과 정치적 권력을 추구하지 않는다는 점에서 정치와 정치인에게 회의적인 대중으로부터 도덕적 정당성과 권위를 인정받게 되었다(김녕, 1996: 339). 이에 따라, 천주교회가 사회적 영향력을 확보하는 과정을 구체적으로 살펴볼 것이다. 이와 함께 한국 사회는 전형적인 '종교다원주의 사회'고, 천주교회는 신자 구성원의 측면에서 상대적으로 소수인데 어떻게 사회 전체에 영향력을 행사할 수 있었는지에 대한 설명을 보충한다.

셋째, 한국 민주화 과정에서 천주교회가 드러내는 역할을 분명히 파악할 수 있는 연구가 되어야 한다. 대다수의 사회학자가 한국 민주화 과정에서 천주교회의 역할에 대해 부분적으로 인정하지만, 그렇게 할 수 있었던 천주교회의 고유한 면모를 파악하는 데에는 관심을 기울이지 않았다. 천주교회의 역할을 개신교의 역할과 함께 구별 없이 규정하기도 하고, 때로는 개신교의 역할에 포함하여 천주교회만의 고유성을 알아볼 수 없게 하기도 했다. 그러나 교회의 조직적인 측면이나 지도력의 문제뿐만 아니라 신앙의 체계에서도 천주교회는 개신교와 다른 독특한 면모가 있다. 예를 들어, 개신교는 개별 교회 중심이지만, 천주교회는 단일한 조직으로 전체가 일정한 내적 동질성을 갖는다. 또한, 개신교는 성직자의 지도력에서도 인물중심에 근거하여 다양한 편차가 있는 반면, 천주교회는 제도화된 권위에 근거하여 조직화됨으로써 동질성을 띠고 있다. 결국, 천주교회의 이 같은 특성은 사회적 문제에 직면하여 대응하는 방식에서도 개신교와 다른 모습을 보인다. 즉, 천주교회는 하나의 조직이며 강력하고도 통일된 지도력을 행사하므로 사회변동을 이끌어 내는 여론의 형성과 자원의 동원에서 유리하다. 본 연구는 이러한 점을 고려하여 천주교회의 역할을 입증하고자 한다.

넷째, 한국 민주화 과정에 따라 천주교회의 역할 변화를 살펴보는 것도 종교사회학적으로 중요하다. 하나의 사회현상이며 사회 구성체 내 유기체로서의 종교는 그 사회 구성체의 성격과 변동 양상에 영향을 받는다. 즉, 종교의 어떤 측면은 그 종교가 있는 사회의 어떤 현상으로 생산되고 한정되면서 방향 지워질 수 있다(오경환, 1990a: 18). 이는 특정 시기의 일시적인 국면을 제외하고는 종교는 자기 생존과 사회적인 영향력을 행사하고자, 사회 성격에 조응하는 모습이라는 것을 의미한다. 이에 따라, 종교는 전체 사회에서 한 부분을 이루고 그 속에서 사회적 영향을 받으며 활동한다. 결국, 한국 사회 변화에 따라 천주교회도 변화한다. 이러한 사회적 성격은 천주교회의 정치·사회적 태도와 행동 양식을 규정하지만, 사회 참여의 범위를 제한하기도 한다. 이에 본 연구에서는 한국 사회의 성격 변화에 따르는 천주교회 사회 참여 변화 양상도 밝히고자 한다.

2) 분석틀의 구성

본 연구에서는 한국 민주화 과정에 미친 천주교회의 역할을 '도덕적 권위'라는 매개개념을 통한 분석에 초점을 두고 있다. 그런데 권위주의 체제에서 민주화 이행 과정에 대한 설명은 정체(polity)를 구성하는 주요 요소(국가, 정치사회, 시민사회)와 이들 간의 상호작용을 고려하는 전체적인 틀 속에서 가능하다(윤성이, 1998: 115). 이에 따라, 본 연구에서는 우선적으로 국가의 성격, 시민사회의 양상, 지배 이데올로기와 같은 외부적 요인에 대한 분석을 한다. 이와 함께 한국 민주화 과정에 미친 천주교회의 사회적 영향력을 설명하고자, 천주교회의 내부적 요인인 천주교회의 조직적 특성, 신앙 체계, 이로부터 비롯한 천주교회의 사회 참여 활동을 분석한다. 이러한 요인들의 상호관련 속에서 천주교회의 도덕적 권위가 어떻게 작용하는가를 파악하여 천주교회의 역할을 논증할 것이다.

① 국가의 성격 규정: 종교와 관련해서 일반적으로, 국가는 종교에 대해

통제력을 행사하고 체제정당화를 요구한다. 종교는 국가에 우호적인 종교정책을 요구한다. 국가는 국가-교회 간 관계구조의 형성과 변화에 능동적으로 참여하는데, 국가의 정당성이 낮고 권위주의적일수록 국가의 역할은 더욱 분명히 나타난다. 그것은 국가의 정당성 수준이 낮을수록 국가는 정당성 수준을 끌어올리려고 사회적 영향력과 공신력이 큰 종교집단의 지지를 얻거나 중립화시키는 데 많은 노력을 기울일 가능성이 크기 때문이다(강인철, 1996a: 30). 이에 따라, 분석 단위로서의 국가의 성격은 종교의 정치·사회적 지향을 이해하는 데 매우 중요하다. 특히 권위주의적이고 개입주의적인 국가의 성격은 종교의 정치·사회적 지향에 중대한 영향을 미친다. 이렇게 국가의 성격이 국가-교회 관계형성에 결정적으로 중요하다는 전제하에 한국이란 국가의 성격을 분명히 규정해야 한다. 이는 천주교회의 정치·사회적 행위양상이 이러한 구조적 맥락에서 발생하고 변화해 왔기 때문이다. 또한, 한국이란 국가는 개발 독재 체제로서 시민사회, 정치사회의 형성과 변형에 직접 개입한 능동적인 행위자이다(조희연, 1998b: 113). 그뿐만 아니라, 국가의 성격을 어떻게 규정하는가에 따라, 지배 계급과 통치집단의 성격, 정치적 대립구조, 국가가 체화하고자 하는 지배 이데올로기, 국가-시민사회 관계의 외연이 확정된다.

　본 연구에서는 한국의 국가 성격을 군부 독재, 또는 군부 권위주의 체제로 파악하는 학자들의 분석을 따른다(최장집, 1989; 윤상철, 1997; 조희연, 1998b). 그리고 한국이란 국가 혹은 지배의 형태적 변화를 군부 권위주의 체제에서 '민선군부 체제'를 거쳐 '민선민간정권'으로의 이행 과정으로 파악한다(조희연 편, 2001: 285). '권위주의 체제'라는 국가의 성격은 제한된 정치적 다원주의와 저수준의 정치적 동원력으로 혜택과 의무를 수반하는 후원-수혜관계 및 권위에 대한 경외를 강조하는 지배 형식을 바탕으로 중앙집권력의 강화를 통해 사회에 대한 수직·수평적 통제와 정치화를 달성하려는 지배양식으로 규정한다(한배호, 1994: 17).

이 권위주의 체제는 산업화와 근대화가 지연된 사회에서 나타나는 일련의 구조적·문화적 조건에 따라, 제3세계 국가에 있어서 민주정치의 형성을 저해하는 조건인 동시에 동원 체제로서 등장한다.[12]

② 시민사회의 양상: 시민사회는 자본주의 사회의 '계급갈등, 계급투쟁의 일상의 지형'(임영일, 1992: 177)인 동시에 '시민적 생활양식', '국가에 대한 저항 세력', '국가의 헤게모니적 메커니즘' 등으로 다양하게 파악할 수 있다(유팔무, 1996: 244). 시민사회가 이렇게 다양한 의미인 것은 시민사회가 국가·경제와의 복잡한 관계 안에서 규정되기 때문이다. 우선 국가와의 관련에서 시민사회는 민주적 자기결정을 통해 국가의 정당성을 제공하며 국가의 통치를 받는 공간이다. 이 과정에서 시민사회는 여론 형성과 다양한 결사를 통해 국가의 정책 결정을 지지하거나 반대하는 다원적 갈등과 연대의 공간이다. 경제와의 관계에서 시민사회는 경제로부터 물질적 기반을 제공받으며 경제적 관계의 분화에 따라, 다양한 계급적 분화가 이루어지는 공간이다. 또한, 경제구조나 경제 활동의 특정한 성격에 대한 지지와 비판을 통해 경제적 관계를 변화시킬 수 있는 활동공간이다. 이런 이중적인 관계 속에서 시민사회는 내적으로도 다양한 적대와 갈등을 내포한 다원적이고 복합적인 시민적 삶의 공간이다(조희연 편, 2001: 31).

한편, 시민사회는 그 정치적 세력화 혹은 형성의 정도에 따라 '조직화된 시민사회'와 '무정형의 시민사회'로 구분한다(윤상철, 1997: 26). '조직화된 시민사회'란 권위주의 국가의 억압적·배제적 정책으로 시민사회가 극도로 위축되었던 한국에서 체제저항적인 사회운동 세력을 일컫는다.

---

12 한배호의 관점은 권위주의 체제의 등장에 4가지의 구조적·문화적 조건이 필요조건으로 작용한다고 본다; 방대한 국가조직의 역할, 제한된 정치적 다원주의, 낮은 수준의 정치적 동원능력, 권위에 대한 경외와 복종의식 등이다(한배호, 『한국정치변동론』, 법문사, 1994, 29-34 참고).

대표적으로 조직화된 영역은 '재야 세력', '학생운동 세력', '기독교운동 세력', 그리고 '노동 세력' 등이다. 이에 반해, '무정형의 시민사회'란 조직적 실체나 명시적인 세력 또는 집단이 아닌 공간적으로 형성된 것이다. 이를 조망하는 관점으로는 계급·계층적 접근이 있다. 대표적으로 자본가, 노동자, 학자들의 견해에 따라 중간 계층, 중간층, 중간 계급 등으로 달리 나타낼 수 있음을 밝혀둔다. 중간 계급이다(이수인, 2002: 33-34). 이러한 정의를 근거로 한, 시민사회 형성에 대한 규정은 '공간적 형성과 조직적 형성'이다.

조직화된 시민사회나 무정형의 시민사회는 다양한 적대를 구성하는 세력 간의 다원적이고 복합적인 갈등과 투쟁, 타협과 연대를 통해서 국가, 시민사회, 경제의 성격과 이들 간의 관계가 다양한 방식으로 재생산되거나 변형될 수 있다. 다양한 적대가 있다는 것은 시민사회에서 다양한 사회운동을 발생하게 하며 민주주의 의식과 계급의식 등의 발전을 통해 다양한 방식으로 사회를 변화시킨다(조희연·정태석, 2001: 31).

그러므로 한국 사회 변동에서의 천주교회-시민사회의 관계는 천주교회가 시민사회 내의 다양한 세력 간의 갈등과 투쟁, 타협과 연대에 어떤 역할을 하였는가 또한, 시민사회 형성에 어떤 기여를 하였는가를 분석할 때 드러난다. 즉, 천주교회의 사회적 위치가 어떠하고 어떤 영향력을 행사하여 어떤 결과를 가져왔는지에 대한 고찰을 통해 한국 시민사회와 천주교회와의 관계를 알 수 있다.

③ 지배 이데올로기: '지배 이데올로기'란 사회 세력과 사회 계급을 포함하여 지배집단이 자신의 이익을 정당화하고 물적·인적 자원을 동원하려고 만든 사상 체계다. 이는 현실과 지배관계를 은폐하고 다른 곳으로 관심을 돌리게 한다. 실상을 은폐하는 이데올로기 효과는 이를 통해 이득을 얻는 사회집단, 특히 지배 계급과 지배 세력에 의해 의도적으로 확대, 발전되고 특정한 방향으로 가공된다(유팔무, 1991: 31). 표면상,

국가나 정치적 지배집단이 생산하는 지배 이데올로기는 지배집단이 장악한 학교, 대중매체, 문화기관 등의 다양한 이데올로기 기구를 통해 확대·재생산된다.

한국 사회의 지배 계급은 반공 이데올로기를 중심으로 결집되고 재생산되었다. 국가는 가장 명료한 형태로 반공 이데올로기를 가공하고 고도로 조직화된 이데올로기적·억압적 국가기구를 일상적으로 동원하여 이를 뒷받침했다. 그뿐만 아니라, 1960년 이래의 경제 발전 과정에서 한국이란 국가는 양적인 경제성장의 이데올로기를 중심으로 한, 발전 이데올로기를 반공 이데올로기에 하위 결합하여 피지배 민중을 억압과 통제의 대상이자, 적극적인 동원화의 대상으로 파악해 왔다(임영일, 1991: 74-75). 이와 더불어 주로 중간적 사회 계층을 포섭하려 했던 안정 이데올로기도 한국 사회에서는 지배 이데올로기의 역할을 해 왔다. 안정 희구 세력이라고 막연하게 불린 이들을 체제 동조 세력으로 동원하는 전략을 적절히 구사하여, 형식적 민주주의의 절차적 과정 속에서 탈정치화, 탈이데올로기화한 맹목적 권력 동조집단으로 존재해 왔다(임영일, 1991: 76). 여기에서 제시한 한국 사회의 지배 이데올로기는 평면적인 결합관계가 아닌, 반공 이데올로기를 정점으로 하는 수직적 위계관계이다. 이러한 상황은 분단국가 성립 이래 수십 년의 역사 과정에 본질적 변화 없이 계속된 것이라는 점이 중요하다.

국가 기구를 통해 시민사회에 부과되는 지배 이데올로기는 이에 대립하는 의도화되고 체계화된 저항 이데올로기를 형성한다. 또한, 저항 이데올로기는 조직화된 시민사회를 거점으로 작동한다. 이는 지배 이데올로기의 왜곡성을 드러내고 시민사회 내의 저항행위에 대한 강한 동기화의 능력을 발휘하여 투쟁을 전개하도록 한다. 1970년대 이후 한국 사회에서의 저항 이데올로기는 민족, 민주, 민중을 중심으로 하는 민중 지향적 성향이었다. 특히, 1980년대에 들어와서는 거대한 민중적 사회운동으로 발전하고 이 운동을 주도하는 강력한 대안이념으로 등장하였다(최장집·이성형, 1991: 220). 이와 더불어 분단과 반공 이데올로기에 강력히 저항하는 통일운동이 재등장하여 기존의 친미주의적이고 분단 지향적 지배 이데올로기에 많은 영향을 미쳤다. 한편, 시민사회 내의 저항 이데올로기가 형성되고 투쟁이 전개되면서 저항 이데올로기 사이에서도 헤게모니 투쟁이 발생하여 시민사회를 더욱 다원적이고 복합적인 공간으로 만들게 되었다. 그 결과, 복잡한 시민사회의 이데올로기 지형 속에서 어떻게 타협과 연대를 이끌어 내는가가 중요한 문제로 대두하였다.

한국 사회에서 종교와 지배 이데올로기의 관계는 두 가지로 구분되어 나타난다. 즉, 지배 이데올로기를 재생산하는 기제로 작용하거나,[13] 저항 이데올로기를 활성화하는 공간으로 자리할 수 있다. 이로써, 천주교회의 역할 논의는 천주교회와 지배 이데올로기, 천주교회와 저항 이데올로기의 관계를 파악하여 규정할 수 있다. 그뿐만 아니라, 지배 이데올로기와 저항 이데올로기 사이에서 발생하는 갈등과 시민사회 내의 이데올로기 갈등에서 천주교회가 어떤 입장을 견지했는지 분석하여, 시민사회와 이데올로기적 공간 안에서의 천주교회의 위치와 그 사회적 영향력을 확인할 수 있다.

④ 천주교회의 조직적 특성: 빌링스(D. B. Billings)는 특정 종교 조직이 어떤 정치적 역할을 맡게 되는가는 다음과 같은 세 가지 변수에 달려 있다고 보았다.[14] 첫째, 지배집단의 이념적 전제로부터 독립된 성찰의 공간을 제공하는 조직적 자율성, 둘째, 현상을 문제시하는 대안적 세계관의 개발을

---

13 강원돈은 개신교를 예로 들어 설명하는데, 교회대중을 지배하는 신조화된 반공주의, 북한에 대한 턱없는 증오와 편견, 미국문화에 대한 숭배, 교회의 일상적 활동까지 지배하는 업적주의와 상업주의, 현실적 성공을 신의 축복으로 간주하는 변형된 형태의 안정 이데올로기 등이라고 본다. 이것들은 지배 이데올로기를 직·간접적 형태로 체현한다고 지적한다(강원돈, 1991: 370).

14 D. B. Billings, *Religion as Opposition: A Gramscian Analysis*, American Journal of Sociology, vol. 96, July 1990, 1-31.

돕거나 사회운동 참여자를 교육하는 유기적 지식인(organic intellectuals)의 존재, 즉, 리더십의 구조, 셋째, 새로운 세계관을 지지하고 그것의 개연성을 보장하는 참여자 간의 사회적 상호작용과 연관되어 있다. 즉, 이 변수들의 영향력이 클수록, 정치적 저항을 고무하는 역할을 수행하기가 쉽다. 그러므로 여기에서는 이러한 변수들에 주목하면서 천주교회의 조직적 특성을 살펴보기로 한다.

천주교회의 조직은 전통적으로 가장 체계적이고 중앙집권화된 구조다. 한국 천주교회의 경우, '본당-교구-한국 주교회의'로 이어지는 위계적인 체계로 이루어져 있다. 실질적인 모든 권한 행사는 각 교구의 교구장 주교에 위임한다. 주교회의는 전국적인 차원에서 교구 간의 협력이 요청되는 공동 관심사를 협의하는 국가 단위의 최고 협의체다. 주교회의에서는 전국적 공동 사목 사항, 교황청과의 관계, 4개의 상설 위원회가 상정한 사목 활동 근간을 이루는 분야에 대한 안건, 사목 활동과 관련한 다양한 분야의 전국 위원회가 제안한 구체적 문제나 사업에 대한 안건 등을 다룬다. 교구 조직은 행정기구로서의 사무처와 특정한 기능을 수행하는 위원회 및 몇 개의 협의기구로 구성된다. 교구 사무처는 실무적인 행정업무를 담당하며, 특별히 성직자의 인사행정을 담당하여 본당이나 수도단체의 상위기구로서 그 역할을 수행한다. 교구장 주교는 이 모든 기구의 총 책임자이자 임명권자다. 그러나 다양한 의견을 수렴하고자, 여러 자문기관 형식의 기구를 따로 두어 교구 행정과 사목 활동에 반영한다. 따라서 천주교회의 공식적인 기구는 주교회의 산하에 있는 기구와 교구장이 인정한 기구를 지칭한다. 사회적인 성격을 갖는 천주교회의 공식적인 기구는 주교회의 산하, '정의평화위원회', '민족화해위원회', 주교회의나 교구 차원에서 인준한 '교구 정의평화위원회', '가톨릭 농민회', '가톨릭 노동청년회', '천주교 도시 빈민 사목협의회', '가톨릭 대학생 연합회' 등이다.

이러한 공식적인 기구 외에도 천주교회 내에는 다양한 조직이 있다. '천주교 정의구현 사제단'과 천주교 사회운동단체 간의 연대조직인 '천주교 정의구현 연합' 등의 사회운동 조직이다. 그 가운데 '천주교 정의구현 사제단'은 전국의 모든 사제에게 문호가 개방된 조직으로 규모 면에서나 영향력의 면에서 중요한 조직이다.[15] 이는 한국 민주화와 관련한 구체적이고 직접적인 영향력이 이들의 정의구현 활동과 긴밀히 연관된다는 점에서 매우 중요하다.

반면, '천주교 정의구현 사제단'의 활동이 논란을 일으킬 때에는 한국주교회의에서 공인된 조직이 아니라고 주장하여 그 활동을 위축시키기도 하였다. 또한, 사제단의 활동이 사회적으로 좋은 영향을 미치는 경우에는 주교회의가 묵인하는 태도를 보여 사제단의 활동이 천주교회의 활동으로 간주되기도 했다. 그러나 사제단이 비공식적 조직이더라도 천주교회 고유의 위계적 질서를 무시할 수 없으며 주교회의도 사제들로 구성된 사제단을 강력히 부인하지 못하는 상황에서 사회 전반에서는 사제단이 전체 천주교회를 대표하는 것처럼 비쳐져 왔다고 할 수 있다. 이것은 성직자 중심주의가 강한 천주교회에서 대다수의 젊은 성직자가 사회 문제에 투신하고 정의를 위해 헌신함으로서 일반 신자들의 사회적 태도 결정에 영향력을 행사하며, 교회 안팎으로 전체 천주교회의 입장으로 받아들여진 것이다.

이 같은 조직적 특성과 더불어 천주교회 성직자의 구체적인 활동에 대한 파악은 천주교회의 정치·사회적 역할을 이해하는 데 매우 중요하다. 어떤 때, 어떤 방식으로 천주교회 성직자들이 국가나 정부에 대해 개입

15　'천주교 정의구현 사제단'은 교회의 복음화와 민주주의, 사회 정의 사명에 투신하는 상대적으로 젊은 사제들의 비공식적 조직으로 1974년에 300여 명의 사제들이 모여 결성하였다. 이에 관해서는 본 논문의 제 2장에서 자세히 다룰 것이다.

하였고, 그 결과가 무엇인지 명확히 파악할 때, 천주교회의 역할에 대한 전반적인 이해가 가능할 것이다.

⑤ 천주교회의 신앙 체계: 종교의 신앙 체계는 일상적인 것과 비일상적인 것을 모두 포함하는 하나의 넓은 세계, 궁극적 질서 혹은 보편적인 질서를 포함하여 이루어진다. 그 세계와 질서 안에는 출생, 삶, 결혼, 고통, 재난, 죽음 등의 우리의 주변에서 발생하는 모든 것이 포함된다(오경환, 1990a: 67). 따라서 종교의 신앙 체계는 인간이 직면하는 문제에 관한 궁극적 해석의 틀을 제공하고 설명을 제시한다고 말할 수 있다. 베버에 의하면 이러한 세계관이나 종교의 신앙 체계는 신정론(神正論, Theodicy)[16]의 문제에 대응하려는 다양한 해결책이다(M. Weber, 1963: 138-150).

천주교회의 전통적인 신학에서의 신정론은 대체로 사회 계급적인 불평등을 용인하며, 고통, 악, 죽음과 같은 아노미적 현상에 대한 보상을 미래에 투사하는 내세적 신정론이다. 그런데 교회가 공식적으로 제시한 '가톨릭 사회 가르침'과 1970년대 초부터 급속도로 발전한 '해방신학'은 이러한 전통적인 신정론에 반(反)하여, 현실의 문제에 관한 새로운 설명을 제시하였다. 즉, 1960년대 남미의 현실에 대한 자각을 토대로 발전한 해방신학은 정치적, 경제적, 사회적 억압으로부터 해방을 추구하고, 불평등의 원인을 개선하여 정의와 자유가 실현되는 사회 건설이 교회의 임무임을 강력하게 주장하였다. 이러한 신앙 체계를 토대로 남미의 가난과 종속을 산출하고 유지하는 '구조적 불의(不義)'를 타파하는 개혁 활동과

---

16 신정론은 악, 고통, 부정(否定)의 문제를 신적인 전체적인 도식에 놓음으로써 그들에 대한 이유를 설명하려고 시도하는 믿음 체계를 의미한다. 다시 말하면, 신정론은 의미를 위협하는 경험에 의미를 마련하는 종교적 설명으로 대부분의 종교는 고통과 죽음의 의미에 대한 신정론을 제공한다. 그리하여 세계와 인간 경험을 의미있게 하려는 노력이다. 종교적 이데올로기는 사회 체계 내에 있는 불평등에 대한 설명을 마련한다(이원규, 1997: 335 참고).

사회 참여 활동에 성직자의 참여를 촉구하고 옹호해 갔다. 그뿐만 아니라, 교회는 억압받는 사람들과 일치하고자 하였으며 그들의 이해와 관심을 바탕으로 투쟁에 가담하여 사회의 근본적이고 혁명적인 변화를 위해 헌신하게 되었다(오경환, 1985: 43-47). 다시 말해, 해방신학은 사회 체계 내에 있는 불평등을 인정하고 정당화하는 것이 아닌, 그 불평등의 원인을 밝히고 개선하는 것이 교회의 본연의 사명임을 자각하고, 구체적인 해방 실천 활동을 통해 사회변혁을 실현하는 신학적 토대가 되었다.

한국 천주교회도 1970년대 초부터 천주교의 사회적 가르침[17]과 해방신학의 영향을 받아 전통적인 신정론으로부터 벗어났으며, 사회 현실에 대한 새로운 자각과 그에 따른 구체적인 사회변혁 활동을 전개하였다. 어떤 형태의 신학적 사유가 지배적인가에 따라 그 종교의 정치·사회적 태도가 크게 달라진다는 점에 비추어 볼 때, 이러한 진보적 신학과 가톨릭 사회 가르침의 유입은 한국 천주교회의 사회관과 사회 참여 활동에 커다란 전환을 이루었다. 이러한 신학적 전망 속에서, 천주교회는 사회·경제적 불의를 양산하며 인간의 존엄성을 침해하는 모든 억압과 왜곡된 사회구조를 변화시키는 활동을 지원하거나 참여하는 것이 교회의 사목적 행동이고, 복음과 구원의 선포라고 규정하였다. 이 바탕 위에서 한국 천주교회는 인간존엄성과 인권, 민주화, 사회 정의를 실현하고자, 사회변혁 활동을 전개할 수 있었다. 그러므로 천주교회 신앙 체계 전환에서부터 사회변혁 활동 전개까지의 과정과 그로 말미암은 사회적 결과는

---

17 '천주교 사회적 가르침'은 현대 사회 문제에 대한 교황 레오 13세의 회칙 〈노동헌장〉으로부터, 그 이후 여러 교황, 제 2차 바티칸 공의회와 세계 주교 대의원회의가 제시하는 사회적 가르침을 통칭한 것이다. 이 용어는 나라에 따라 다르게 불리는데, 독일에서는 가톨릭 사회론(Soziallehre), 영어권에서는 가톨릭교회의 사회적 가르침(Catholic Social Teaching), 불어권에서는 가톨릭 사회 교시(l'Enseignement de l'Eglise Catholique)로 불린다. 그밖에도 '가톨릭 사회 윤리'라는 용어로도 불린다. 우리나라에서는 가톨릭 사회 교리(社會敎理)라고 부른다. 이 글에서는 영어권에서 사용하는 '사회적 가르침'이란 용어를 사용한다.

한국 민주화 과정에서 천주교회의 역할 파악에 중요한 요인이 된다.

　본 연구에서는 한국 민주화를 권위주의 체제 국가에서 시민사회로의 이행으로 규정한다. 또한, 이 과정에 미친 천주교회의 역할을 파악하고자, 연관한 주요 요인 간의 관계를 아래의 분석틀을 통해 제시한다(〈표 1〉 참조).

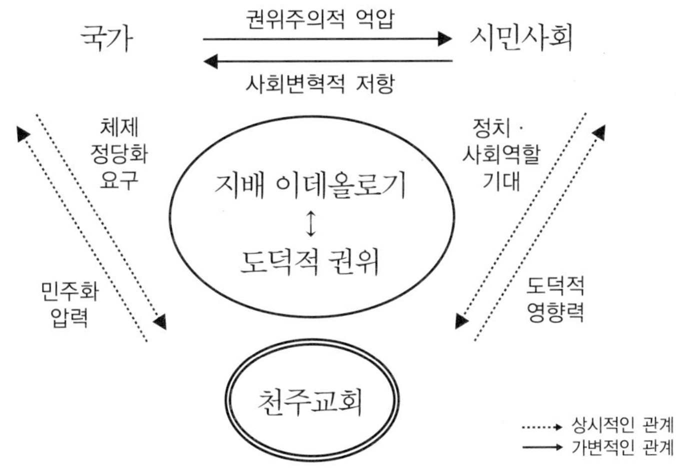

〈표 1〉 민주화 과정에 미친 천주교회 역할에 관한 요인 간의 관계

　이 분석틀은 한국 민주화 과정에서 국가와 시민사회의 관계를 권위주의적 억압과 사회변혁적 저항의 관계로 파악한다. 또한, 도덕적 권위의 영향력을 바탕으로 천주교회의 민주화 요구와 국가의 체제정당화 요구 안에서 국가와 천주교회의 관계, 활성화되지 못한 시민사회를 대신한 천주교회의 역할, 시민사회에 미친 도덕적 영향력의 작용 등을 통해 시민사회와 천주교회의 관계를 분석하고자 한다. 그러나 이 분석틀은 민주화로 이행하는 전체시기를 모두 포괄하지 못하며 시민사회영역에 속하는

천주교회를 독립된 영역으로 설정한다는 점에서 한계를 내포한다. 실제로 이 분석틀은 국가-시민사회와의 관계 안에서 천주교회의 역할을 파악하고자, 천주교회를 국가-시민사회와 구별한다. 그러나 이 분석틀에서는 천주교회를 국가-시민사회와 동등한 영역으로 간주하지 않으며, 국가-시민사회 관계 안에서 천주교회의 역할을 고찰하려는 편의상의 구별이다. 민주화 과정의 주요시기 변화를 고려하자면, 시대적 특징에 따른 여러 분석틀이 필요하여 전체 맥락을 포괄하는 하나의 분석틀을 구성하기가 어렵다. 또한, 그로 인해 불필요한 혼란을 초래할 수 있다. 이런 이유에서, 개별적인 시대적 특징을 통제하여 전체적인 관점에서 임의적으로 국가-시민사회, 천주교회의 구도로 설정한다.

5. 연구의 의의

본 연구는 천주교회의 도덕적 권위가 보여주는 종교의 사회적 역할과 한국 민주화 과정에서의 정치·사회학적 의의를 밝히는 작업이다. 그러므로 본 연구는 현대 사회 안에서의 종교의 역할에 대한 더욱 뜻있는 전망을 제시한다. 또한, 한국 민주화 과정에 대한 이해의 폭을 넓히는 데, 기여할 수 있다고 생각한다.

도덕적 권위에 대한 종교사회학적인 전망은 종교의 세속화 이론에 대한 비판적 관점을 제시한다. 종교의 사회적 역할에 대한 전통적인 주장은 현대 세계에서의 종교현상을 종합적으로 이해하고자 하는 세속화 이론으로 그 설득력이 크게 약화되었다. 세속화 이론에 따르면, 과거에는 종교가 사람들에게 새로운 의식이었으며 영원한 진리를 가르치는 원초적인 사회화 기관이었다. 반면, 오늘날에는 사회제도의 분화로 종교의 역할이 대체되었다. 즉, 종교는 하나의 여가 활동이며 주변적인 존재다.

종교는 더 이상 세계를 설명하지 못하며, 사회현상에 대한 종교의 설명
도 설득력을 잃었다. 이에 따라, 종교의 사회 통제력도 약화되었다. 한때
는 도덕적 가치가 신의 권위에 정당성을 두고 영향력을 발휘했지만, 현
재 사회 안에서 종교는 사람들에게 별다른 영향력을 미치지 못하게 되었
다. 즉, 종교는 지극히 사적인 영역(a private affair)으로 취급된다. 따라서
세속화는 '종교의 쇠퇴(decline of religion)'[18], '종교로부터의 사회의 이탈
(disengagement of society from religion)', '종교의 변형(transformation)'[19]
이며, 동시에 종교의 사사화(privatization)[20]를 의미한다. 그런데 한국 천
주교회의 도덕적 권위가 보이는 사회적 영향력은 이 같은 세속화 이론의
주장에 비판적 관점을 제공한다. 이는 천주교회의 도덕적 권위가 현대
사회 안에서도 종교의 사회적 영향력이 강력하게 작용하고 있음을 보여
주기 때문이다. 본 연구에서는 이를 논증하여 향후 종교의 사회적 역할
에 대한 연구에서 새로운 논의를 진전시키고자 한다.

'도덕적 권위'는 한국 민주화 과정을 분석하는 정치·사회학적인 관
점에서도 이해의 폭을 넓힌다. 기존의 민주화 이행 연구는 대체로 국가-
시민사회의 구도 안에서 양자 간의 전면대결과 일방의 승리,[21] 혹은 양자

18 세속화를 종교의 쇠퇴로 이해하는 대표적인 학자는 윌슨(B. Wilson)이다. 그는 세속화를 종교
    적 사고, 수행 그리고 제도가 사회적 중요성을 상실하는 과정으로 규정한다. 이에 관한 자세한
    설명은 이원규, 『종교사회학의 이해』, 서울: 나남, 1997, 576-580; 권규식, 『종교의 사회학적 이
    해』, 대구: 이문출판사, 1995, 279-286쪽 참고.

19 루크만에 따르면 세속화 현상은 종교의 쇠퇴만이 아닌, 개인화된 종교성이라는 종교의 새로운
    사회형태로 귀착되는 변화를 의미한다(T. Luckmann, 1982: 102-103; M. McGuire, 2002: 293). 이
    러한 변화는 종교의 제도적 전문화에 원인이 있다고 본다.

20 종교란 개인이나 핵가족 선호의 문제이며, 결과적으로 사실상 공통적인 구속력 있는 성격을 박
    탈당했다. 즉 종교가 당연시되던 객체적 실재의 지위를 박탈당하고 주관화되어, 이제 더는 코
    스모스(cosmos)나 역사와 관계되는 것이 아니라, 개개인의 실존이나 심리와 연관된다(P.
    Berger, 1981: 168).

21 이 같은 입장은 민주화를 권위주의 체제에 대항하는 사회운동 세력의 승리, 즉 '아래로부터의
    민주화(democratization from below)'를 주장한다. 이를 따르는 학자들은 태로우(Tarrow,
    1995), 성경륭(1993), 윤성이(1998) 등이다.

간의 협약(pacts)[22]을 통해 권위주의 체제 변동을 설명한다. 그러나 이는 양자 간의 경쟁의 결과로만 설명할 수는 없다. 이 양자 간의 정치적 대립과 경쟁에 영향을 미치는 중요한 범주가 있기 때문이다. 본 연구에서는 이에 주목하여 국가-시민사회로부터 자율성을 가지고 독립된 행위주체로서 권위주의 체제 변동에 영향력을 행사한 천주교회의 역할을 밝히고자 한다. 이로써 한국 민주화 과정을 분석하는 정치·사회학적 연구에서도 의미있는 기여를 할 수 있을 것으로 사료된다.

6. 연구의 대상과 자료

본 연구에서는 더욱 분명한 논의를 전개하고자, 연구 대상과 범위를 제한한다. 분석단위로서의 천주교회는 제도적, 조직적, 장소적 측면, 신자 구성 등의 다양한 수준을 함축한다. 그런데 이러한 제 수준을 포괄하여 논의를 전개하기에는 그 범위가 너무 광범위하다. 이에 본 연구에서는 연구의 대상과 범위를, 한국 민주화 과정에서의 천주교회 역할을 파악할 수 있는 사회 참여와 관련한 활동으로 제한한다. 즉, 사회 참여 활동에 참여한 천주교회 단체, 특히 정의구현 사제단과 천주교 정의평화위원회, 그리고 개별 주교의 활동과 의의를 중심적인 분석 단위로 취하고자 한다. 천주교회의 다양한 수준과 구성원의 정치·사회적 태도의 내용을 포함시키면, 본 연구가 이루려는 한국 민주화 과정에서 천주교회의

---

22 이러한 입장은 주로 '위로부터의 민주화'를 강조하는 학자들이다; 러스토우(Rustow, 1970), 린쯔(Linz, 1978), 오도넬과 슈미터(O'Donnell and Schmitter, 1986), 쉐보르스키(Przeworski, 1986; 1990) 등이 대표적이다. 이들은 세부적으로는 차이가 있지만, 대체로 민주화는 지배 세력과 저항 세력이 벌이는 장기적이고 치열한 대치관계 안에서 (최선은 아니지만) '대타협'을 통해 모두 공존할 수 있는 차선책으로서의 민주주의 수용을 통해 가능하다는 입장이다.

역할을 분명히 파악하기가 어렵기 때문이다. 이에 본 연구에서는 그 분석단위로 천주교회의 사회 참여 활동에 관련한 부분만을 다룬다.

이러한 분석을 위해서는 역사적 자료가 중요하다. 먼저 한국 천주교회가 전체교회의 이름으로, 혹은 개별 단체 등을 통해 발표한 성명서를 수집 정리한 자료집을 우선적으로 검토한다. 천주교 정의구현 사제단이 설립한 '기쁨과 희망 사목연구원'에서 1974년부터 1987년까지의 자료를 『암흑속의 횃불』(1-10권)으로 묶어 출판하였다. 이는 본 연구의 기본 자료다. 또한, 한국 천주교 정의평화위원회 설립 25주년 기념 자료집, 『이 땅의 정의와 평화를 위하여』(1994)와 명동천주교회가 발행한『한국 가톨릭 인권운동사』(1984), 『민족사와 명동성당』(2001)도 중요한 자료들이다. 천주교회 외부 자료는 한국 기독교교회 협의회 인권위원회가 발행한 자료집『1970년대 민주화 운동』(I-VII)(1987)과 한국 기독교 사회 문제 연구원이 발행한 자료집『1970년대 민주화 운동과 기독교』(1983)를 참고한다. 이와 함께 각종 언론매체의 기사를 보조 자료로 사용한다. 이는 한국 천주교회 활동에 대한 사회적인 반응과 평가를 가늠하는 자료들이다. 또한, 중요한 역할을 한, 한국 천주교회 지도자들의 회고록을 참조한다. 이는 관련된 사건들의 드러나지 않는 맥락이나 미묘한 대립을 파악하는 데 효과적이다. 마지막 참고자료는 개신교를 포함한 그리스도교의 정치·사회적 성격이나 사회운동과 관계한 기존의 연구다. 이러한 선행 연구는 일차 자료를 고찰하는 데 객관적이고 보완적인 측면에서 다양한 이론적 전망을 제공할 것이다.

7. 연구의 구성

본 연구가 주목하고 있는 시기는 한국 천주교회의 사회 참여 활동이 활발하게 전개되었던 1970년대 초반부터 1990년대 초반까지의 기간이다. 이 기간은 한국 사회 변동의 관점에서나, 한국 천주교회의 관점에서 매우 유용한 사회학적인 함의를 담고 있는 기간이라고 할 수 있다. 따라서 본 연구는 이 기간 동안의 천주교회의 활동을 상세히 고찰하여, 천주교회 도덕적 권위가 드러내 보이는 함의를 포착할 것이다. 이를 보다 명확히 파악하기 위해서 본 연구에서는 이 기간을 세분해서 고찰한다. 즉 사회 참여 활동이 시작되어 천주교회의 종교적 권위가 도덕적 권위로 전화한 1970년대의 시기와 도덕적 권위가 강화되었던 민주화 시기, 그리고 도덕적 권위의 변화를 파악할 수 있는 민주화 이후의 시기로 구분해서 고찰하려는 것이다. 이것은 각 시기마다의 사회적 맥락이 달랐고, 또한 이에 대한 천주교회의 도덕적 권위의 영향력도 다르게 나타날 것이라는 이유에서다. 그리고 이렇게 시기를 구분하여 고찰할 때, 사회의 변화에 따라 한국 천주교회의 도덕적 권위는 어떤 양상으로 변화하는지를 보다 더 잘 이해할 수 있게 한다고 생각하기 때문이다.

본 연구의 전개 방식은 먼저 사회적 맥락을 파악하기 위해 분석요인으로 정하고 있는 국가의 성격, 시민사회의 양상, 지배 이데올로기의 형태 등에 관해 각 시기별로 살펴볼 것이다. 한국 천주교회는 각각의 시대적인 배경 속에서 사회 참여 활동을 전개하였으므로, 이러한 시대적인 특성을 이해하는 것은 천주교회와 분석요인들의 관계성을 파악하는 데에서 우선적으로 중요하기 때문이다. 그리고 이러한 시대적 배경 속에서 천주교회의 사회 참여 활동을 분석하고, 천주교회의 도덕적 권위의 영향력이 한국 사회에 어떻게 작용하는지를 살펴볼 것이다.

본 연구는 총 6개의 장으로 구성된다. 제 1장은 서론에 해당하는 부분으로 본 연구가 제기하는 문제와 개념설명, 그리고 분석틀에 관한 부분이다. 본 연구의 주된 본문이라고 할 수 있는 부분은 제 2장에서부터 제 4장까지이고, 본 연구가 다루고자 하는 세 시기에 따라 국가, 시민사회의 관계 속에서 천주교회의 역할을 분석하는 것을 주된 내용으로 하고 있다.

본 연구의 본론이 되는 제 2장에서는 1970년대 유신 체제라는 군부 권위주의 국가의 성격 아래에서의 시민사회의 양상, 지배 이데올로기 등을 분석할 것이다. 그리고 이런 배경 속에서 왜 한국 천주교회는 사회 참여 활동을 전개하였고, 그것의 사회적 파장이 무엇이었는지를 검토할 것이다. 또한 이와 함께 한국 천주교회의 도덕적 권위 형성 과정에 대해 살펴볼 것이다.

제 3장에서는 1980년대부터 1987년 민주화까지의 한국 사회와 천주교회 관계를 살펴보고자 한다. 이 시기는 '오월의 봄'과 '광주 민주화 항쟁', 그리고 '신군부 권위주의의 출현'으로 새로운 형태의 억압과 갈등이 표현되었던 시기라고 할 수 있다. 천주교회와 국가 공권력, 국가와 시민사회의 대립이 극도로 심화되고, 다양한 사회운동 세력들의 체제저항운동이 조직적이고 체계적으로 전개되었다. 그리고 그 결과로 1987년 민주화라는 한국 사회 변동을 이루어 내었다. 그만큼 이 시기는 천주교회의 사회 참여 활동의 측면에서도 가장 활발했던 시기라고 할 수 있다. 그러므로 이 장에서는 천주교회의 활동이 국가나 시민사회의 관계 안에서 어떻게 영향을 미치고, 민주화에는 어떻게 기여하였는지를 살펴 볼 것이다. 그리고 이를 통해 이 시기의 국가와 시민사회의 관계 속에서 드러나는 한국 천주교회의 도덕적 권위의 역할이 무엇인지를 파악하고자 할 것이다.

제 4장에서는 1987년 민주화라는 한국 사회 변동 이후의 국가의 성격, 시민사회의 양상, 그리고 천주교회의 도덕적 권위의 양상을 파악하고자 한다. 민주화 이후에 한국 사회는 정치적으로는 완성되지 않은 민주화로 인해 다양한 갈등이 표출되었고, 급속도로 분화된 시민사회는 다양한 계층들 안에서 새로운 사회 문제들을 양산해 내었다. 여기서는 그 갈등과 문제들을 파악하고자 할 것이다. 그리고 민주화 이후의 천주교회는 과거의

활동 방식과는 다른 모습으로 국가와 시민사회에 관련을 갖는다고 할 수 있는데, 이 장에서는 그 원인이 무엇인지에 대해서 알아보고 사회 변화에 따른 천주교회 역할의 변화를 파악하고자 한다. 이와 함께 민주화 이후의 시기에 한국 천주교회의 도덕적 권위의 모습을 파악함으로써, 민주화 이전과 이후의 천주교회의 사회적 역할을 비교하여 평가하고자 한다.

그리고 본 연구의 5장에서는 앞에서 분석한 내용들을 사회학적인 관점에서 종합적으로 정리하여 한국 민주화 과정에서 드러난 도덕적 권위에 대한 사회학적 함의를 고찰하고자 한다. 그리고 이를 토대로 한국 천주교회 도덕적 권위가 가지는 사회적 역할에 관한 논의를 개진하고자 한다.

끝으로 마지막 장인 결론에서는 먼저 본 연구가 전개해 온 연구의 결과들을 요약할 것이다. 그리고 다음으로 결론을 대신하여 천주교회 도덕적 권위의 미래적인 전망을 제시할 것이다. 민주화를 계기로 한국 사회는 한층 더 다원적인 사회로 분화되어 가고 있고, 지역 이기주의, 개인주의, 계층 간의 다양한 갈등, 전통적이고 도덕적 가치의 위기들이 문제로 제기되는 한국 사회 안에서 시민사회의 성숙과 사회통합을 위한 한국 천주교회의 역할은 무엇인가가 주된 내용으로 논의될 것이다. 아울러 새로운 사회적 상황에 직면하여 한국 천주교회 자체에는 어떠한 시대적 요구가 부여되는지를 함께 파악하고자 한다.

제 2장

한국 천주교회의 도덕적 권위의 형성

제1절_ 군부 권위주의 국가 성격

1. 군부 권위주의의 출현

1960년 3월 대통령 선거의 부정에 대한 항의가 반독재 투쟁으로 발전하여 급기야 이승만 체제의 붕괴를 가져온 '4·19 혁명'이 발생하였고, 그 결과로 수립된 민주당 정권에서는 국민들의 개혁에 대한 기대욕구가 커져갔다. 그러나 민주당은 내부의 분열과 매우 취약한 정부의 수행능력으로 이 기대를 충족시키기가 어려웠다. 또한 독재정치하에서 억압되었던 정치적 요구들이 분출하여 시위가 일상화되고, 학생운동의 좌파그룹에 의해 그동안 금기시 되어왔던 통일 문제가 제기되면서 반공 보수적 질서가 도전받을지도 모른다는 위기감이 군부 엘리트의 대응을 불러오게 하였다. 이것이 5·16 군사혁명의 원인으로 작용하였던 것이다.[1]

한국 사회에서 군(軍)은 한국 전쟁의 결과로서 가장 근대화하고 잘 조직된 대규모의 강력한 국가기구로서 성장하였고, 엄청나게 팽창된 군부를 제어할 수 있는 어떤 조직적 세력도 존재하지 않았다. 그러나 군 내부에서는 정치화된 군과 그로부터 소외된 군 사이의 인사 진급 등에 있어 특혜를 받는 문제로 분열되어 있었다. 특히 국회 국방위원회가 군 장성의 진급에 큰 영향을 미치게 되면서 정치인에 대한 군부의 반감도 증대해 갔다. 이런 와중에 상당수의 급진 세력들이 등장하기 시작하여 반공주의를 부정하는 주장을 내세우게 되자, 군부의 일부 장교들은 이러한 상황이 국가안보를 심각히 위협하는 것으로 인식하게 되었다. 따라서 소외된 소장 군부 엘리트 그룹은 쿠데타를 통해 그들의 불만을 해결하고, 그들 스스로가 독재와 부패와 무능력한 민간인 정치인들을 축출하고 개혁정치를 펴는 근대화의 역군이 되고자 하였던 것이다(최장집, 1998: 96). 이러한 그들의 이념적 기반을 민족주의적인 색채를 띤 발전주의적 근대화의 철학이라고 할 수 있다. 그리고 그것은 근대화라는 목표를 추구하고 이를 효과적으로 수행하기 위해서 또 다른 독재의 시행을 스스로 정당화하는 것이라 할 수 있다. 그러므로 이 군부 권위주의 정권의 출범과 재생산은, 기존의 안보국가로서의 기본적 성격을 유지하면서 그것을 '개발 독재 국가'로 혁신시켜 가는 과정이었다. 개발 독재 국가는 취약한 시민사회를 억압하면서 '위로부터의 동원 방식'에 의해 경제 발전을 추동하게 된다.

1 1960년대 라틴 아메리카 국가 사이에서 만연되는 군사 독재 체제의 출현을 설명하는 데 있어 오도넬(A. O'Donnell)은 이를 특별히 경제적 요인과 결부시켰다. 즉 산업화가 크게 진전된 고도산업화의 단계에서 소득 불균형으로 인한 경제적 계급이해가 첨예하게 대립하는 조건 아래서 민중 부문의 정치적 활성화가 급격히 상승함으로써 발생하는 정치적 위기가 의회민주주의라고 하는 타협적 제도의 틀 속에서 해소될 수 없는 상황에서 발생한다는 것이다. 그런데 이러한 오도넬의 견해가 한국의 상황에서는 그다지 적실성이 없다는 것이 최장집의 생각이다. 최장집은 한국 사회에서의 군부 권위주의의 출현은 군부 관료 체제의 비대성장 자체에서 기인한다고 생각하는데, 즉 군부 관료 체제 내부의 정군(整軍)문제와 진급을 둘러싼 장교들 간의 내부불만과 사기저하로 인한 내재적 긴장이 정치개입이라는 형태로 분출되었다고 보는 것이다. 또한 한배호는 군사 쿠데타의 발생 원인을 최장집이 말하는 내재적 원인뿐만 아니라 군 외부적 원인이 함께 작용하였다고 보고 있다. 즉 민주당 정권하의 심각한 사회적 혼란과 정부의 무능으로 인한 위기의식이라고 보는 것이다. 이에 관해서는 최장집, 1989: 92-93; 한배호, 1994: 137쪽을 볼 것.

이런 점에서 군부 권위주의 정권은 한편으로는 민중들의 민주주의적 요구를 억압하면서, 다른 한편으로는 4·19 혁명으로 표출된 경제발전의 요구를 수용하여 새로운 지배 정당성을 확립해 가는 이중성을 띠고 있는 것이다(이광일, 2001: 171).

박정희 정권은 이처럼 '혁명정권'의 정당성을 확보하기 위해 '조국 근대화'를 목적으로 하는 성장 이데올로기를 중심으로 국가주도하의 전 사회적 동원 메커니즘을 마련하였다. 그리고 국내외적으로 총동원된 자원을 의도적으로 왜곡시켜 분배하여 자신들이 선정한 특정부문을 먼저 발전시키는 불균형전략을 구사하였다(김일영, 1999: 287). 그런데 이러한 성장과 개발 우선 정책은 시민사회에 대한 폭력적 지배(이승만 정권)에 관료적 지배를 중첩시키면서 일상생활에 대한 국가지배를 더욱 심화시키는 것이었다. 따라서 이러한 체제는 고도의 강권력 사용을 통한 안정기반의 구축, 해외자본의 적극 유치를 통한 고도산업화의 추진, 군부 엘리트를 중심으로 한 민간 관료와 민간 테크노크라트간의 동맹[2] 등을 특징으로 하는 국가주도의 권위주의 발전유형이라고 할 수 있다.[3] 이러한 체제는 국제자본과 밀접한 연관관계에 있는 상층 부르주아의 이익을 우선적으로 존중하는 정책을 선호한다. 또한 의회 및 정당정치는 비효율적인 것으로 배척되고 대신 행정적 효율성이 그것을 대체하여 경제발전을 추동

---

2 박정희 정권은 군부 엘리트를 권력의 핵심으로 하되 구체제하에서의 관료 계층들이 이를 지원하는 한국 사회에서 가장 근대적이고 서구화된 그룹으로서의 기술 관료 집단을 중심으로 한 체제였다. 그리고 이들이 핵심이 되어 신흥 부르주아와 교수, 언론인을 필두로 하는 중산층 지식인 그룹이 이들과 연합하였다.

3 윤상철은 한국의 권위주의 국가 및 지배블럭의 형성 과정은 권력자원의 파행적 배분과 밀접하게 연관되어 있다고 본다. 초기 국가형성 과정에서 주요한 물리적 권력자원들이 지배블럭의 수중에 집중되었다면, 이후 군사 쿠데타와 자본주의적 산업화 과정을 거치면서 경제적 권력자원이 추가되었다고 보는 것이다. 지배블럭은 주요한 역사적 계기마다 이러한 권력자원들을 집중시키면서 정치사회와 시민사회를 억압하고 탈동원했지만, 정치적 정당성이 지속적으로 취약한 가운데 권위주의 체제를 유지하였다는 것이다(윤상철, 1997: 54).

한다(김일영, 1999: 288).

이 국가주도의 발전 체제에서는 정치영역에서 의회기능의 위축과 야당에 대한 탄압, 시민의 자유와 권리의 억압, 시민사회의 위축이 그 특징적 현상이다(최장집, 1996: 169). 권력을 장악한 정치 엘리트 집단은 새로이 성장하는 부르주아지를 포함하여 사회의 어떠한 집단의 요구와 여망, 압력으로부터도 상대적으로 자유로운 상태에서 무엇이 국가이익인가를 정의하고, 그 중요성의 순위와 이를 수행하는 방법을 결정함에서 그들의 지배적인 역할을 정당화하고 제도화하는 것이다. 따라서 사회 내의 정치사회 집단들을 정치적 동맹 세력으로 끌어들이는 정치적 타협과 협상에 의한 합의형성의 가능성이 배제되고, 정당과 의회의 역할은 미미해지며, 중요한 정책은 행정부의 최고 책임자와 그를 둘러싼 소수관료와 테크노크라트들에 의해 결정되고 이행된다(최장집, 1996: 170-171). 또한 민중들은 정책 결정 과정과 정책형성의 채널에서 배제되고 사회정치적 이슈들은 기술합리성을 존중하는 기조에서 행정화되고 비정치화된다. 결국 정치는 실종되고, 오로지 행정적 효율성에 의해 지배되는 국가만이 존재하게 된 것이다.

2. 군부 권위주의 체제의 제도화: 유신 체제[4]

1972년 10월 17일, 박정희 대통령은 초헌법적인 비상대권을 행사하여 정당과 국회를 해산함으로써 유신 체제를 출범시켰다. 그리고 대통령을 통일주체 국민회의라는 선거인단에 의하여 간선제로 선출하는 '유신헌법'을

---

4 유신 체제는 정치영역에서의 야당의 정치적 약진과 경제영역에서의 성장둔화로 인한 위기, 그리고 국제 정세 변화에 따른 안보위협을 배경으로 하고 있다. 이에 관한 보다 자세한 내용은 정영국, 1999; 김일영, 1999를 참고할 것.

제정하고, 국군통수권, 국회해산권, 국회의원 1/3 지명권, 자유재량에 의한 초헌법적인 긴급 조치 선포권 등을 포함하여 거의 무제한적인 권한을 대통령에게 부여하는 일인 절대 권력의 국가 체제를 확립하였다. 유신 체제하에서의 대통령은 종래와 같이 입법부, 사법부, 행정부의 3권분립하에서 행정부의 수반으로서가 아니라 이 3권을 초월하여 존재하는 절대 권력자로서 모든 정치적 의사결정 권한을 대통령 1인에 집중하는 것이다. 따라서 정치 체제 면에서 볼 때, 유신 체제는 비록 형식적이라 할지라도 의회민주주의의 외연을 유지하며 존재하였던 정치사회를 완전히 부정하는 체제임을 의미한다.

유신 체제는 모든 정치적 권력을 대통령에게 일원화하는 대통령 1인에 의한 권력집중을 제도화하면서 체제에 대한 어떠한 반대나 비판도 허용하지 않는 긴급 조치들로서 강력한 지배를 행사하였다. 이 같은 강권적 권위주의 체제를 담보해 주는 가장 중요한 기구는 중앙정보부였다. 중앙정보부는 민간부문을 동원하고 다양한 국가기관들 사이의 기능을 조정하며, 정권의 목표를 효율적으로 달성하기 위해서 국가부문과 시민 사회 내의 모든 사회 부문들을 통괄·지휘하였다. 한마디로 중앙정보부는 유신 체제를 안정시키기 위해 대통령의 직접적인 통제하에서 국가의 자율성과 사회적 통제를 담당하는 폭력적 국가기구로서 존재하였던 것이다. 그러므로 이 유신 체제는 1960년대를 통하여 한국 사회를 통치해 온 박정희 정권의 전형적인 집정관적 지배양식이 종전보다 한층 더 강화되고 제도화된 형태와 수준의 집정관적 체제로 개조된 것이라고 할 수 있다(한배호, 1994: 326). 즉 유신 체제는 권위주의 체제가 제도화되는 극명한 예를 보여주는 것이다.

박정희 정권은 이처럼 유신 체제로 전환하여 절대적인 통치권을 행사하면서 정치적 기반을 재정비하고, 원활한 자본축적을 위해 보다 더 적극적으로 경제영역에 개입하였다. 그것은 '1980년대 1000불 소득, 100억 달러 수출'이라는 화려한 청사진을 제시함으로써 유신 체제로의 전환에 대한 정당성을 확보하기 위함이었다. 1973년부터 정부는 대외 의존적 산업화의 기조를 유지하는 가운데 수입유발효과가 큰 중간재와 자본재 부문의 수입대체화와 수출상품의 고도화를 강력히 추구하였고, 이러한 목표를 달성하기 위해 중화학공업화를 핵심적 수단으로 채택하였다. 정부는 중화학공업 육성과 해외자본의 유입을 통한 산업구조의 고도화를 강조하는 정책 변화와 그것을 뒷받침할 재정 및 금융 정책, 세제지원 및 산업보호 정책, 자본시장 육성 정책, 수입규제 및 관세 정책 등을 통해 중화학공업화에 박차를 가했다(손호철, 1997: 294-5). 그리고 이를 위해 국가는 산업자본가들의 지지를 획득하기 위해서 해외차관의 분배를 통한 금융투자와 여신, 그리고 국가 통제하에 있는 국내 은행을 통한 금융지원 정책을 활용하여 모든 국가자원을 급속한 경제성장이라는 목표에 집중시켰다(최장집, 1989: 187).

또한 자본의 원활한 축적을 지원하기 위해 국가는 강력하게 노동을 통제하였다. 유신헌법에 노동기본권을 제한하는 조항(제 29조)을 명시하고, 73년에는 노동조합법, 노동쟁의조정법과 노동위원회법을, 다시 74년에는 긴급 조치 3호와 더불어 근로기준법, 노동조합법, 노동쟁의조정법을 개악했던 것이다. 그리고 이런 법적 통제 이외에도 중앙정보부와 경찰을 통한 노동조합의 통제와 노사분규에의 개입, 공장 새마을운동 등을 통한 이데올로기적 통제 역시 중요한 몫을 하게 되었다(손호철, 1997: 298). 이것은 국가가 자본가집단의 노동 통제 강화 욕구를 충족시켜 주는 것으로 '국가와 독점자본이 단일한 메커니즘'을 형성하는 것이었다. 즉 독점자본은 국가주도 발전의 주요한 행위자인 동시에 국가 권력의 대행자가 되었던 것이다(최장집, 1998: 165). 그러므로 유신 체제하에서의 경제적 근대화를 위한 계획은 양면 정책의 사용, 즉 한편으로는 국가주도 산업화의 대행자인 대산업자본가에 대한 정부의 지원과, 다른 한편으로는 정치적으로 통제된 경제적 동원화를 통해 수행되었다고 할 수 있다(최장집, 1989: 187).

그 결과 독점자본은 급속히 성장, 한국 경제 전체에 대한 지배를 완성해 갔지만, 다른 한편으로 국민경제의 대외의존성의 심화, 국내 산업 간의 괴리 확대, 노동자·농민 등 기층 민중생활의 피폐화와 사회 계층 간의 소득 격차를 더욱 확대하는 불균등한 성장을 초래하였다(손호철, 1997: 298). 즉 극도로 불균등한 발전은 대자본과 중소자본 간, 공업과 농업 간, 도시와 농촌 간, 산업 내 수출 부문과 비수출 부문 간, 서울과 여타 도시 간, 경상도와 전라도 지역 간, 지배 계급과 하층 계급 간의 불균형을 확대시켰고, 양극화하게 만들었던 것이다. 이로 인해 현존하는 사회 계층은 급속도로 분해되었고, 도시화와 산업화의 사회 구조에 바탕을 두고 계급분화의 심화와 더불어 산업노동자와 도시 빈민이라는 하나의 새로운 사회 계층이 형성되게 되었다.

이 시기의 사회 계층구조의 변화에서 가장 두드러진 것은 노동 계급과 중간 계급의 폭증과 이에 상응하는 농어촌 인구의 격감을 들 수 있다. 한국의 노동 계급은 생산직 산업 노동자가 1970년의 7.6%에서 1980년에는 24.0%로 크게 증가했고, 여기에 단순사무직 노동자(사무, 판매, 서비스 노동자)와 실업 노동자를 포함할 경우 경제 활동 인구에 대한 노동자의 구성 비율은 37.2%에 이르게 되었다. 또 중간 계급은 1970년의 19.3%에서 1980년 25.8%로 꾸준히 증가하였다. 이러한 사회 계급구조의 변화는 중화학공업의 집중적인 추진의 결과라 할 수 있는데, 즉 대규모 사업장의 건설과 생산 노동자 및 공공분야와 민간분야의 관리직 업종의 활성화에 따른 것이다. 동시에 이 같은 노동 계급과 중간 계급의 증가는 농어촌 인구의 급격한 감소를 설명하는 원인이 되기도 하는데, 실제로 농어촌 인구는 1970년에 51.7%에서 1980년에는 33.5%로 급격히 축소되었다. 이러한 사회 계급구조의 변화를 도표화하면 다음과 같다(〈표 2〉 참고).

(단위%, 1,000인)

연도	1960	1970	1975	1980
자본가 계급	0.5	0.6	0.9	1.1
신 중간제 계층	4.3	5.7	6.8	8.7
비농자영업자층	10.5	13.6	14.7	17.1
농어민층	65.2	51.7	42.5	33.5
노동자 계급	11.8	24.1	31.5	37.2
주변적무산자층	7.7	4.3	3.6	2.5

<표 2> 한국 사회의 계급구성(1960-1980)[5]

제 2절_ 유신 체제하에서의 시민사회

1. 무정형의 시민사회

위에서 살펴본 바와 같이 70년대 유신 체제하에서 지배블럭은 상호의 이익을 위해 긴밀히 유착하여 민중을 배제하는 정책을 더욱 공고히 하였고, 나아가 시민사회 내에 존재하는 다양한 정치 중 군부 권위주의에 종속적인 정치만을 합법적 제도장치로 보장하는 반면, 그것에 반하는 민중적, 시민적 정치행위를 억압하면서 그것이 제도정치로 표출되는 것을 통제하여 왔다(조희연 · 정태석, 2001: 44). 유신 체제하에서의 아홉 번의

---

5 자료출처: 서관모, "한국 화이트칼라 노동자의 구성", 서관모 · 심성보 외, 『현 단계 한국사무직 노동운동』, 서울: 태암, 1989, 24.

긴급 조치는 이러한 국가의 억압을 잘 보여주며, 어떠한 정책 논쟁이나 유신헌법에 대한 사소한 비판까지도 허용하지 않는 긴급 조치들과 국가의 억압적 국가기구들인 경찰과 중앙정보부에 의한 탄압을 통해 배제의 정치를 확고히 하였던 것이다.

야당은 유신 체제의 이러한 외적 구조의 제약 속에서 정권에 의한 권력조작, 특히 공개적인 탄압과 더불어 일부 반체제 정치인에 대한 호선(cooptation)에 이르기까지 중앙정보부에 의한 광범위한 공작에 의해, 또한 정권에 야합한 일부 파벌이나 지도자들의 당권 장악을 위한 막후 공작에 의해서 내부적으로 약화되었다. 야당이 본래 사회 내의 하위 체계적 수준에서 계급적, 직능적 혹은 지역기반을 확고히 가지는 사회적 이익과 사회 세력들을 대표하여야 함에도 불구하고 이 같은 상황에서 야당은 파벌적 충성에 따라 분열되었고,[6] 따라서 시민사회 내의 반대의견들을 의미있는 방식으로 대변하지 못하였던 것이다(최장집, 1989: 191).

이 배제의 정치는 정치적 영역에서 반대 세력의 도전을 허용하지 않는 것뿐만 아니라 경제적 영역에서도 민중 부문을 배제하였다. 유신 체제하에서의 경제성장 정책은 국가의 강력한 노동 통제와 저임금에 기반을 둔 성장 정책이었고, 이러한 저임금 노동자들을 확보하기 위한 저곡가 정책을 통해 농민들을 배제하는 정책이었다. 이것은 독점자본의 최대 이윤 실현을 위해 노동자와 농민의 희생을 강요하는 정책이라고 할 수 있다. 그러나 그럼에도 지배 권력의 이 같은 억압에 대해 일반국민들은 침묵, 방관 또는 암묵적 수용으로 '사회적 침묵 카르텔'[7]을 구축하여 억압을 방조하는 태도를 취하였다. 그 결과 사회 속에서 국가에 대해 민중적,

---

6 야당의 분열은 크게 유신 체제를 기본적으로 인정하면서 타협할 것을 주장하는 온건파와 유신철폐와 반정부를 주장하는 강경파의 대립으로 나타났다. 정부는 정보기관의 공작정치를 통해 이러한 야당의 분열을 더욱 조장하고, 파벌 간의 대립을 심화시켰던 것이다(김용호, 1999: 242).

사회적 요구를 매개할 아무런 통로도 없게 되고, 당연히 국가로부터 자율적인 시민사회는 성립되기가 어려웠던 것이다. 여기에는 국가의 폭력적 억압기구뿐 아니라 지배 이데올로기도 커다란 영향을 미치는데, 지배 이데올로기를 통한 압력과 설득을 구사하여 시민사회적 요구를 집단 이기주의로 매도하거나, 좌경으로 몰아가는 방식으로 시민사회적 요구와 저항을 탄압하였던 것이다.

따라서 70년대 중반에 이르기까지 한국의 시민사회는 어떠한 조직이나 체계를 가지지 못하고, 계급이나 계층이라는 공간적인 의미에서만 그 존재를 파악할 수 있는 '무정형의 시민사회'라 할 수 있을 것이다. 즉 국가 주도의 고도산업화 정책에 의해 사회 계급구조의 변화가 발생하고, 이에 따라 사회 내에 노동자, 농민, 도시 빈민과 같은 계급의 구성은 이루어졌으나 이러한 계급들이 어느 정도 조직화하여 동원할 수 있는 역량을 구축하지 못하고 있었다는 말이다. 물론 이 시기에도 폭력적 국가에 저항하는 학생, 노동자, 농민, 지식인 및 교회집단 같은 다양한 시민사회적인 세력들이 있었지만, 이러한 세력들은 체제변혁을 위한 공통이념에 기반을 두어 집단들 간의 네트워크를 형성하는 조직적 저항 세력이라기보다는 특정 정치적 사건에 저항해 산발적, 간헐적 시위를 주로 하는 소수 명망가 중심의 선언적 활동에 그침으로써 전국적인 영향을 미칠 수 있는 조직으로서의 시민사회의 구축에는 이르지 못하였던 것이다(신광영, 1999: 243).

7　'사회적 침묵 카르텔'은 국가 폭력이 구조화되고 일상화되어 온 데 대한 모든 원인과 책임이 국가에 또는 국가 폭력의 네트워크에만 있지 않고, 일반 국민들이 침묵과 방관 또는 암묵적 수용에 따른 '침묵사회' 구축에도 책임이 있다고 보는 것이다. 이러한 '사회적 침묵 카르텔'이 형성되는 데에는 강제적이고 수동적인 그리고 적극적이고 능동적인 원인 등 다양한 원인에 의해 발생한다고 본다. 그 원인들을 살펴보면, 역사적 실체험과 역사적 기억 그리고 역사적 학습에 따른 사회적 침묵, 공포의 동원에 의해 강요된 침묵, 무관심에 의한 침묵, 조직화된 정치적 대안의 부재에 따른 역사적 허무주의와 정치적 무기력증에 의한 침묵 등을 들 수 있다. 이에 관한 보다 자세한 내용은, 조희연·조현연, 2001: 101-112를 참고할 것.

2. 체제저항세력의 형성

70년대 중반기에 이르면 유신 체제는 날이 갈수록 더욱 강고한 탄압 체제가 되어, 정부에 대한 어떠한 비판적인 언행에 대해서도 구속·투옥하는 등 가혹한 탄압을 가하였다. 또한 노동현장에서의 낮은 수준의 노동 운동에 대해서도 경찰력의 즉각적인 투입을 통해 연행·구속을 무차별적으로 행하였다(조희연·조현연, 2001: 97). 이렇게 국가의 폭력성이 전면화되면 될수록 그에 대한 저항도 전면화되었는데, 가장 주도적인 조직은 학생들이었다. 1973년 10월 2일 서울대학교 문리대에서의 시위를 시작으로 조직적으로 끊임없는 학생들의 시위가 이어졌고, 이러한 학생들의 시위는 학원 밖의 저항 세력들에게까지 확산되어 반유신 민주화 운동을 촉발시키게 되었다. 학생운동, 야당과 재야 지식인들의 투쟁이 이어졌고, 그 해 12월 말에는 종교계, 학계, 언론계 등 재야 인사 30여 명이 '민주회복 국민회의'를 발족하여 '헌법개정을 위한 100만인 서명운동'을 전개하였다. 이것을 계기로 이후에 다양한 반유신 체제 사회집단들로 구성된 '민주주의와 민족통일을 위한 국민연합'이라는 느슨하게 연계된 중앙기구가 결성될 수 있었다(최장집, 1989: 192).

그런데 이처럼 반유신 분위기가 확산되자, 박정희 정권은 서명 금지를 내용으로 하는 긴급 조치 제1호를 발동하였다. 그리고 박 정권은 반유신 운동의 대중적 확산을 막기 위하여 1974년 4월 전국 민주청년학생총연맹(민청학련) 및 인민혁명당 재건위원회(2차 인혁당) 사건을 발표하고 긴급 조치 제4호를 발표하였다. 그런데 긴급 조치로 인해 수많은 제적생, 해직교수, 해직언론인, 해고노동자들이 집단적으로 형성되었으며, 이러한 과정에서 자연스럽게 유신에 저항하는 재야 민주화 운동단체들이 속속 결성되기에 이르렀다(조희연·조현연, 2001: 97-98). 이 재야에는 다양한 집단들이 포함되는데 과거에는 활동적이었으나 현재에는 의도적이든 그렇지 않든 제도권 정치 밖에 있는 전직 직업정치인들, 민주화와 인권 운동에서 활동적이었던 천주교회와 개신교 단체들, 해직교수, 여성운동 단체, 비평가와 작가단체, 정치 활동으로 인한 구속자 가족들의 모임, 학생운동의 경험을 가지는 청년단체, 해직기자, 인권변호사 등이 그들이었다(최장집, 1989: 192).[8] 전체적으로 볼 때 유신시기 동안에는 제도정치로부터 배제된 비제도권 반체제 세력으로서의 재야가 민주화 운동에서의 주도권을 장악하였다고 할 수 있다.

반유신 체제라는 공통의 이념적 기반 아래 모인 재야 그룹은 다른 반체제 운동집단 간의 연계를 활발히 추진하기 시작하였는데, 이것은 자립적이지 않은 노동운동과 농민운동에 대한 지원으로 나타났다. 어 같은 외부적인 지원 속에서 노동운동 분야에서도 전국적으로 단일화된 한국노동조합총연맹(노총)의 통제 하에 놓여 있었음에도 불구하고 청계천 피복 노동조합, 동일방직 노동조합, 반도상사 노동조합, YH노동조합 등 노총의 통제에서 벗어나 독립적인 각종 민주노동조합이 결성되었다. 이는 지속적으로 강력한 국가통제 하에 있었음에도 노동운동이 새로이 중요한 정치 세력으로 그리고 반체제 세력으로 성장하기 시작하였음을 의미하는 것이었다. 농민운동에서도 72년 설립된 '가톨릭 농민회', 78년에 결성된 '기독교 농민회', '크리스천 아카데미' 등과 같은 재야 종교단체와 대학생들의 지원을 받으며 전국적으로 조직화하고 경제적인 투쟁에서 점차 반체제의 정치적인 투쟁으로 활성화되어 갔다. 이와 같은 시민사회적인 조직들의 유신 정권에 대한 저항은 점차 높아져갔고, 이에 대한 유신 정권의 대응도 더욱 거세어져 갔다. 그러던 와중에 1979년에 들어

---

8 이 시기에 결성된 반체제 세력들을 살펴보면, 74년에 '천주교 정의구현 사제단', 75년 3월에 '동아 · 조선 자유언론수호 투쟁위원회', 77년 '해직교수협의회', '자유실천문인협의회', 78년 5월에 '민주청년 인권위원회'(이후에 '민주청년협의회'로 개편), '구속자 가족협의회' 등이 각각 결성되었다.

몇 가지 시국 사건[9]이 겹쳐 일어나고 대학생들의 치열한 대규모 시위가 진행되는 가운데 박정희 대통령이 피살됨으로써 유신 체제는 갑작스런 붕괴를 맞게 되었다.

제 3절_ 군부 권위주의 체제의 지배 이데올로기

1. 반공 이데올로기의 제도화

쿠데타로 권력에 오른 군부 권위주의 정권은 자신의 정치적 기반을 공산주의와의 대결에 두고, 여기에서 정당성을 찾았다. 이는 해방 이후부터 6 · 25 동란에 이르는 기간 동안의 역사적 경험을 통해 내면화된 반공 이데올로기에 의지하여 쿠데타와 집권의 정당성을 확보하려는 것이었다. 실제로 한국 사회는 6 · 25 한국 전쟁을 계기로 그전까지 이승만, 한민당 등 극우 세력과 지배 계급에 국한되어 있던 반공 이데올로기가 절대 다수의 국민들의 '수동적 동의' 내지 '능동적 동의'로까지 확산되었고, 분단 의식이 내재화되게 되었다(손호철, 1997: 133). 따라서 반공분단의식은 대중 속에 일정하게 정착하여 사회생활을 규제하는 하나의 '사회실재'가

---

9 1979년 반유신 체제 운동을 절정으로 향하게 했던 일련의 사건들은, 7월의 '오원춘 사건', 'YH무역 사건', 10월에 신민당 총재였던 '김영삼 국회 제명 사건'을 들 수 있다. 이러한 시국 사건에 저항하여 1979년 가을부터 전국 대학생들의 반유신 시위가 계속되었고 10월 13일 신민당과 통일당 소속 국회의원 전원 사퇴가 발생하였다. 10월 16일에는 부산대에서 5,000명이 김영삼 총재 제명 하의, 유신철폐, 독재 정권퇴진 등을 요구하는 대규모 시위가 일어나고 여기에 시민들이 가세하여 마산으로까지 확산되어 부마사태로 발전했다.

된 것이다. 그리고 이 같은 반공분단적 가치는 사회생활 속에서 부단히 확인되고, 사회생활을 통해 끊임없이 재생산되고 있으며, 대중들의 내면에서 일종의 자기검열(self-censoring) 기제로 작동하게 되었던 것이다(조희연, 1998b: 95).

이 같은 반공 이데올로기는 5 · 16 쿠데타 이후 이전에 비해 더욱 더 전면적인 사회통합 및 통제의 기조로 제도화하면서 정권 재생산의 논리로 활용하게 된다. 그에 따라 정부의 시책에 도전하는 사람은 단순히 정책적 도전이 아니라 남북의 대립구조에 도전하는 것이 되며, 지배질서에 대한 비판 자체가 사회혼란을 야기하고, 혼란은 국가안보를 위태롭게 하여 이는 결국 우리와 대치하고 있는 공산 세력을 이롭게 하는 이적행위로 반공의 국시(國是)에 위반된다는 논리를 내포하고 있다(이창호, 1990: 232). 이러한 논리는 군부 독재 체제에 대한 사회 내적 저항을 이데올로기적 저항으로 환치시켜 탄압하는 논리로 활용되었고, 유신 체제하에서는 박 정권의 조작적 노력으로 정권유지와 재생산 메커니즘을 더욱 강화하는 데 이용되었다(조희연, 1998b: 100). 더욱이 박정희 정권은 국제정세의 변화를 국내정치에 이용하여 반공 이데올로기를 강화하였는데, 1975년 4월 사이공이 공산주의자들에 의해 함락되어 베트남이 멸망하자 유신 반대 세력은 국론을 분열시켜 총화단결을 해친다는 구실 아래 긴급 조치를 발동하여 유신에 대한 어떠한 반대도 금지시킴으로써 정치적 반대 세력을 탄압하였던 것이다(김용호, 1999: 240).

그리고 유신 체제하에서의 국가 권력은 이 같은 반공 이데올로기의 강제 내지 주입을 위해 교육제도[10], 언론, 정당과 같은 이데올로기적 국가

---

10 국가는 교사와 학부모의 교육 참여를 철저히 배제한 채 국정교과서 제도와 학교에 대한 문교관료의 철저한 감독과 통제를 통하여 현 사회의 모순구조를 정당화하였고, 중등교육에 교련교육의 도입이나 대학의 학도호국단의 창설 등을 통해 반공 이데올로기의 강제 내지 주입에 힘써왔던 것이다.

기구(ideologi-cal state apparatus)를 활용할 뿐만 아니라 경찰, 검찰, 법원, 그리고 중앙정보부, 보안사와 같은 억압적 국가기구를 동원하여 반공 이데올로기를 제도화하고자 하였다. 특히 군부와 중앙정보부는 여타의 국가기구 즉 국회, 법원, 경찰, 검찰은 물론 일반행정 조직을 장악하였고, 심지어 일반국민의 일상생활에까지 깊숙이 영향력을 행사하는 가장 강력한 국가기구로서 반공 이데올로기의 재생산기능뿐 아니라 그 최종적 담지자로서의 기능을 수행하였던 것이다(이창호, 1990: 235). 그러므로 이 시기에는 사회구조의 모순에 도전하는 저항운동이 활동할 수 있는 합법적 운동공간이 위축될 수밖에 없었고, 체제 도전 세력이나 계급적 세력이 제도정치 내에서 자신들을 정치적으로 표출할 수 있는 가능성이 제한되었다고 할 수 있다. 단적으로 진보정치 세력의 제도정치의 진입을 가로막고, 기반을 갖지 못하도록 만들었다. 이것이 계급적 차원에서는 진보적 정치 세력이 일정한 동원력과 대중성을 가지면서도 제도정치적 차원에 반영되지 않은 이유라 할 수 있다. 또한 이러한 이유에서 반공 이데올로기에 의한 '매도'로부터 상대적으로 자유로운 학생운동이 정치 투쟁에서 주력운동이 되었던 것이다(조희연, 1998b: 112).

유신 체제에서는 이러한 반공 이데올로기를 발전 이데올로기와 더욱 밀접히 결합시켜 성장을 위한 전 사회적 동원화가 용이하도록 하였다. 다시 말해 북한과의 대결에서 승리하기 위해서는 경제성장에 전적으로 매진하여야 한다는 것을 강조함으로써 반공 이데올로기를 경제성장을 위한 통합논리로 활용하였던 것이다. 따라서 반공 이데올로기는 한편으로는 경제발전에, 다른 한편으로는 경제발전의 모순에 대한 저항을 억압하는 데 이념적 근거로 활용되었다. 또한 이런 배경 속에서 반공 이데올로기는 노동운동의 활성화를 위험시하는 여론을 조작하여 노동운동을 불온시하는 부정적 관념을 극대화함으로써 탄압의 명분을 제공하고 노동운동을 고립시켰던 것이다. 다시 말해 노동운동을 불온시하는 사회적 관념은 집권층의 저임금전략과 상승작용을 하여 노동 계급의 임금조건이나 노동조건 그리고 여러 사회적 보상을 극히 열악하게 만들고, 노동 계급 스스로 하나의 계급으로서 지니는 자신들의 계급적 이해를 실현할 여러 대안들을 모색할 수 있는 통로 자체를 차단함으로써 노동자 계급의 의식화를 저지했던 것이다(이창호, 1990: 232).

뿐만 아니라 반공 이데올로기는 반유신 저항 세력에 대해서도 똑같이 부정적 관념을 내재화하게 만들어 사회불안을 야기하는 일부 극소수 혼란주의자로 규정하게 함으로써 반체제운동을 탄압할 수 있게 하였다. 언론매체를 총동원하여 여론을 조작하고 반공 이데올로기 공세를 통해 저항운동을 좌경운동으로 몰아 탄압하였으며, 그 탄압의 정당성은 '국가안보', '사회혼란제거', '국민총화', '국민화합', '질서' 등에서 찾았던 것이다. 이러한 현상은 계급적 성격이 없어 상황에 따라 유동적인 중간층의 안정 희구 성향을 자극하여 중간층의 정치적 태도를 더욱더 체제 근접적인 방향으로 유도하며, 극단적으로 노동 계급 등 민중부문과의 간접적 대립의식을 생산하여 정권의 정당성 여부에 관계없이 정권의 안정성을 강화할 수 있게 만드는 것이었다(조희연, 1998b: 109). 왜냐하면 체제에 대한 중간층의 지지는 중간층 자신들의 이익을 지키는 데 있어서 필연적이기 때문에, 중간 세력을 체제유지를 위한 보수 세력으로 동원하고자 하였던 것이다.

이렇게 볼 때, 유신 체제하에서 반공 이데올로기는 한편으로 중간층의 보수화에 영향을 미치고, 다른 한편으로는 노동 등 민중 부문에 관계되는 진보운동과 그리고 체제에 저항하는 반체제운동을 억압하는 기제로 작동하여 국민들의 의식을 지배하는 내적인 사회 실재이며, 제도적 지배블럭의 정권유지와 재생산의 메커니즘으로까지 확립되었다고 할 수 있다. 그리고 반공 이데올로기에 의한 이러한 사회적 배경은 70년대 말 군부 권위주의 정권의 파국적 위기가 민주화로 이어지지 못하고, 재차 새로운

군부 권위주의로 이어지게 되는 원인으로 작용하였다고 할 수 있다(조희
연, 1998b: 118).

2. 발전 이데올로기

쿠데타로 집권한 군부 세력은 정치적 정당성을 확보하기 위해 공업화
를 통한 국민 경제의 근대화를 전면에 내세우게 된다. '조국 근대화',
'고도성장'이란 표어를 걸고 나선 군부 세력은 국력의 조직화와 능률의
극대화라는 미명 아래 '총화유신'의 이념으로 발전하게 되었고, 국력과
자원을 경제성장을 목표로 특정한 방향에 집중적으로 재배치하는 경제
적 동원 체제를 강화하였던 것이다(최장집, 1989: 186). 정치적 정당성의
기반이 약한 군부 권위주의 정권에게 있어 경제성장이야말로 통치와 집
권연장을 위한 확실한 명분이기 때문이었다.
박정희 정권은 중화학공업에 중점을 둔 개발계획에 착수하였는데, 이
러한 전략은 제 3차 경제개발 5개년 계획(1972-76년)에 반영되었다. 제 3차
계획에서는 중화학공업을 건설하여 공업구조의 고도화를 꾀함이 기본목
표로 설정되었고, 산업구조의 고도화를 통한 자력 성장구조의 실현을 기
본목표로 하는 제 4차 경제개발계획(1977-81년)에 이르러 확고하게 되었
다. 유신 체제의 이 같은 중화학공업 육성 정책은 한국 산업의 구조를 노
동집약적 경공업에서 자본집약적이고 기술집약적인 산업으로 전환하게
만드는 계기가 되었다. 이것은 구체적으로 1980년대 초반까지 수출 100억
불 달성, 1인당 국민소득 1,000불 달성이라는 목표를 내세우며 유신 체제
의 성립과 관련된 정치적 불만을 경제적 측면에서 보상하고 국가 권력의
정당성을 획득하고자 하였던 이데올로기적 요구를 반영한 것이었다. 그
결과 한국 경제는 1971년부터 1980년까지 연평균 8.1%의 높은 성장을

지속하였고, 1인당 GNP도 1971년의 285달러에서 1980년에는 1,753달러로 늘었다. 뿐만 아니라 수출주도의 성장 경제 정책의 기조답게 수출에서도 1971년의 11억 달러에서 1980년에는 175달러로 급증하였는데, 이를 연평균 신장률로 보면 37.4%의 성장률을 보였다(전철환, 1988: 128).

수출주도적인 성장위주의 경제 정책은 모든 자원을 집중적으로 배치하여 자본축적과 성장을 빠른 시일 내에 달성하는 것을 목표로 하는 것이기 때문에 독과점 내지 경제력 집중은 필연적인 현상이고, 물가상승의 방치, 소득 격차의 방치와 같은 불균형적 성장의 결과들을 양산하였다. 그런데 이러한 불균형적 현상들은 국가와 지배블럭이 '파이를 키우지도 않고 나눌 수는 없다'는 발전 이데올로기와 경제가 성장하고 소득수준이 높아지면 분배 격차는 저절로 줄어든다는 '선 성장 후 분배'라는 주장 속에서 분배의 문제를 외면하게 만듦으로써 가능했던 것이다. 예컨대 계층별 소득 격차, 도시 농촌 간의 격차, 대기업과 중소기업 간의 격차가 발생하고,[11] 이에 따라 노동자들과 농민, 도시 빈민의 문제들과 같은 사회 문제들이 야기되었는데 고도성장을 지향하는 발전 이데올로기는 성장의 모순을 보완하는 일체의 사회보장적 체계를 외면하여 많은 국민들을 성장의 과실로부터 소외시켰던 것이다.

이러한 상황 속에서 발전 이데올로기는 총화, 안정, 질서를 강조하는 군부 권위주의와 기능적 상보관계, 즉 개발과 독재가 연결될 수 있는 고리의 형성을 가능하게 하였고, 또한 반공 이데올로기와 접목됨으로써 발전주의 정책에 저항하면서 경제적 잉여에 대한 분배와 균점을 주장하는 사회집단들의 요구를 봉쇄하는 기능을 담당하였다. 실제로 군부 엘리트,

---

11 1970년대의 소득 격차 변동추이를 살펴보면, 상위 20%의 고소득층의 대 국민소득 점유율은 1970년의 41.6%에서, 1976년에는 45.3%로, 1980년에는 45.4%로 계속 상승하는 데 반해, 하위 40%의 저소득층의 대 국민소득 점유율은 1970년의 19.6%에서, 1976년에는 16.9%로, 1980년에는 16.1%로 지속적으로 낮아지고 있음을 알 수 있다(전철환, 1988: 137 〈표 13〉 참고).

자본가, 기술관료 등 지배블럭은 이 발전 이데올로기를 매개로 하여 정치동맹을 형성하여, 발전주의 정책으로부터 배제된 노동자, 도시 빈민, 하급 중산층, 농민 등의 광범위한 민중 계층의 공정한 분배 요구를 위한 저항운동을 효과적으로 억제하였다(최장집 · 이성형, 1991: 219). 반면에 70년대 후반 양적으로 팽창하기 시작한 중간 계급[12]에 대해서는 발전주의 정책을 통하여 제공하는 특권과 이익을 보장함으로써 발전 이데올로기에 능동적으로 동조하고 협력하도록 만들었다(마인섭, 1999: 267). 중간 계층은 국내외적인 정세변화에 의해 사회적 기반이 불안정하게 조성될 때 특히 안보의 위기 내지 저항운동에 의한 사회 불안 등이 발생하는 경우에 반공 이데올로기와 발전 이데올로기가 보장해 주는 '현상유지'를 지지함으로써 지배블럭에 협력하였던 것이다(최장집 · 이성형, 1991: 222).

제 4절_ 한국 천주교회의 사회 참여 활동

1. 사회현실에 대한 각성

1) 1960년대 말 이전의 한국 천주교회

외래종교로서의 한국 천주교회는 1970년 이전까지 정치적으로 보수적인

---

12 이 시기의 중간 계층은 대체로 이 같은 발전 이데올로기의 영향 속에서 유신 체제에 대해 적극적인 충성을 표시하거나 보수적으로 동의하는 모습을 보이지만, 진리와 정의, 인권 등 보편적인 가치를 추구하는 지식인집단 중의 진보적인 소수들은 체제저항운동의 견인역할을 하게 된다.

입장을 견지하여 왔다고 할 수 있다. 천주교회가 이 같은 입장을 취하는 데에는 정교분리(政敎分離)의 원칙과 박해의 경험이 크게 작용하였기 때문이다. 천주교회는 정교분리 원칙을 강조하여 사회적이고 정치적인 이슈들에 대하여 일정한 거리를 두어왔고, 또 박해의 경험 때문에 종교의 자유를 획득한 이후에도 국가와의 갈등을 피하고 좋은 관계를 유지하고자 노력하였던 것이다. 따라서 교회 지도자들은 신자들이 사회현실을 바꾸려는 어떠한 종교적, 정치적 활동에도 참가하지 못하도록 하였고, 다른 한편으로는 정치 지도자들과 긴밀한 관계를 유지하여 교회의 재건과 지속적인 안전을 확보하고자 하였다(노길명, 1983: 208-209).

　해방 이후 천주교회의 정치적인 무관심은 조금씩 변화하기 시작하는데, 그것은 노기남 대주교가 한국의 사회정치적 현실에 적극적으로 개입하면서부터였다. 노기남 대주교는 남한의 국내 사정에 어두웠던 미군정과 깊은 관계를 맺었는데 미군정은 노기남 대주교에게 '한국의 정치를 맡을 만한 지도자들'의 명단을 요청하였고, 이에 대해 노 대주교는 60명의 명단을 작성하여 군정사령관 하지 중장의 정치고문 나이스터(Nister) 준장에게 건네줌으로써 해방정국에 깊이 개입하게 되었다(천주교 정의구현 사제단 편, 이하 '사제단', 1985: 21). 이 명단 작성 과정에서 노 대주교는 한국 천주교회가 개신교에 비해 인재양성을 등한히 해 왔음을 통감하면서 천주교회의 정치적 영향력을 증대시키기 위하여 장면을 위시한 40명의 천주교 신자들을 한민당에 입당시켰고, 다른 한편으로 젊은 신부들의 해외 유학을 적극적으로 지원했다. 그 외에도 미국 뉴욕의 스펠만(Spellman) 대주교의 방한을 계기로 미국과의 밀접한 관계를 더욱 강화하여, 이승만의 친미주의와 단독정부수립 노선에 편승하게 되었다. 노 대주교의 최대 관심사는 해방된 한국에서의 천주교회 위상을 공고히 하고 교회의 사회적 영향력을 증가시키는 일이었던 까닭에 유망한 정치 권력인 미군정과 이승만을 지지하면서 친미, 반공의 노선에 협력하였던 것이다

(김녕, 1996: 226-7). 그러나 노 대주교와 이승만의 밀접한 협력관계는 자유당 독재가 심화되면서 점점 갈등적 관계로 변해 갔다. 교회가 발행하는 〈경향신문〉이 정론을 통해 독재와 부정을 비판하고 고발하는 일로 인해 정부는 경향신문을 폐간시키려고 했으나, 저항에 부딪히자 무기정간 처분을 내리기까지 하였던 것이다. 따라서 이승만 정부와 교회의 밀접한 협력관계는 더 이상 이어질 수 없었다.

결론적으로 해방 이후 한국 천주교회는 사회정치적 현실에 깊이 개입하기 시작하였지만, 그 주체가 고위성직자 개인을 중심으로 이루어졌으며, 또한 정치 체제를 정당화 내지 지지하는 체제지향적인 역할이 지배적이었다고 할 수 있다. 즉 이 시기의 교회는 국가와 대면하여 홀로 서서 고유의 독자적인 입장에서 사회정치적 문제를 해결하고자 하는 교회-국가 간의 창조적 긴장상태를 이루어내지는 못하였던 것이다(김녕, 1996: 229).

2) 천주교회의 현실인식

한국 천주교회가 상대적 자율성을 가지고 한국 사회 현실에 대하여 목소리를 내기 시작한 것은 1960년대 말부터였다고 할 수 있다. 한국 천주교회는 점차 국가 주도의 경제성장 우선 정책이 빚어내는 광범위한 사회정치적 문제들에 대응하여야 할 책임감을 깨닫게 되었다. 한국 천주교회의 이 같은 사회현실에 대한 각성에는 제 2차 바티칸 공의회(1962-65년)의 사회적 가르침이 큰 영향을 미쳤다고 할 수 있다. 1966년 5월 한국 천주교 주교회의에서는 교회 전체가 제 2차 바티칸 공의회의 가르침을 수용하고 실천하도록 독려하는 사목교서를 발표하였다. 뿐만 아니라 주교들은 1967년 6월에 제 2차 바티칸 공의회의 정신 속에서 한국 현실을 해석하고, 급증하는 사회경제적 문제들에 대한 우려와 개선책을 『우리의 사회신조』라는 사목교서를 통해 표명하였다. 주교들은 이 교서에서 노동자의 존엄성과 권리, 그리고 고용주들의 의무, 노동자를 위한 국가의 역할에 대하여 규정하였던 것이다(명동천주교회 편, 1984: 56-58). 이는 1960년대 산업화에 의해 심각한 사회 문제로 대두된 노동 문제에 대한 교회의 관심을 드러내는 것이었다.

제 2차 바티칸 공의회는 평신도들에게도 지대한 영향을 미쳤는데, 특히 평신도 사도직의 중요성에 대한 강조는 가톨릭 노동청년회(J.O.C.;지오쎄)의 활동을 고무하는 데 크게 작용하였다고 할 수 있다. 1958년 발족 이후 그 기능을 활발히 수행하지 못하고 있던 가톨릭 노동청년회는 1966년 인천 J.O.C.가 발족되면서부터 활기를 찾기 시작하였다. 인천교구 강화본당 전미카엘(Michael Bransfield) 신부의 지도로 J.O.C.모임이 발족되어 활동을 시작하였는데, 1967년 2월 강화도 심도직물에서 일하고 있던 J.O.C.회원들을 주축으로 '심도직물'에 노동조합의 결성을 준비하여 5월 14일 섬유노조본부의 협조를 얻어 노동조합 결성대회를 이끌었다. 총 1,200명의 직물 노동자들 가운데 300명 가량이 노조에 가입 신청을 하게 되었는데, 회사 측에서는 노조를 해체시키기 위하여 노조 활동을 제지하고 노조 결성을 주도한 J.O.C.회원 2명을 불법으로 해고하였다. 이러한 회사의 결정에 항의하기 위해 강화성당에 모여 집회에 참여하고 있던 노동자 30여 명을 경찰이 연행하였고, 회사 경영진과 경찰 그리고 강화도 출신 공화당 소속 국회의원은 전미카엘 신부를 공산주의 선동가로 몰아붙이며 협박과 위협을 가하였다. 뿐만 아니라 1968년 1월 8일 강화도 소재 21개 직물회사는 J.O.C.회원을 고용하지 않기로 결의하였다.

이러한 사태가 알려지자 인천교구는 회사 측의 탄압을 조사하고 대항하기 위하여 위원회를 발족시켰으며, 인천교구장인 나길모 주교는 전국의 주교들에게 사건의 진상을 알리고 전국 주교단의 이름으로 각 언론기관과 정부당국에 호소할 것을 건의하였다(명동천주교회 편, 1984: 50-1). 천주교회 주교단은 김수환 주교(현 추기경, 당시 J.O.C. 전국평의회 총재)를 파견하여 사태를 파악하고 난 후 1968년 2월 9일 '강화도 사건에 대한 주교단 공동성명'을 발표하였다. 이 성명서는 주교단이 인간의 존엄성과 노동자들의 노동조합결성의 권리, 노동에 대한 정당한 임금에 대해 강조하고, 국가가 노동자들의 권리를 보호하는 것이 사회적인 혼란을 줄이고 발전하게 될 것이라고 주장하는 한국 천주교회가 사회 정의와 노동자의 인권신장을 위해서 발표한 최초의 성명서라 할 수 있다. 주교단은 또한 2월 24일에 재차 '사회 정의와 노동자 권익 옹호를 위한 성명서'를 발표하였는데, 노사 문제의 원만한 해결을 위한 가톨릭교회의 사회 정책을 제시하는 것이었다. 주교들은 이 교서에서 교회는 사회 정의를 가르칠 권리와 의무가 있음을 강조하고 노동 문제에 개입하는 것은 교회의 사명이라는 것을 밝히고 있다. 위와 같은 강화도 '심도직물' 사태에 관한 교회의 개입은 노동 문제에 대해 교회 지도자들이 처음으로 한국 사회의 현실을 인식하고 조직적이고 체계적인 대응을 하였다는 점에서 의의가 크다고 할 수 있다. 그러나 다른 한편으로, 이 사건의 발단이 J.O.C.회원들의 노조 활동에 대한 지원이라는 점에서 교회의 사회 참여는 아직까지는 제한적이고 부분적이라는 측면도 함께 나타내 보인다고 할 수 있다.

교회가 비판기능을 통한 사회 참여에 일대 전환점을 이룬 것은 1971년 10월 5일 원주교구 성직자, 수도자, 평신도들이 벌인 부정부패 추방 시위 운동이라고 할 수 있다. 이 날 원주 시내 원동성당에서 1,500여 명이 교구장 지학순 주교와 교구 사제단의 부정부패 일소를 위한 특별미사에 참례한 후 '부정부패 뿌리 뽑자', '사회 정의 이룩하자'는 구호를 외치며 시위에 나섰다. 이 시위는 애초에 원주문화방송의 운영을 맡고 있던 5·16 장학회의 부정에 대한 단순한 항의로 출발하였지만, 점차 권력과 결탁하여 부정부패를 일삼는 제도화된 불의 자체에 대한 투쟁으로 발전하게 되었다. 3일간의 연좌시위의 목표는 ① 정치적 불의에 대한 인간존엄성의 수호, ② 조직화된 경제 불의에 대한 투쟁, ③ 소외 계층의 단합과 연대의식의 고취, ④ 무감각을 극복하고 참여와 희망을 갖게 하자, 는 네 가지였다(명동천주교회 편, 1984: 66-67; 김녕, 1996: 243).

원주교구의 시위를 시발로 하여 이후 전국 각지에서 부정부패를 규탄하는 시위가 이어졌는데, 10월 8일 크리스천 사회행동협의회 소속 신·구교 단체 대표 26명이 '사회 정의 실현 촉진 기도회'를 개최하고 시위에 나섰다가 경찰에 연행되었다. 또한 10월 9일에는 약 800여 명의 천주교 및 개신교 지도자들이 대구에서 사회 부조리와 부정부패 일소를 위한 특별미사를 봉헌하였고, 10월 15일에는 신·구교 성직자와 활동단체 대표 50여 명이 '사회 정의 실현 세미나'를 개최하여 한국 사회의 현상을 분석하고 그리스도교인들이 수행해야 할 예언자적 사명에 대해 논의하는 등 교회의 현실 참여가 활발해지기 시작했다. 이러한 논의 속에서 한국 천주교회 주교단은 11월 14일 제4회 평신도의 날을 맞아 전국 천주교 신자들과 선의의 모든 사람들을 향해 '오늘의 부조리를 극복하자'고 호소하는 '공동교서'를 발표하여 한국 현실 문제에 우려를 표명하기에 이르렀다. 주교들은 이 교서에서 한국 현실이 경제성장 과정에서 나타나는 여러 가지 사회적 모순들을 극복하고 진정한 사회 정의 실현을 위해 국가, 기업주와 기업, 상업종사자들에게 공동선을 강조하고, 특권과 특혜를 버리고 양심의 소리에 따라 한국 사회 현실을 개선하는 데 앞장설 것을 권고했다. 또한 이 교서는 교회가 가난하고 억압받는 이들을 위한 대변인임을 천명하였다. 원주교구에서 시작된 부정부패 추방을 위한 시위는 한국 천주교회가 사회 정의의 실현을 위해 구조적 모순을 지적, 비판하고 이의 과감한 개선을 주장하였다는 점에서, 또 이 사건을 통해 교회 전체가 한국 사회의 현실에 대한 커다란 각성을 이루었다는 점에서 매우 중요한 의의를 지닌다고 할 수 있다(가톨릭정의평화연구소 편, 1990: 32-33).

2. 천주교회의 사회 참여와 조직화

1) 지학순 주교 구속 사건

1960년대 말부터 천주교회는 한국 사회의 현실에 대한 인식을 토대로 사회 참여 활동을 시작하였지만, 그러나 이것이 국가 곧 군부 권위주의 체제에 대한 체제저항을 의미하는 것은 아니었다. 즉 이 시기의 천주교회의 사회 참여는 주교단이 발표하는 공동선언이나 공동성명서[13]를 통해 사회 정의에 관한 기본적 가르침을 제시하고 인간의 존엄성과 권리, 공동선을 위한 국가의 역할, 노동의 문제 등을 교회 내외에 천명하였지만, 주로 교회의 가르침에 근거하여 현상에 대한 원칙적인 가르침을 제시하는 수준에 머무르는 것이었다. 이러한 것으로 미루어 볼 때, 이 시기까지는 교회와 국가의 갈등이 심각한 수준에 이르지는 않은 상태였다고 할 수 있다. 교회와 국가의 갈등이 첨예하게 표출된 것은 1974년에 발생한 지학순 주교 구속 사건을 통해서였다.

1974년 7월 6일 원주교구장 지학순 주교가 '전국 민주청년학생총연맹(민청학련)' 소속 학생들에게 자금을 지원했다는 이유로 해외 공무수행을 마치고 귀국하는 공항에서 중앙정보부 요원들에 의해 연행되는 사건이

---

13 한국 천주교 주교단은 한국 사회 현실에 대해 진단하고 교회의 사회적 가르침에 기반하여 개선책을 제시하는 공동교서나 공동성명서를 교회 내외에 공포하여 왔는데, 1960년대 말부터 1970년대 초반까지 발표된 것을 정리하면 다음과 같다.
　① 1967년 6월 30일 '우리 사회의 신조'
　② 1968년 2월 9일 '강화도 사건에 관한 주교단 공동성명'
　③ 1968년 2월 24일 '사회 정의와 노동자 권익 옹호를 위한 성명성'
　④ 1971년 11월 14일 '주교단의 공동교서'
　⑤ 1972년 1월 2일 '주교단 공동선언'
　⑥ 1974년 3월 15일 '주교단 성년 사목교서: 세계인구의 해에 즈음하여'
　자료출처: 명동천주교회 편, 1984: 53-113.

발생하였다. 강제 연행으로 30여 시간 동안 행방을 알 수 없었던 지학순 주교는 7월 8일 중앙정보부로 찾아 온 김수환 추기경(당시 주교회의 의장)에게 민주주의를 회복하기 위한 행동으로 시인 김지하에게 자금을 건넸지만 공산주의와는 관계가 없음을 설명하였고, 김수환 추기경은 7월 10일 대책을 논의하기 위해 주교회의를 소집하기에 이르렀다. 이 자리에서 주교단은 '지학순 주교에 관하여'라는 성명서를 발표하였고, 대통령과의 면담을 마친 김수환 추기경은 직접 중앙정보부로 가서 명동에 있는 수녀원으로 주거제한하는 조건으로 지학순 주교를 데리고 나왔다. 7월 15일 건강이 악화된 지학순 주교는 명동 성모병원에 입원하게 되었고, 이번 사건에 대한 자신의 입장을 천명한 '성명서'를 외국 기자들에게 배포하였다. 이 성명서에서 지 주교는 김지하에게 돈을 지원하게 된 이유와 유신 체제에 대한 분명한 반대 입장을 나타냈다. 이로 인해 지 주교는 다시 남산 중앙정보부에 구금되었고, 7월 16일 신병 악화로 다시 성모병원에 입원하고 있던 중에 자금제공, 내란선동, 정부 전복 혐의로 기소되었다. 7월 23일 병원에 입원 중이던 지학순 주교는 신부들의 보호 속에서 성모병원 밖에서 기도 중이던 신자들과 함께 기도를 바치고, 이어 많은 신자들에게 양심에 입각한 소신의 일단을 피력하는 '양심선언'[14]을 발표하였고, 이로 인해 성모병원에서 중앙정보부로 다시 연행되었다.

이에 대한 교회의 대응을 위해 1974년 7월 25일에 주교회의가 개최되었고, 명동대성당에서는 주교들, 전국에서 모인 신부 150여 명과 수도자 400여 명, 평신도 3,000여 명이 참석한 가운데 지 주교와 고통 중에 있는 정의로운 사람들을 위한 미사가 봉헌되었다. 이 미사에서 김수환 추기경은

---

14 지학순 주교는 '양심선언'에서 유신헌법의 무효를 주장하고, 인권과 인간의 품위를 짓밟는 유신헌법의 폭력성을 고발하였으며, 내란선동은 조작된 죄목임을 선언하였다. 또한 권력의 꼭두각시인 비상군법회의의 편파성을 지적하고 통제된 언론매체를 통해 증거 없는 주장만이 사실이 되고 있다고 비난하였다(기쁨과 희망 사목연구원 편, 『암흑속의 횃불』 1권, 1996, 67).

강론에서 사회에 대해 무감각하고 무의식적이었던 교회의 무관심을 반성하면서, 교회의 쇄신과 화해의 바탕위에서 국가와 사회의 올바른 발전에 기여하는 신앙인이 될 것을 촉구하였다. 지학순 주교의 구속 이후 전국의 성당에서는 지학순 주교와 나라를 위한 기도회가 지속적으로 이어졌으며, 이 기도회 모임을 통하여 교회는 유신 체제의 부당성을 고발하고 인권회복과 민주화를 위한 투쟁을 전개하기 시작하였다.[15] 이밖에도 지 주교 구속 사건을 계기로 교회 내에서는 유신 반대와 민주화 회복 운동을 조직적으로 전개하기 위한 단체들이 결성되어 1970년대 민주화 운동에서 중심적인 역할을 담당하게 된다.

2) 정의구현 사제단의 결성

지학순 주교의 구속 사건을 통하여 유신헌법의 허구적 기만성과 폭력성을 인식하게 된 전국의 천주교회의 사제들은 기도회 모임을 주도해 오면서 국가의 불의에 조직적으로 대항할 필요를 느끼게 되었다. 이에 1974년 9월 23일 원주에서 열린 전국 성직자 세미나에서 약 300명의 사제들이 뜻을 모아 '천주교 정의구현 전국 사제단(이하 정의구현 사제단)'을 결성하고 민주주의와 인권회복을 위한 노력과 투쟁을 펼쳐나갈 것을 결의하였다.

정의구현 사제단의 결성은 유신 체제에 정면으로 대항하는 적극적인 주체로서 천주교회 내의 사회 참여 활동이 반유신 체제 운동으로 활성화

---

15 천주교회는 지학순 주교의 연행에서부터 1974년 말까지 인권회복을 위한 기도회를 전국의 성당에서 가졌는데 교구 단위의 기도회가 서울 19회, 지방 44회로 총 66회를 가졌고, 그 중 8번은 평화적인 가두시위를 함께 가졌었다. 기도회에 참석한 인원은 본당 단위의 기도회를 제외하고 주교들을 포함해서 사제 2,225명, 수도자 5,430명, 신자 9만 4천 115명 등 모두 12만여 명이었다 (기쁨과 희망 사목연구원 편, 『암흑속의 횃불』1권, 1996, 201).

되는 계기를 만든 것이었다고 할 수 있다. 또한 정의구현 사제단은 개별적으로 이루어지던 전국 각 교구의 기도회 모임과 교회단체들의 대정부 투쟁을 점차 단일화하다, 시국에 관한 공동성명서를 발표하면서 교회 내외에 천주교회의 대표성과 일치성을 드러내어 강력한 반유신 체제 저항 운동을 전개할 수 있도록 하였다.[16] 주로 소장 신부들이 주축이 된 정의 구현 사제단은 1974년 9월 26일 명동성당에서 조국을 위하여, 정의와 민주회복을 위하여, 옥중에 계신 지학순 주교와 고통 받는 이들을 위하여 순교자 찬미기도회 모임을 주도하며 '제 1시국선언문'[17]을 발표하였고, 기도회 모임이 끝난 후 민주회복과 구속 중인 성직자와 학생 그리고 교수들의 석방, 서민 대중의 복지 보장, 언론인의 각성 등을 요구하며 가두 시위를 벌였다. 또 11월 11일에는 전국 12개 교구 기도회에서 동시적으로 '제 2시국선언문'을 발표하였으며, 11월 20일에도 전국 규모의 동시 기도회에서 '사회 정의 실천선언'을 발표하였다. 이러한 선언문들을 통하여 정의구현 사제단은 교회 문제와 사회 문제를 같은 맥락에서 인식하여 유신 체제를 반민주적이고 반민중적이며, 반민족적인 모순을 심화시키고 확대시키는 근본적인 원인으로 파악하고 있음을 나타내 보였다. 그리고 한국 사회의 모순과 구조악을 개선하기 위해서 해결해야 할 가장

---

16 정의구현 사제단의 결성 이전에는 다양한 교회 액션단체들이 기도회를 주재하거나 신·구교 연합 기도회 모임을 통하여 교회의 입장을 표명하였으나, 정의구현 사제단의 결성 이후에는 사 제단이 사실상 기도회를 주관하거나 직접 주최하는 기도회로 단일화되는 경향을 나타내었다. 사제단이 개최하는 기도회에서는 김수환 추기경, 황민성 주교 등 주교들이 미사를 집전하거나 강론함으로써 정의구현 사제단의 기도회는 교회의 공식성을 또한 확보해 나갔다(함세웅, 1984b: 261).

17 정의구현 사제단은 '제 1시국선언문'에서 교회는 인간의 존엄성과 권리를 수호할 권리와 의무 를 가지며, 이 기본권이 침해당할 때에는 항변하고 저항하고 투쟁할 권리와 의무가 있음을 천명 하였다. 그리고 유신헌법을 철폐하고 민주헌정을 회복할 것, 긴급 조치의 전면적 무효화와 구 속 중인 지학순 주교, 성직자, 교수, 학생, 민주애국인사들의 즉각적인 석방, 국민의 생존권과 기 본권, 언론, 보도, 집회, 결사의 자유 보장, 서민 대중의 복지를 보장하는 경제 정책 등을 요구하 였다(기쁨과 희망 사목연구원 편, 『암흑속의 햇불』 1권, 1996, 103-105).

시급한 과제가 민주회복, 인권회복, 민권회복에 있다는 점을 강조하며 적극적인 현실참여로서 이러한 상황을 개선하는 것이 자신들의 사명이며 목표임을 천명하였던 것이다.[18] 요컨대 정의구현 사제단의 활동은 인간의 기본권이 짓밟히고 침해당할 때면 언제 어디서나 그 피해자나 가해자가 누구이든 그의 편에 서서 그를 대변하면서, 유린당한 그의 권리를 회복해 주기 위해 그를 거슬러 항변하고 저항하고 투쟁하는 인권회복운동과 민중의 편에 서서 그들을 대변하여, 인간의 기본권과 생존권에 관한 복음의 가르침을 재천명하고 집권자와 국민의 상호 의무와 권리를 각성시키는 민주 · 민생운동, 그리고 사회 정의를 위한 복음 선포운동을 목표로 했다(함세웅, 1984b: 251).

정의구현 사제단으로 결집된 새로운 성직자 집단은 그 상당수가 현장 조직들과 직간접적으로 연계되어 현장 활동가들과 성원들에게 적절한 신학적 자원을 제공함으로써 민중 속에서 그들을 교육하고 조직하는 '유기적 지식인(organic intellectuals)'의 기능을 수행했고, 1970년대 거의 모든 주요한 투쟁의 현장에서 참여했던 사제들은 투쟁을 교회의 이데올로기적, 물적 · 인적 자원과 신속하게 연결시키고 사회의 다른 영역으로 파급시키는 가장 중요한 '통로(channel)'의 역할을 하게 되었다(강인철, 1997: 547-548). 정의구현 사제단의 사회 참여 활동들은 전국적인 조직망과 기도회 모임이라는 특성 때문에 체제저항운동이 활성화되는 데에 효과적으로 기여할 수 있었다고 할 수 있다. 언론이 정부의 엄격한 검열 속에서 통제를 받고 집회의 자유가 제한을 받고 있던 상황에서 정의구현 사제단이 주최하는 기도회 모임은 유신 독재의 기만성을 고발하고 반정부

---

18 정의구현 사제단의 현실인식과 활동목표는 9월 26일의 '제 1시국선언문', 11월 6일의 '제 2시국선언문', 그리고 11월 11일의 '사회 정의 실천선언'을 통해 민주회복, 인권회복, 민권회복에 있음을 선언하였다.

여론을 형성하여 반체제운동을 고취시키는 열린 공간(agora)이 되었기 때문이다. 유신 권력의 강력한 탄압에 맞서 지속적으로 인권회복과 민주회복, 민권회복을 위해 투쟁하였던 정의구현 사제단은 점차로 70년대 민주화 운동에서 중심 세력의 하나로서 자리를 점하게 되었고(마인섭, 1999: 276), 한국 사회에서의 천주교회의 사회적 영향력을 확대시켜 나가는 근본 토대를 마련하였던 것이다.

3) 한국 천주교 정의평화위원회의 재발족

한국 천주교 정의평화위원회(이하 정평위)는 1975년 12월 10일 주교회의 직속기구로서 발족하였다. 이 기구는 본래 바티칸 교황청이 교황청 기구로 정의평화위원회를 설치하면서, 각국 내에 이와 같은 기구를 설치하여 정의평화운동을 전개할 것을 촉구한 교황청의 권고를 따라 1970년 8월 24일에 이미 발족한 '한국 정의평화위원회'를 재발족한 것이다. 1970년부터 1974년에 이르는 동안 교회에서의 지위가 분명하지 않았던 '한국 정의평화위원회'는 총재주교였던 지학순 주교의 구속을 계기로 정의구현 사제단과 기도회 모임의 공동주최 및 공동성명의 발표 등과 같은 활동을 전개하였다. 그런데 한국 정평위는 교회 내 지위에 대한 모호함으로 인해 '법적 지위에 대한 유권해석'을 요망하는 청원서를 1974년 12월 3일 주교회의에 제출하였고, 주교회의에서는 1975년 2월 28일 춘계 총회에서 이 '정의평화위원회'를 통한 정의구현 활동의 전개를 촉구한 데 이어 주교회의 산하기구로 공식화하였다.[19] 그리고 주교회의 상임위원회의 준비 과정을 거쳐 1975년 12월 10일 '한국 천주교 정의평화위원회'라는 이름으로 정식으로 재발족하였던 것이다(사제단, 1985: 157).

한국 천주교 정의평화위원회는 그 목적을 "복음을 토대로 하여 현 세계에 정의와 평화를 구현하여야 하는 하느님 백성의 시대적 사명을 자각시키며, 한국의 정치, 사회, 문화 발전계획을 추진함에 있어서 인간의 존엄과 정의와 평화를 구현한다"고 규약에서 밝히고 있다. 회원의 자격은 천주교 신자로 한정하였으며, 주교회의가 위촉한 임기 2년의 30명 내외의 성직자와 평신도로 구성되었다. 이 정평위는 주교회의 위임을 받아 교회의 공식적인 입장을 대변한다는 측면에서 한국 천주교의 공식적인 사회 참여기구인 것이다. 이 정평위가 천주교회의 공식적인 기구라는 것은 대단히 중요한 의미를 가진다. 교회의 현실인식과 사회 참여 활동의 정당성에 대한 교회내부의 논란을 불식시킬 수 있었다는 점에서, 또 천주교회의 통일된 입장을 표명할 수 있었다는 점에서 매우 중요한 것이다.

정평위는 주교회의 재가를 얻어 매월 1회씩의 기도회 모임을 개최하였고, 성명서를 채택하여 공표하거나 시국에 관한 건의를 주교회의에 상정하여 주교회의가 입장을 표명하도록 하였으며, 법률구조 활동을 통하여 구속자들의 인권을 보호하는 등 지속적으로 현실정치에 대한 복음적 판단을 내리고, 개선을 요구하는 활동을 전개하였다.[20] 정평위가 개최한 기도회 모임에 참석한 주교들은 강론을 통해 천주교회의 공식적인 가르침으로서 교회의 사회적 사명을 일깨웠으며, 이러한 가르침들은 주교들의 권위에 의해 천주교회 내외적으로 영향력을 미쳤다. 또한 정평위가 가지는 공식성은 천주교회 전체를 대표하는 것으로 정부에 대한 항의와 건의에서도 결코 무시할 수 없는 영향력을 행사할 수 있었다고 할 수 있다.

---

19 정의구현 사제단은 천주교회의 비공식기구인 반면에, 정의평화위원회는 한국 천주교 주교회의가 승인한 성직자와 평신도의 공식기구이다. 이는 교황 바오로 6세의 〈민족들의 발전에 관한 회칙(1967년 3월 26일)〉에 따라 성립된 교황청 정의평화위원회의 권고에 따라 각국 주교회의가 산하에 공식적 기구로 설치하였는데, 한국에서는 기존의 '정의평화위원회'를 승인하여 공식화하였다. 정의구현 사제단과 정의평화위원회는 각각 교회의 정의구현 활동과 사회적 사명을 수행하였음에도, 주교회의는 정의평화위원회를 더 선호하였다. 이는 정의구현 사제단의 활동과 교회내의 사회적 활동을 주교회의의 권위와 통제하에 장악하고자 하였기 때문이다(김녕, 1996: 290).

20 한국 천주교 정의평화위원회의 활동에 관해서는 사제단, 1985: 158-194쪽을 참고할 것.

3. 천주교회의 사회 참여 활동 강화

1) 반유신 체제저항 활동

천주교회 내에서 반유신 체제 운동이 활발하게 전개되었던 것은 국가 권력에 대한 천주교의 인식에 토대를 두고 있다. 천주교회는 국가 권력이 인간의 존엄성과 기본권, 그리고 양심을 짓밟을 때, 이는 무효이기에 그러한 권력이나 법을 거부하고 저항하는 것이 교회의 정당한 사명이라고 천명하고 있다. 따라서 인권회복과 민주주의의 회복을 위해서는 가장 우선적으로 폭력적인 유신헌법이 철폐되어야하고, 언론의 자유, 학원의 자유, 종교의 자유를 억압하는 탄압과 정보정치가 중단되어야 한다는 점을 강하게 요구하였다. 국가 권력에 대한 이 같은 인식하에서, 천주교회는 지학순 주교 구속 이래로 정의구현 사제단과 정평위를 중심으로 기도회 모임과 성명서, 시국선언을 통하여 체제의 부당성을 폭로하고 유신 체제에 대해 지속적인 반대 투쟁을 전개하였던 것이다.

정의구현 사제단은 이러한 투쟁의 중심에 서서 재야 정치인, 민주인사, 지식인들, 개신교 성직자들과 연대를 이루어 내며 투쟁을 주도하였다. 정의구현 사제단은 1974년 10월 24일 동아일보 기자들의 '자유언론 실천선언'이 발표된 후, 즉각 이러한 운동을 지지하는 성명서를 발표하여 '언론자유운동'을 지원하기 시작하였고, 언론탄압의 중단과 언론자유 보장을 위한 투쟁에 참여하였다. 12월 30일에는 자유언론 회복기도회를 명동성당에서 개최하여, 언론계의 자유언론 실천선언 이후 권력에 의해 자행되는 광고탄압 사태 등을 폭로하는 것으로 이어갔다. 또한 권력의 광고탄압에 맞서서 1975년 1월 4일 최초로 『암흑속의 횃불』이라는 사제단의 유인물을 전면광고로 게재하기 시작하였으며, 1975년 3월 21일에는 언론자유를 위한 기도회를 명동성당에서 개최하였다. 이 기도회에 김수환 추기경을 비롯한 30여 명의 신부들과 동아일보, 조선일보 기자 200여 명 등 2,000여 명이 참석하여 자유언론을 실천하려는 기자들의 고귀한 노력과 요구가 묵살되면 인권회복과 민주회복이 불가능하다는 것을 역설하면서 자유언론수호를 위한 활동을 지원하였다.

이와 함께 1974년 11월 27일 기독교회관에서 재야 정치인들, 종교계 인사들, 언론인들, 학자들, 법률가들, 작가들과 여성 지도자들 등 모두 73명이 참석하여 유신 체제에 개별적으로 대항하던 반대운동단체들의 통합적인 기구라고 할 수 있는 연합체적인 조직체로서 '민주회복 국민회의'를 결성하였다. 여기에 정의구현 사제단의 윤형중, 함세웅, 신현봉, 안충석, 양홍, 박상래 신부들이 참여하였고, 12월 25일 YMCA에서 있었던 창립총회에서 윤형중 신부가 초대 상임대표로, 함세웅 신부가 대변인으로 선출되었다. 민주회복 국민회의는 대부분의 도(道), 군(郡)과 시에 지부를 설치하여 조직의 연대를 강화하였는데 정의구현 사제단의 신부들이 지방의 지부를 결성하는 활동에 주도적인 역할을 담당하였고, 대표위원으로 추대됨으로써 주축을 이루었다(함세웅, 1984b: 264).

민주회복 국민회의는 1975년 1월 22일 정부가 민주화에 대한 국민들의 열망이 커지는 것을 막기 위해 유신헌법에 대한 국민투표 실시를 공표하자, 이것이 유신헌법에 대한 반대나 비판·개정 등에 관한 일체의 논의를 금지시키고 일방적인 찬성만을 강요하는 술책임을 파악하고 국민투표 거부운동을 전개하였다. 그러나 정부는 2월 12일 국민투표를 통해 형식적인 정당성을 확보하게 되자, 한편으로는 화해라는 명분으로 2월 17일 인혁당 관계자들을 제외한 민청학련 관계자들을 석방하였고, 다른 한편으로는 치밀한 공작으로 민주인사들을 더욱 탄압하고 동아일보와 조선일보 기자들의 무더기 해임 사태를 유발하는 등 이중적인 태도를 보였다.

1975년 3월 1일, 민주회복 국민회의는 '민주국민헌장'과 '국민에게 보내는 선언문'을 발표하였다. 유신 체제에 대항하는 것이 민주국민의

권리이자 의무임을 천명하고, 민주회복을 위한 행동양식으로서 비폭
력·평화적 방법으로 민주화 운동을 전개하되 권력의 탄압에 대해서는
비타협·불복종의 정신으로 대처하고, 민주역량의 조직화를 통한 단결
된 힘을 결집해야 함을 역설하였던 것이다. 그런데 민주회복 국민회의의
활동이 증가함에 따라 정부는 긴급 조치 9호를 발표하여 민주회복 국민
회의를 탄압하고자 하였다. 그러나 민주회복 국민회의가 해산된 후에도
유사한 반정부단체들이 민주회복 국민회의를 대신하여 잇달아 결성되어
체제저항운동을 지속시켜 나갔다.

　1976년 3월 1일 명동성당에서 신·구교 합동으로 열린 3·1절 기념
미사가 열렸는데, 이 자리에서는 신·구교의 성직자들과 재야 인사들이
서명 날인한 '3·1절 민주구국선언'이 발표되었다.[21] 그런데 이 선언은
김영삼 신민당 총재를 긴급 조치 9호 위반을 이유로 불구속 입건하고, 대
학교수 560명을 재임용 과정에서 탈락시키는 등 정부의 강력한 탄압으
로 침체의 길을 걷고 있던 민주화 운동에 새로운 전기를 마련하는 것이
었다(마인섭, 1999: 276). 이 기도회 사건은 모든 정치적 저항을 완전히 묵
살하였던 긴급 조치 9호에 도전했던 것이고, 새로이 발전하고 있던 비공
식, 혹은 제도권 밖의 저항운동에 구심점을 마련해 주었을 뿐 아니라, 이
사건으로 구속된 이들의 재판이 진행되는 동안 계속된 논쟁에서 유신 체
제에 대한 반대와 함께 민주화와 인권운동에 강한 추진력을 제공했던 것
이다(김녕, 1996: 268). 이 기도회 사건으로 천주교 신부 3명을 포함 11명이
구속되었고, 천주교 신부 4명과 함께 5명이 불구속 입건되었는데, 3월 26일

21　'민주구국선언'에서는 긴급 조치 철폐, 구속된 민주인사들과 학생들의 즉각적인 석방, 언론·
　집회·출판의 자유의 보장, 의회정치의 회복, 사법권의 독립을 요구하면서 이 나라가 민주주의
　의 기반위에 서야 한다는 것을 강조하고 있다. 또 경제입국의 구상과 자세가 근본적으로 재검
　토되어야 한다는 것과 민족통일이 이 거레가 짊어진 지상의 과업임을 강조하며, 민주주의 역량
　을 키우는 것이야말로 가장 중요한 일임을 천명하고 있다. 이 선언문의 전문은 명동천주교회
　편, 1984: 350-353쪽을 볼 것.

서울지방검찰청은 이들을 정권탈취를 위해 정부 전복을 음모 책동하였다는 이유로 3·1절 기도회 관련자 전원을 구속 기소하였다.[22] 이에 신·구교에서는 '민주구국선언'을 지지하고 구속자의 석방을 요구하는 기도회를 계속적으로 개최하며 저항하였고, 정부는 이러한 기도회 모임에 대하여 종교 모임을 빙자하여 반정부운동을 벌이는 것으로 간주하여 탄압을 강화하는 것으로 대응하였다.

천주교회에서는 김수환 추기경을 비롯한 진보적인 주교들과 사제들이 구속된 사제들의 석방과 나라를 위한 기도회를 주도하여 기도회 모임이 정평위의 주최로 1976년 말까지 전국적으로 이어졌다. 정의구현 사제단도 3·1절 명동 기도회의 '민주구국선언'이 정의와 인권회복과 국가안보를 위한 민중의 선언이며 크리스천 사랑과 정의를 심기위한 신앙고백이기에 이와 같은 선언에 전적으로 동참한다는 입장에서 1977년 2월 8일 '시국선언'과 '우리의 태도'를 발표하여 투쟁을 지속시켜 나갔다. 이 '시국선언'에서 정의구현 사제단은 유신헌법과 긴급 조치의 철폐와 언론, 학원, 종교의 자유와 사법권의 독립, 모든 선의의 정치범과 양심과 신앙의 수인들의 무조건적 석방, 고문과 정보정치의 종식, 노동자·농민의 생존권 보장을 강력하게 요구하였다. 1977년 3월 28일 명동성당에서는 한국 천주교 정의평화위원회 주최, 한국 여자수도자 장상협의회 주관으로 구속자들을 위한 기도회를 개최하였고, 또한 정의평화위원회는 성명서를 통하여 인권과 민주주의의 신장을 위하여 김지하의 반공법 위반 혐의에 대한 공정한 재판과 3·1절 명동 사건 구속자들을 위한 기도회 모임에 참석하려던 전국의 사제들이 기관원들에 의해 연금, 연행, 그 밖의

---

22 이 사건으로 함세웅, 신현봉, 문정현 신부와 문익환, 문동환, 안병무, 이해동, 서남동, 윤반웅 목사, 김대중, 이문영 교수가 구속되었고, 윤보선, 정일형, 이우정, 이태영, 함석헌과 함께 김승훈, 장덕필, 김택암, 안충석 등 4명의 천주교 신부가 불구속 입건되었다.

방법을 통하여 저지당한 사실에 대하여 엄중히 항의하였다. 또 4월 18일 명동성당에서는 구속자와 정의구현, 인권, 나라를 위한 기도모임이 열렸는데, 정의구현 사제단은 또 다시 '시국선언문'을 발표하여 지속적인 반유신 체제 운동을 전개하였다.[23] 이 같은 천주교회의 반유신 투쟁은 민주주의의 회복을 주장하는 학생들과 종교계, 구속자 가족들, 민주인사 등 각계각층의 연대 속에서 유신 체제에 대한 저항운동을 활성화하는 촉매제가 되었고, 이 같은 투쟁은 70년대 말 유신 체제의 붕괴 때까지 지속되었다.

2) 인권수호운동

국가의 폭력성에 맞서 인간의 존엄성과 인간의 기본권을 수호하려는 활동은 사회 참여의 초기부터 한국 천주교회가 가장 깊은 관심과 의지를 드러내 보인 부분이다. 천주교회의 정의구현 사제단의 결성과 한국 천주교 정의평화위원회의 재발족도 정치 권력에 의해 짓밟히는 인권 문제에 개입하기 위해서였다고 할 수 있다(사제단, 1985: 118). 천주교회는 긴급조치의 무차별적 적용으로 불법적인 구속이 난무하고, 중앙정보부에서의 고문과 구타를 통해 허위자백을 강요하는 상황에서 발생하는 인권유린의 현실을 폭로하고, 이의 개선을 요구하는 활동을 전개하였다. 지학순 주교의 구속과 함께 명동성당에서의 기도회가 개최되기 시작하자 구속자 가족협의회 구성원 및 인권회복을 갈망하는 많은 사람들의 호소가

---

23 여기서는 7개 사항이 발표되었는데 ① 정치공동체는 공동선을 위해서 존재하고 그 안에서만 정당화된다, ② 억압은 불의와 부패를 수반한다, ③ 모든 사람은 양심의 규준에 따라 신앙을 고백할 수 있는 권리가 있다, ④ 땅과 그 안에 있는 모든 재화는 사랑을 동반하는 정의에 입각하여 공정하고도 풍부하게 나누어져야 한다, ⑤ 평화는 정의와 결부되어야 한다, ⑥ 우리는 보고 들은 것을 생각하고 말할 수 있어야 한다, ⑦ 종교의 사명은 불의에 희생당하는 사람들에게 복음을 전하고 그들을 위하여 사랑과 정의의 목소릴 높이는 것이다(명동천주교회 편, 1984, 415-416).

뒤따랐고, 천주교회에서는 이들의 목소리에 귀 기울이며 지속적으로 범교회적인 차원에서 인권회복을 위한 기도회와 성명서 발표를 통하여 인권수호 활동을 전개하였던 것이다.

천주교회의 기도회에서는 당국의 발표나 언론에 보도된 내용과는 달리 심각한 인권유린의 상황이 고발되었고, 따라서 기도회 자체로서 사건의 실체를 알리는 장(場)이 되었다. 뿐만 아니라 기도회는 인간의 존엄성과 인권이 천부적인 권리여서 국민의 인권과 생존권을 비롯하여, 언론의 자유, 집회와 결사의 자유, 비판에 대한 자유를 보장하는 것이 국가의 의무임을 일반 국민들에게 일깨우고, 인권의 중요성을 교육하는 장이기도 하였다. 그러므로 기도회 모임이 계속될수록 인권에 대한 의식과 폭력적 국가의 부당성, 민주주의 회복의 시급성이 의식화되고, 유신 체제에 대한 반대 여론이 확산되어 갔다.

천주교회는 정부의 고문과 조작에 의해 구속된 구속자들의 인권을 보호하는 것에도 노력을 기울였다. 특히 민청학련 사건으로 구속된 김지하 시인의 구명운동은 천주교회 인권수호 활동의 대표적인 예라고 할 수 있다. 김지하는 1974년 7월 13일 비상 군법회의에서 긴급 조치 1, 4호 위반으로 사형을 선고하였다가 7월 20일 무기징역으로 감형되었고 1975일 2월 17일 정부의 2·15 조치로 석방되었다. 이후 동아일보에 옥중수기를 발표하였는데, 여기서 인혁당 사건의 조작설을 주장하였다고 하여 반공법위반 혐의로 재구속되기에 이르렀다. 1975년 8월 4일 김지하의 양심선언이 일본 천주교 정의평화협의회에 의해서 발표되었는데, 이 양심선언은 1차 공판에 나왔던 김지하가 만기 출소하는 사람을 통해 국민회의 상임대표였던 윤형중 신부에게 전달했고 외국 신부에 의해 일본 천주교 측에 전달, 발표된 것이다. 또 미국으로 추방된 시노트 신부에게 전달되어 영어, 불어, 일본어 등 6개 국어로 전 세계에 발표될 수 있었다. 이 양심선언 발표 후 한국 천주교회에서는 김지하의 신앙 보증을 위해 서명운동을 전개하였는데, 유럽과 미국, 그리고 제 3세계에 걸쳐 15개국에서 세계적인 신학자와 성직자 2백여 명이 서명에 동참하였으며 일본에서도 주교를 비롯한 성직자 54명이 서명에 동참하여 한국 천주교회의 활동을 지원하였다(사제단, 1985: 133). 또한 한국 천주교 정평위에서는 변호인단을 구성하여 김지하의 변론을 담당하였는데 천주교회의 이 같은 활동은 1980년 12월 김지하가 석방될 때까지 지속적으로 전개되었다.

천주교회는 이와 함께 인민혁명당(이하 인혁당) 사건[24]으로 구속된 이들의 구명에도 깊이 개입하였다. 인혁당 사건으로 구속된 관계자 가족들이 천주교회로 몰려와 그들의 억울한 사정을 호소하고, 또 기도회에서 인혁당 사건의 진상을 밝혀줄 것을 호소하였기 때문이었다. 1974년 12월 9일, 인혁당 사건의 재조사를 요구하는 탄원서를 개신교 성직자 11명, 담당 변호사 5명, 김수환 추기경, 문정현, 신현봉 신부 등이 서명 제출하였다. 또 1975년 1월 6일, 주한 외국인 선교사(신 · 구교) 60여 명은 인혁당 사건 관계로 사형선고를 받은 피고인들이 공개재판을 받을 수 있도록 탄원서를 대법원장과 대통령에게 제출하였다. 그러나 1975년 2월 15일 긴급 조치 위반자에 대한 석방 조치 때 인혁당 사건 관계자가 제외되자, 2월 24일 정의구현 사제단과 구속자 가족협의회 후원회(위원장: 시노트 신부)는 명동성당에서 기자회견을 갖고 〈인혁당 사건의 진상을 공개한다〉라는 성명서를 발표하여, 인혁당 사건의 정부 조작 가능성을 폭로하였다. 정의구현 사제단은 공개재판과 공동조사단의 구성을 제의했으나,

---

24 1974년 4월 25일과 5월 27일 중앙정보부장의 발표에 의하면 도예종, 하재완, 서도원 등이 경북대 졸업생 여정남을 포섭, 민청학련을 조직하여 정부 전복을 획책하도록 했다는 것이다. 이 인혁당 사건은 1964년에도 공산주의자의 지령을 받아 6 · 3 사태를 배후에서 조종하였다는 명목으로 도예종 등 41명을 중앙정보부가 구속하였는데, 담당 검사들이 기소를 거부하고 전원 사표를 제출했던 사건이 있었는데, 이를 다시 1974년에 인혁당 재건을 시도했다는 이름으로 다시 구속한 사건이다. 이 사건은 1975년 4월 8일 대법원의 확정 판결이 있었고, 이례적으로 그 다음날 8명이 사형집행을 당했던 사건이다. 인혁당 사건의 진상에 관해서 보다 자세한 내용은 기쁨과 희망 사목연구원 편, 『암흑속의 횃불』 1권, 1996, 315-326쪽을 참고할것.

정부는 재판을 강행하여 1975년 4월 8일 대법원에서 제 1심과 제 2심의 판결을 확인하는 확정판결을 내리고, 그 다음날 8명 전원의 사형을 집행하였다(사제단, 1985: 134-135).

1978년 1월 30일에는 학자, 법조인, 언론인, 종교인들이 중심이 되어 '한국인권운동협의회'를 발족하고 결의문을 채택하였는데 여기에 지학순 주교를 비롯하여 정의구현 사제단의 김승훈, 김병상, 오태순 신부 등이 참여하였고, 2월 27일 24개항에 이르는 '한국 국민의 인권선언'을 발표하였다.

3) 민생운동

70년대 이전까지 천주교회에서는 민생 차원의 활동을 사회구제적인 측면에서 이해하여 왔으나, 1970년대에 들어서면서 민생의 문제가 구조적인 문제임을 인식하게 되었고 사회적 불평등을 생산하는 사회구조의 문제에 관심을 기울이게 되었다. 따라서 천주교회의 민생 활동은 사회정의를 실현하려는 노력과 맞물려 구체적으로 노동자들의 문제와 농민의 문제를 생존권의 차원에서 파악하고, 가톨릭 노동청년회(이하 가노청)[25]와 한국 가톨릭 농민회(이하 한가농)[26]와 같은 단체들을 지원하는 동시에, 국가와 지배집단의 배제와 억압에 대항하는 활동으로 나아갔다.

---

25 가톨릭 노동청년회(J.O.C.;지오쎄)는 1920년대 초에 벨기에의 요셉 까르댕(Joshep Cardin) 신부가 창설한 가톨릭 평신도 사회단체로서, 이 단체의 활동은 가톨릭 정신을 모든 생활에 자리 잡게 하려는 가톨릭 운동이며 또한 노동자들의 구조적 해방과 자아실현을 추구하는 노동자 운동이며 동시에 젊은이들의 관계와 책임감에 바탕을 두는 젊은이운동이다. 이 단체는 1925년 교황청의 승인을 받아 전 세계에 회원을 두고 있다.

26 한국 가톨릭 농민회는 1964년 지오쎄의 농촌 청년부로 시작하여, 1966년에는 한국 가톨릭 농촌청년회(J.A.C.)가 창립되었고 1972년에 한국 가톨릭 농민회로서 공식 출범하였다. 그 이후 농민들의 권익 옹호와 농협의 민주화에 관련된 문제들을 해결하기 위해 노력해왔다. 이 단체는 1976년 한국 주교회의가 공식적으로 승인한 평신도 단체다.

노동자와 농민의 인권과 권익을 보호하는 과정에서 유신정부와 마찰하게 되었고 이후 노동운동과 농민운동이 반정부·반유신의 성격을 띠게 되고 정치적으로 활성화하는 데 기여하게 된 것이다(마인섭, 1999: 276; 최장집, 1985: 194). 여기서는 1970년대 천주교회의 민생을 활동을 대표적인 사건 중심으로 간략히 살펴보고자 한다.

(1) 노동자를 위한 활동

1960년대 말 강화도 심도직물 사건에 대한 개입에서 알 수 있듯이 천주교회의 노동자들을 위한 활동은 가노청을 중심으로 전개되었다. 정부의 탄압에 의해 노동자들의 권리가 심각하게 위협을 받는 경우에 교회 차원에서 입장을 표명하고, 신·구교의 연대 활동을 벌였지만 이때까지는 전체 교회적인 차원의 합의된 활동은 아니었다. 그러나 1974년 이후부터는 노동자들의 생존권 보장을 위한 요구와 비민주적 어용노조의 철폐, 노동 3권의 보장, 소득 불평등의 개선을 위한 요구를 전 교회적인 차원에서 전개하기 시작하였다. 그런데 이러한 전환은 노동자들의 문제가 독재 권위주의 정권의 노동배제 정책에 의해 비롯되는 것임을 인식한 결과였고, 따라서 노동 문제와 도시 문제를 광범위한 정치적 반체제운동 내로 결합시키고자 함으로써 가능하였던 것이다(최장집, 1985: 194).

1975년 3월 10일 발표한 정의구현 사제단의 성명서는 이 점을 분명하게 보여준다고 할 수 있다. 즉 "경제발전은 국민경제의 총체적 발전이 아니라 특권 부패경제의 발전이며, 경제개발은 개발이라는 이름 밑에 민중의 권익을 제도적으로 유린하였다. 〔…〕 민생 문제를 제쳐 놓고는 민주주의를 말할 수 없다"는 것이다(명동천주교회 편, 1984: 294). 따라서 천주교회는 민중권익의 압살을 제도적으로 보장하는 모든 악법의 철폐와 함께, 억압과 착취의 구조를 개선하도록 요구하게 되었다. 뿐만 아니라 탄압받는 노동자들을 대신하여 노동자들의 권리를 천명하고, 노동운동을

용공으로 몰아세우는 정부의 탄압에 맞서 노동자들을 위한 구명 활동에
개입하게 된 것이다.

한국 역사상 최초로 여성 노조위원장이 탄생한 인천의 동일방직에서
는 회사 측이 노조위원장을 그들의 심복으로 바꾸기 위해 노조원들을 위
협, 해고하며 노조의 활동을 심하게 억압하였지만 뜻대로 되지 않자,
1978년 새 노조위원장 선출시기를 이용하여 남성 근로자들이 여성 근로
자들에게 폭행을 가하고, 인분을 뿌린 사건이 발생하였다. 동일방직 노
조는 대다수가 가노청의 회원이거나 도시산업선교회의 회원들로서 노조
의 활성화를 위해 인천의 도시산업선교회와 긴밀하게 연대하고 있었는
데, 회사 측은 가노청과 도시산업선교회를 용공단체로 중상하며 탄압하
였다. 이 사건 이후, 여성 근로자들은 이러한 사실을 정부 각 부처, 정당,
대중매체 등에 호소하였지만 거부당하자, 1978년 3월 10일 장충체육관
에서 있었던 노동절 기념행사의 생방송에서 80여 명이 시위를 벌였다.
이 시위로 30여 명의 시위근로자들이 체포되었으며, 나머지는 명동성당
에서 무기한 단식 투쟁에 돌입하였다. 천주교회에서는 가노청, 인천교구
사제들, 정의평화위원회, 한국 평신도사도직협의회 등이 항의운동을 벌
였고, 한국 주교회의에서도 노조와 노동자 탄압에 반대하는 성명서를 발
표하며 노동자들의 정당한 투쟁을 지지하였다. 또한 개신교와 연대하여
노동운동을 지지하는 호소와 정부에 대한 항의, 그리고 교회자체에 대한
정부의 이념적 공세에 대항하였다(김녕, 1996: 273).

동일방직 노조 투쟁은 그동안 의식하지 못하고 있던 노동조건과 임금
수준과 같은 문제들을 인권의 차원에서 중요한 문제로 인식하게 만들었
고, 사회적 경제적 구조에 관한 관심을 갖게 해 준 사건이었다. 또한 이
사건은 여성 근로자들이 보여준 용기의 여파로 다른 여성 근로자들에게
도 영감과 힘을 주어 계속하여 반도상사, 방림, 한국모방과 유신 체제의
붕괴로 연결되는 YH무역 노조 투쟁 사건 등으로 확산되어 나가게 하였

다고 할 수 있겠다.

(2) 농민을 위한 활동

천주교회의 농민들을 위한 활동은 1966년 설립된 한국 가톨릭 농민청년회에서부터 시작되었고, 농민·농업 문제를 농민 스스로 그리고 조직적으로 활동하기 위해 1972년 재편한 한국 가톨릭 농민회(이하 한가농)가 주축이 되었다. 저곡가·저임금을 바탕으로 한 수출지향 정책의 결과로 농촌이 황폐화되는 현실에서 한가농은 활동의 목표를 '농민권익의 옹호'와 '사회 정의의 실현'으로 정하고, 농업 협동화 활동·농협 민주화 활동·잘못된 행정지도에 따른 피해보상 활동 및 생산비 보장 활동 등을 전개하여 나갔다. 범교회적인 차원에서도 1975년 한국 주교단 춘계 주교회의가 각 교구에서 농민회 육성을 지도하기로 합의했고, 전국 지도 신부단을 구성하였다. 그리고 1976년 춘계 주교회의에서는 한가농을 교회 공식단체로 인준하여 농민회 활동을 지원하였다. 농민들의 권익을 옹호하려는 한가농의 활동이 활발해짐에 따라 정부의 탄압을 받게 되었고, 교회는 농민의 인권까지 외면한 채 자행되고 있던 획일적인 농정에 대한 개선을 요구하며 투쟁을 전개하게 된다.

1976년 함평 고구마 피해보상 요구 활동에 대한 교회의 지원은 농민에 대한 교회의 관심을 잘 보여주는 것이라고 할 수 있다. 1976년 11월 함평에서는 농협이 과잉 생산된 고구마를 전량 수매하기로 약속해 놓고도 이행하지 않아 고구마가 썩어 농민들이 피해를 입게 된 사건이 발생하였다. 농민들은 산발적으로 피해보상을 농협 측에 요구하였으나 받아들여지지 않자, 한가농을 중심으로 피해보상 대책위원회를 구성하고 농협의 무책임한 행위를 낱낱이 지적하면서 농민의 피해보상과 농협의 민주화를 위한 조직적인 피해보상운동을 전개하였다. 가톨릭 농민회 전남지구 연합회를 중심으로 2년여에 걸쳐 전국 차원의 기도회 모임과 정부에

대한 건의 등을 통해 농민들을 지원하였고, 광주대교구장 윤공희 대주교
는 농민과 정부사이의 협상을 마련하고 중재하여 농민에 대한 피해보상
을 이끌어내었다.

함평 고구마 사건의 결과로 정부에서는 혹독하게 농민들을 탄압하였
는데, 전국에서 유일한 농민운동단체 조직인 한가농의 회원들에게는 그
정도가 한층 더하였다. 1977년 12월에 춘천교구 농민회 회장 유남선과
회원 정성헌은 한가농을 소개하는 전단을 배포하였는데 당국에서는 불
온문서 제작·배포 혐의로 몰아 긴급 조치 9호 위반으로 1978년 4월 23
일에 체포하였고, 이 전단을 받아 읽은 10여 명의 공직자와 교사들을 파
면하였다. 교회는 이 사건에 대응하여 기도회 모임을 개최하고 교회의
전국적인 항의운동을 전개하였다. 이에 맞서 정부는 기도회 모임에서 경
과보고를 한 춘천교구 농민회 부회장과 몇몇을 다시 긴급 조치 9호 위반
으로 체포하는 등의 탄압을 가해왔다(사제단, 1985: 272–73).

정부의 한가농에 대한 탄압은 1979년 경북 안동교구 농민회 지부 지도
자인 '오원춘 납치 사건'에서도 잘 드러난다고 할 수 있다. 1978년 경북
영양군 청기면 농민들이 잘못된 행정지도로 입은 피해에 대해 보상을 요
구하였는데, 1979년 이 보상 요구 활동에 앞장섰던 청기 분회장 오원춘
이 납치·감금·테러를 당하였던 것이다. 이 사실이 안동교구 연합회 및
사제단에 알려지고 오원춘 본인은 양심선언을 통해 납치 사실을 알리자,
교회는 오원춘 사건의 목적과 성격에 대한 진상규명을 위해 투쟁하였다.
안동교구 정의평화위원회, 한가농, 안동교구 사제단을 중심으로 1979년
7월 30일 안동의 목성동 성당에서 특별미사와 기도 모임이 열렸고, 또 8월
6일에는 김수환 추기경이 같은 장소에서 150여 명의 사제들과 함께 기도
모임을 이끌었다. 이후 정부의 탄압은 계속되었고, 안동교구 정호경 신
부를 비롯하여 몇몇의 신부들과 한가농 회원들이 오원춘 사건의 진상을
밝히려 하다가 긴급 조치 9호 위반으로 체포되었다. 저항운동이 전국적

으로 확산되자 정부는 언론을 통하여 사실을 왜곡하고 교회를 음해 · 비
방하고, 교회와 한가농의 활동을 정부 전복을 기도하는 용공 활동으로
몰아세우는 등 공세를 강화하게 된다. 이에 교회는 20일 이상의 단식 항
의 농성기도, 전국 기도회, 가두 촛불데모 등을 전개하였으며, 1979년 8월
하반기에 한국 평신도사도직협의회, 천주교 주교회의 상임위원회, 정평
위, 정의구현 사제단, 그리고 대전교구 등에서 각각 정부의 진상왜곡과
교회 탄압에 항의하는 성명서를 내면서 저항을 계속하였다(김녕, 1996:
280; 가톨릭정의평화연구소 편, 1990: 168).

4. 교회와 국가의 갈등 증폭

이상에서 살펴본 바와 같이 1970년대 한국 천주교회는 반체제운동과 인
권수호, 그리고 민생운동 등을 통하여 사회적인 활동을 활발히 수행하였
고, 이는 권위주의 체제의 정당성에 심대한 타격을 입히는 결과를 낳았다
고 할 수 있다. 따라서 국가 권력은 천주교회의 이러한 활동에 대하여 다양
한 방법으로 탄압하여 교회와 국가 권력 사이의 갈등은 증폭되어 갔다.

정부는 성직자들을 비롯하여 천주교회 인사들을 구속함으로써 천주교
회 측의 저항을 약화시키고자 했다. 1974년 지학순 주교의 구속과 함께
1976년 3 · 1절 명동 사건으로 함세웅, 문정현, 신현봉 신부 등 3명의 신
부가 구속되고 김승훈, 김택암, 안충석, 장덕필 신부 등 4명이 불구속되
었으며, 1975년 4월에는 인혁당 관련자들의 구명 활동과 구속자 가족들
을 지원하던 미국인 선교사 시노트 신부를 추방하였다. 1976년 4월 14일
서강대학교에서 유인물로 배포된 〈10장의 역사연구〉라는 장시와 관련하
여 예수회 김명식 수사와 살레시오회 김성수 수사, 서강대 직원 김무길을
구속하고 고난회 김승종 수사와 김정택을 불구속 입건하였다. 또한 1977년

인천교구 사제단 주최의 기도회로 인해 김병상 신부와 황인근 신부가 기관원에 의해 연행되고 김병상 신부가 구속되었다. 1977년 10월 26일에는 안동의 동부동 성당 특별미사와 기도회를 개최하였는데 이 기도회 관계로 안동교구 이춘우, 곽동철, 류강하, 정호경 신부가 구속되기에 이르렀다. 1979년 7월에는 형집행정지로 석방된 문정현, 함세웅 신부가 재수감되었고, 9월 10일 전주교구 사제단과 교회단체들이 주최한 기도회에서 김재덕 주교가 '현 정권의 직무집행정지 가처분'을 주장한 것과 관련하여 당국은 김재덕 주교의 구속 여부를 구체적으로 검토하였고 신병을 확보하고자 하였다. 이는 김재덕 주교 신병의 위험을 느낀 전국 교구 사제들이 몰려와 엄호하는 사태로까지 이어졌다.

또한 정부는 천주교회의 주요한 활동의 근거가 되는 기도회 모임을 저지하고 방해할 뿐만 아니라 천주교회 신부들을 연행, 불법감금, 도청, 미행 등을 일삼았다. 성당 앞에 정보원을 배치하여 출입자를 검문함은 물론, 신부들의 출입마저도 물리력으로 막거나 동행을 요청하는 등의 탄압을 강화해 나갔던 것이다. 1978년 3월 1일을 전후하여 지난 76년에 있었던 3·1절 명동 사건을 의식한 공권력이 신부들에 대한 미행과 감시 그리고 연금을 강화하였는데, 이것은 3·1절 기도회 모임을 방해하기 위함이었다.

특히나 신부들에 대한 심각한 테러와 감금이 전주교구에서 발생하였는데 7월 5일 발표된 〈민주구국선언〉과 관련한 신부들의 회합과 상경을 막기 위해 경찰들이 고속버스 터미널에 주둔하고 신부들의 여행을 차단하자 전주교구 사제들이 가톨릭센터 옥상에서 농성을 벌이게 된다. 당국은 이 사건을 조사하기 위해 7월 6일 문정현 신부를 연행하고자 사제관의 창문을 부수고 난입하였고, 이를 저지하고자 모인 신부들을 구타, 감금하고 강제 연행하기에 이르렀다. 이로 인해 이수현, 문규현, 한봉섭 신부가 구타당하고 호송버스에 감금되었으며, 사제관에 있던 박종상 신부가 강제로 호송버스에 감금되어 경찰들에게 폭행당하고 도로에 유기되는 사건이 발생하였다. 또한 7월 10에는 이에 대한 대책을 논의하던 강덕행 신부를 구타하고, 수녀들의 머릿수건을 벗기는 등의 탄압을 가해왔다. 이 사건으로 말미암아 전주교구 사제단은 단식 농성에 돌입하였고, 교회탄압에 항의하며 책임자 사과와 처벌, 성직자에 대한 감시와 미행 중지를 요구하는 전국적인 기도회가 이어졌다(사제단, 1985: 143-147).

이러한 물리적인 탄압과 더불어 정부 당국은 언론매체를 이용하여 천주교회의 활동을 용공으로 몰아세우는 비방과 음해를 통한 탄압을 가해왔다. 정부의 이러한 왜곡과 날조는 가노청이나 개신교 도시산업선교와 같은 노동단체들이 그리스도교 정신에 따라 노동운동을 전개하는 것을 억압하기 위한 목적이었고, 실제로 홍지영이 저술한 『산업선교는 무엇을 노리는가』라는 책자를 노동현장에 배포하여 그리스도교적 노동운동을 왜곡하여 용공 또는 친공분자들이 노동계에 침투한 것처럼 선전하였다. 정부의 이 같은 흑색탄압과 함께 77년 10월 노동청장은 각 산업기관에 가노청 회원과 도시산업선교회회원들을 추방하라는 공문을 보내기도 하였다. 천주교회는 이러한 사태에 직면하여 이를 교권에 대한 침해로 인식하고, 범교회적인 차원에서 대응하게 되었다. 1978년 3월 20일 명동성당에서는 교권수호를 위한 기도회 모임이 열렸고, 김수환 추기경은 강론을 통하여 정부의 왜곡선전에 대하여 항의하였다. 또 3월 21일 서울대교구 평신도협의회가 성명서를 발표하여 동일방직과 교회에 대한 탄압을 시정할 것을 촉구하였고, 한국 천주교 주교단은 4월 8일 〈한국 천주교 주교단의 요망사항〉이라는 성명서를 발표하여 노동운동에 대한 탄압과 그리스도교적 노동운동에 대한 왜곡 선전의 중지, 해고된 근로자들의 복직, 근로자들의 복지정책수립을 요구하였다(사제단, 1985: 143; 명동천주교회 편, 1984: 467). 그럼에도 천주교회와 개신교 노동운동단체들을 용공시하는 정부의 탄압은 계속되었고, '오원춘 사건'에서 알 수 있듯이 농민들의 단체인 한가농의 활동까지도 용공·좌경으로 선전하기를 그치지 않았다.

제 5절_ 한국 천주교회 권위의 변화

1. 종교의 권위와 사회적 영향력

　모든 종교의 기본측면 중의 하나는 특정의 세계관을 형성하는 기능에 있다(P. Berger, 1981: 35; Maduro, 1988: 198). 그리고 신자집단은 그들의 종교적 세계관에 의해 제한되고 방향지어진다. 왜냐하면 종교는 그들의 신자집단에 대해 생각할 수 있는 것과 없는 것, 바람직한 것과 바람직하지 않은 것, 가능한 것과 불가능한 것, 유익한 것과 해로운 것, 중요한 것과 부차적인 것, 시급한 것과 시급하지 않은 것, 금지된 것과 용인된 것, 의무적인 것과 의심스러운 것, 절대적인 것과 상대적인 것을 규정하기 때문이다(Maduro, 1988: 199). 종교는 신자집단에게 이 같은 특정한 세계관을 받아들이고, 종교 자신이 부여하는 고유한 규율을 내면화하도록 요구한다. 즉 종교는 자신의 세계관을 신성하고 우주적인 준거 틀 안에 위치시켜 그것들을 정당화하고, 신자집단으로 하여금 종교적 세계관을 통해 세계와 자기를 인식하고 자각하게 하여 정체성을 획득하게 하는 것이다. 즉 이것은 종교가 신적 권위에 정당성을 두고 구성원들에게 총체적인 영향력을 행사하고 있음을 의미한다.

　이러한 종교의 권위는 지도자의 역할과도 밀접한 관계를 가진다. 종교 지도자가 신성과 사람들 사이에서 얼마나 중재자(mediator)의 역할을 잘 수행할 수 있는가가 종교적 권위를 인정받는 데에 중요한 것이다. 그래서 종교적 권위는 지도자의 지적, 물리적 능력보다는 영적, 도덕적 능력을 보다 중요하게 여기고 있다(이원규, 1997: 401). 베버도 이점을 카리스마적 권위를 통해 잘 설명하고 있다. 베버에 따르면, 카리스마(charisma)

라는 개념은 일상인과는 구분되어 다른 사람들 위에서 권위를 나타내고 영향력을 행사할 수 있는 초자연적이고 초인간적인 어떤 특별한 능력을 의미한다(M. Weber, 1968: 241). 일상적인 것과는 다른 비범한 능력을 보이면서 카리스마적 지도자는 기성의 규범적 질서에 대한 단절을 선포하고, 이 단절이 도덕적으로 정당하다는 것을 선언하며, 그리하여 그는 자신이 기성질서에 대한 명백한 반대의 위치에 있음을 보여주게 된다(이원규, 1997: 402). 그런데 종교 지도자가 카리스마적 지도자로 받아들여지려면, 그는 다른 사람들이 느끼고 상상할 수는 있으나 말로 할 수 없거나 행동으로 명백히 옮겨 놓을 수 없는 것을 정교하게 표현할 수 있어야 한다. 이 카리스마의 신빙성은 항상 권위에 대해 복종하는 이들이 그것을 인정하느냐에 달려 있기 때문이다(M. Weber, 1947: 360).

대체로 새로운 종교운동이나 종교 조직의 창시자라고 할 수 있는 종교 지도자들에게서 나타나는 카리스마적 권위는 시간이 지나면서 점차 그 성격의 변화를 겪게 된다. 그것은 카리스마적 권위가 지속되기 위하여 일단의 안정된 역할과 지위가 확립되어야 하고, 규범들의 지속적인 형태가 유지되어야 하기 때문이다. 즉 역동적인 지도자 주변에 모여 들어 형성된 공동체는 규범, 역할, 지위가 안정되어 있는 공동체로의 변화를 겪게 되는 것이다. 이러한 변화의 과정을 베버는 카리스마의 '일상화(routinization)'라고 부른다(M. Weber, 1968: 246). 그리고 카리스마가 변화의 과정을 통하여 종교 조직이 하나의 전통을 형성하고 안정을 누리는 관료 조직이 되는 것을 교회(church)라고 본다. 그러므로 전에는 하나의 인격과 동일시되었던 카리스마가 이제 종교적 이데올로기와 종교적 조직과 관계되고, 그 집단의 구조, 믿음의 체계, 성문서(聖文書) 등이 존경의 근원이 되는 것이다.

이렇게 볼 때 종교의 권위는 신적인 정당성에 토대를 두거나, 카리스마적 지도자의 특질에 근거하여 종교적 영향력을 행사하는 것을 알 수 있다. 그런데 어떤 개별 종교가 보편적 가치에 중심을 두고, 공동선에 관계되는 활동을 전개하면서 사회 구성원들로부터 정당성을 인정받게 되면, 이 같은 종교는 사회적으로 커다란 영향력을 행사할 수 있게 된다. 그것은 이 종교의 도덕적 특질이 다른 종교의 그것보다 더 우위에 있다는 것을 사회적으로 인정받음으로써, 사회적인 영향력을 행사할 수 있게 되는 것이다. 이것을 종교의 도덕적 권위로 이해한다. 즉 공동선에 입각한 종교 활동이 사회적인 정당성을 확보하여 사회 전체에 영향력을 행사할 수 있는 권위로 파악하는 것이다.

2. 한국 천주교회의 도덕적 권위 형성

1) 한국 천주교회의 권위

한국의 천주교회는 1784년 처음 도입된 이래 유교적 통치 질서를 옹호하고 강화하려는 국가와 갈등관계에 놓였고, 그 결과 100여 년 동안 혹독한 박해를 경험하였다. 천주교 신자들의 신앙의 자유는 1886년 한불조약에 의해 암묵적으로 승인될 때까지 오랜 시간을 통해 확립되었으며, 1899년 조선대교구장이었던 뮈텔 주교와 조선 정부 사이에 체결된 후속 조약으로 공식적으로 확인되었다. 그러나 초기 교회의 박해에 대한 경험으로 인해 교회의 지속과 안전이 우선적인 관심사였고, 또한 외국 선교사들의 감독하에 놓임으로써 국가와의 어떤 긴장이나 갈등을 피하려는 정적(靜的)인 교회가 되었다. 교회는 자신의 특권을 보호하기 위하여 국가와 좋은 관계를 유지하려 했고, 정치적 문제에는 무관심하면서 신자들에게 내세의 행복에 관한 초월적 믿음을 심어주는 데 주력했다(김녕, 1996: 219). 교회와 국가의 분리를 우선하는 '정교분리의 원칙'이 강조되었고,

교회의 지도자들과 정치 지도자들은 긴밀한 관계를 유지하면서 현 상태를 바꾸려는 어떤 종교적, 정치적 활동도 금지시키며 오직 교회의 확대 재생산에만 관심을 두었던 것이다.[27] 천주교회의 이 같은 경향은 일제하에서도 그대로 재현되었고, 따라서 이 시기의 천주교회는 사회적 · 정치적 기능을 잃고 사적 신앙의 영역으로 밀려나 있었다.

해방이후 교회의 확대 재생산을 도모하는 천주교회 지도자의 관심은 미군정의 정책을 적극 지지하여 남한에서의 단정 수립에 찬성하였고, 정부수립 이후의 혼란기에는 사회 문제 전반에 관한 주교회의 교시(《경향잡지》, 1950, 4)를 통하여 자본주의와 사회주의 모두를 비판하면서 '제 3의 길'을 제시하기도 하였다. 그러나 6 · 25 전쟁 이후에는 개인적 · 가족적인 영적생활의 영역에 치중하였고 사회분야에 있어서는 자선 활동과 교육 활동에 국한하여 관심을 보였다. 교회당국은 거의 모든 사회 문제에 대하여 침묵으로 일관하였고, 다만 전쟁 이후의 구호 활동에만 깊이 참여하였다. 그 결과 구호 활동에 힘입은 50년대에는 신자증가율이 16.5%로 급속한 성장을 보였으나, 사회적으로 무관심하였던 60년대에는 6.2%, 70년과 71년에는 각각 1.7%와 0.29%로 하락하는 모습을 보인다(박재정, 1995: 308-309).

종교의 권위 측면에서 이 시기의 교회의 모습을 보자면, 천주교회의 권위는 종교적인 전통으로 전해 내려온 규범과 관행에 따라 그 권위를

---

27 오경환은 종교 지도자들은 신앙 체계의 넓은 전파라는 목표를 가지고 있고, 또한 한결같이 영향력의 극대화를 추구하고 있다는 점을 들고 있다. 따라서 종교 지도자들의 한결같은 이해관심은 조직체의 생존, 팽창, 그리고 보다 높은 사회적 지위와 최대의 영향력이라고 할 수 있다. 이해관심을 충족시키는 과정에서 지도자는 종교사상과 가치를 따라서 행동해야 하지만, 그 행동이 적절하고 현실적인 것이 되기 위해서는 언제나 주변의 상황, 특히 중요 계급 간의 관계를 고려한다는 것이다. 또한 경우에 따라서는 신앙 체계의 내용보다는 이해관심이 더욱 결정적인 요인으로 작용하여 국가와 기존 체제에 대해 지지 혹은 비판할 수도 있다고 보고 있다. 이에 관해서는 오경환, 1990: 323을 볼 것.

인정받는 전통적 권위의 모습이거나 천주교회 법적인 규정과 조항에 기초한 직책으로부터 나오는 천주교회만의 합리적—법적 권위, 다시 말해 개별적인 종교의 권위라고 할 수 있다. 따라서 이 권위의 영향력은 전체 한국 사회와는 상관없이 교회 내에서만 작용하였던 권위이고, 그 대상도 천주교 신자들로 제한되는 권위였던 것이다. 자연, 한국 천주교회의 사회적 영향력은 그 정도가 미미하였고, 교회 자신도 종교적 권위의 모습 속에서 교회의 확대 재생산이라는 목표에만 충실하고자 하였다고 할 수 있다.

2) 도덕적 권위로의 전화(轉化)

한국 천주교회의 권위가 종교적 차원에서 도덕적 차원으로 변화하기 시작한 것은 1970년대에 들어오면서부터다. 앞에서 살펴보았듯이 한국 천주교회는 1970년대에 들어오면서 다양한 사회 참여 활동을 전개하기 시작하였고, 이러한 사회 참여 활동은 교회 자체에는 물론 사회적으로 커다란 반향을 불러 일으켰다. 학생운동 조직 이외에 별다른 정치적 저항 조직이 없었던 시기에, 또한 개별 명망가 중심의 산발적인 저항운동이 전개되던 시기에 천주교회의 사회 참여는 교회라는 조직과 인적자원을 갖추고 있다는 점에서 학생운동보다 더 조직적이고 지속적일 수 있었다(신광영, 1999: 264).

70년대 후반 내내 천주교회가 개최했던 시국 기도회 모임은 인권탄압에 대한 폭로와 민주화를 위한 여론을 형성하고 저항의 정당성을 인식시키는 데 있어서 중요한 장(場)이 되었다. 뿐만 아니라 한 종류의 사회운동이 다른 종류의 사회운동 활성화에 영향을 주고받는 사회운동의 긍정적 상호작용(positive interaction)의 의미에서도 천주교회의 기도회 모임과 사회 참여 활동은 여타의 다른 저항운동을 활성화시키는 계기를 제공하였다.

이것은 천주교회 성직자들이 직접 저항에 참여하고 주도함으로써 저항의 정당성을 제공하고, 또한 국가 권력에 의해 연행되고 구속되는 일련의 과정을 통해서 국가 권력의 부도덕성과 폭력성을 폭로함으로써 정권에 대한 도전을 더욱 강력하게 만드는 데 기여했던 것이다. 이러한 천주교회의 사회 참여 활동을 통해 천주교회는 민주화를 갈망하는 모든 이들에게 억압받는 사람들의 대리자로, 핍박받는 이들의 옹호자로, 부당하게 탄압받는 자들의 보호자와 피난처로 인식되게 되었고(마인섭, 1999: 275), 따라서 구속자 가족들이나 사회적 약자, 억울한 이들이 천주교회에 호소하는 일들이 빈번하게 발생하였다. 즉 천주교회는 인권수호자로서 사회적 정당성을 얻게 되었고, 천주교회의 권위는 점차 도덕적 권위로 전화할 수 있었던 것이다.

한국 천주교회의 도덕적 권위 형성 과정을 살펴보면 세 가지 요소가 중요하게 작용하고 있음을 알 수 있다.

첫째는 교회의 팽창과 유지를 위해 국가와의 갈등을 애써 외면하려 하였던 기존의 틀에서 벗어나, 권위주의 체제 아래에서 빈번하게 자행되는 인권침해의 문제와 사회적 약자들에 대한 보호와 관심으로의 가치 전환이 이루진 점이다. 천주교회의 교회중심에서 사회중심으로의 가치 전환은 폭력적인 국가 권력에 저항하여 인간의 존엄성을 옹호하면서 민주주의의 회복을 위해 투쟁하게 만들었고, 이러한 교회의 모습은 정치적 성향의 학생운동과는 다르게 한국 사회 구성원들에게 수용되었다.[28] 즉 폭력적 국가에 대항하여 인간의 존엄성과 권리를 수호하고자 하였던 천주교회의 노력은 천주교회를 인권의 수호자, 약한 이들의 보호자로서 인식되게 하였던 것이다. 인권탄압과 유린이 난무하던 당시 상황에서 천주

---

28 1970년대 초의 학생운동에서 민중적 요구와 민중운동에 대한 관심이 확대되기는 하였지만, 두드러진 학생운동의 이념적 지향은 정치운동인 반독재 투쟁이 중심이라고 할 수 있다(신광영, 1999: 260-261).

교회의 사회 참여 활동은 도덕적인 정당성을 가지고 있었고, 사회적으로 정당하다고 인정되었기 때문이다. 천주교회에 대한 이러한 사회적 인식은 천주교회가 전체 사회에 도덕적인 영향력을 행사할 수 있게 하는 중요한 토대가 되었다. 따라서 천주교회는 인권수호 활동과 반독재 투쟁을 통하여 한국 사회에 도덕적인 영향력을 행사할 수 있는 권위를 확보하게 되었다고 할 수 있다. 그리고 천주교회의 도덕적 권위는 인권의식이 미미하였던 한국 사회에 인권의 중요성을 인식시키는 데에 영향을 미쳤고, 그에 따라 국가의 폭력성에 대항하는 정치적 저항운동이 활성화될 수 있게 하였다고 할 수 있다.

두 번째 요소는 천주교 지도자들의 예언자적 활동을 들 수 있다. 특히나 지학순 주교와 김수환 추기경은 1970년대 한국 천주교회의 대표적 지도자로서, 천주교회가 유신 체제하에서 도덕적인 영향력을 확대해 가는 데 있어 크게 기여한 인물들이다. 지학순 주교는 민청학련 사건으로 구속되었고, 김수환 추기경은 천주교회의 대표적 성격을 보이며 시국에 대한 교회의 입장을 밝히고 국가 권력에 의해 자행되는 인권수호 활동을 적극적으로 펼쳐나갔다. 이들 지도자들이 보여준 활동들은 전통적인 종교 지도자의 모습을 탈피하여 카리스마적 지도력으로 받아들여지게 되었다. 즉 유신 체제의 대통령 긴급 조치로 어떤 체제 비판도 허용되지 않고, 고문과 구속이 이어지는 공포분위기 속에서 이 같은 현실을 고발해야하는 언론마저도 침묵을 강요받는 상황에서 천주교회 지도자들의 사회 참여 활동은 언론의 역할과 정치 지도자의 역할을 대행하는 예언자로서 부각되었던 것이다. 그 결과 직분 자체로서 종교적 권위를 가진 천주교 성직자들의 사회 참여 활동은 교회 구성원들의 사회 참여 활동을 활성화시키는 계기를 제공했을 뿐만 아니라, 사회적으로도 상당한 영향을 미치게 되어 체제저항운동을 활성화하는 데 크게 기여하였다. 이에 따라 저항운동에 가담하는 사람들도 저항운동의 사회적 정당성을 확보하기 위해 천주교 지도자들의 판단을 구하고, 연대를 제의할 뿐 아니라 천주교회의 지원을 요청하였다. 그것은 암묵적으로 천주교 지도자들에 대한 도덕적 권위를 인정하는 것이고, 천주교회가 한국 사회에서 영향력을 확보하고 있음을 나타내는 것이었다. 같은 맥락에서 천주교회의 '정의구현 사제단'의 활동도 천주교회의 영향력을 확보하는 데 중요하게 작용하였다고 할 수 있다. 정의구현 사제단은 전국적 조직으로서 저항운동을 전국적인 차원으로 확산시키는 데 중요한 역할을 했을 뿐 아니라 저항단체들과의 교류와 연대를 통하여 조직적 대응을 하는 데 있어 크게 기여하였다.

세 번째 요소로는 군부 권위주의 체제에 대한 변화의 사회적 욕구가 강하였다는 점을 들 수 있다. 유신 체제에서는 국가의 강력한 통제 정책으로 인간존엄성이 억압당하고, 불의한 경제 정책으로 노동자·농민의 삶이 피폐해져감에도 국가에 대해 민중적, 사회적 요구를 매개할 아무런 장치도 없었다. 따라서 사회적인 불만이 증가함에도 그것을 의미 있는 방식으로 대변할 수가 없었다. 이러한 시대적 상황에서 천주교회가 민중적, 사회적 요구의 대변자로서 국가에 체제변혁을 요구하며 사회적 요구를 수용함으로써 전폭적인 지지를 받게 되었던 것이다.

이상과 같은 요소들이 결합되어 천주교회의 권위는 도덕적 권위로 전화하였고, 사회적인 영향력을 행사하는 위상을 얻게 되었다. 그러므로 이런 이유에서 천주교회의 도덕적 권위는 종교적 권위가 아니라 사회 구성원들에 의해 부여된 사회적인 성격의 권위라고 할 수 있다. 다시 말해 권위의 정당성이 종교 혹은 신적인 권위에 기반을 둔 것이 아니라, 사회적인 정당성에 기반하고 있고 사회적인 지지 속에서 영향력을 갖는 권위인 것이다.

3. 유신 체제 시기의 도덕적 권위의 기능

1) 억압적 국가 권력의 탈정당화

국가와 종교의 관계를 볼 때, 일반적으로 집권 세력의 정당성의 수준이 낮으면 유력 종교에 접근하여 정치적 정당성(political legitimacy)을 확보하려는 노력을 기울일 가능성이 크다. 종교의 정치적 정당화 기능은 역사적으로 지배 계급과 귀족 계급의 권력과 특권을 유지하는 데 매우 유용한 수단이었다(M. McGuire, 2002: 240). 이런 이유에서 국가는 종교 지도자집단을 지배구조 안으로 편입시키기 위해 다양한 헤게모니전략을 동원하고, 종교와의 관계를 원만하게 유지하고자 노력하는 것이다. 이 같은 집권 세력의 노력이 성공적일 경우 국가-종교관계는 상호 승인과 협조로 특징지어지게 된다. 반면 유력한 종교집단들의 지지를 얻어내거나 중립화하려는 국가의 노력이 성공적이지 못할 경우, 그리고 종교가 정치 체제의 정당성을 인정하지 않을 경우 집권 세력의 정치적 지배는 종교에 의해 탈정당화할 가능성이 크다고 할 수 있다(강인철, 1996: 30).

70년대 한국 천주교회는 국가와 관련해서 집권 세력이 자신의 정당성을 위해 특별한 우호적 관계를 유지하고자 할 만큼 유력한 종교집단은 아니었다. 그리고 국가도 국가주도의 경제성장 이념을 통해 교회나 종교의 도움 없이 스스로 통치에 대한 정당성을 부여하였다(박승길, 2003: 417). 따라서 이 시기의 국가와 교회의 관계는, 국가의 성장이념을 교회도 받아들여 교세확장에 진력하는 경우에는 종교의 자유를 보장하지만, 국가의 통치권 독점에 위협을 가한다고 판단될 때에는 가차 없이 통제 대상화하는 것이었다. 특히나 유신 체제에서는 안보와 경제성장을 목표로 한 총화단결만이 강조되면서 국가는 훨씬 폭력적 형태로 지배를 정당화하였고,

군대와 경찰, 정보기관과 같은 폭력적 국가 장치에 의존하여 억압을 행사하였다. 천주교회는 폭력에 기초한 이러한 국가 권력의 정당성을 부정하면서 갈등관계에 놓이게 되었던 것이다.

천주교회는 교회의 사회적 가르침에 근거하여 정당한 법 절차 없이 체포, 투옥, 고문함으로써 고귀한 인간의 존엄성과 민주주의의 요체라고 할 수 있는 기본권이나 생존권을 유린하는 국가의 행위는 중대한 범죄행위임을 주장하였다. 교회는 특정한 국가 체제를 주장하지는 않지만, 모든 국민의 인권이 옹호되고 또한 국가 공동체의 공동선이 증진되기 위해서는 민주주의적 삼권분립의 원칙이 지켜져야 하며, 이것은 인간본성의 요구에 부합하는 것이라는 점을 강조하였던 것이다(요한 23세 회칙〈지상의 평화〉, 68항 참고). 이 가르침의 토대에서 한국 천주교회는 국가가 내세우는 안보와 경제성장을 위한 국민총화이념도 진정한 의미의 민주주의 회복과 기본권의 보장 없이는 불가능하다는 점을 분명히 하였다. 그리고 천주교회는 이러한 국가의 폭력에 대하여 국가의 본질과 의무에 대한 교회의 가르침을 제시하며, 유신헌법의 불법성, 국가 권력의 남용, 인권침해에 대한 구체적인 사례들을 고발하였다. 이는 교회가 정치질서에 대하여 윤리적 판단을 내리는 것을 당연한 것으로 인식하고(사목헌장, 76항) 유신 체제 자체에 대해 윤리적으로 판단하는 것임과 동시에 안보와 경제성장을 이유로 폭압적 통치를 정당화하는 것에 대한 문제를 제기하는 것이었다.

천주교회가 판단하기에 유신 체제는 안보와 성장 이데올로기를 통하여 민주주의적인 정치발전을 유보하면서 국민의 기본권과 존엄성을 짓밟고, 집권자의 권력 남용에 형식적인 합법성을 부여하는 유신헌법과 긴급 조치를 도구로 국가의 폭력을 정당화하는 권위주의 체제이다. 따라서 천주교회는 우선적으로 국가 폭력에 대항하여 인간의 존엄성과 인권의 중요성에 대하여 강조하였고, 국가의 역할은 국민의 기본권을 존중하고

보호하는 역할이어야 함을 지속적으로 주장하였던 것이다.[29] 이는 박정
희 정권이 안보와 개발 이데올로기를 통해 어느 정도 국민적 지지를 획
득하고 있었던 점에 비추어 볼 때 국가의 역할에 대한 국민들의 의식을
새롭게 인식시키는 계기가 되었고,[30] 민주화에 대한 국민적인 요구를 증
폭시키는 계기로 작용하였다. 천주교회의 지속적인 기도회 모임과 성명
서 등에서 표명되는 국가의 본질과 의무에 대한 가르침은 국가의 역할에
대한 국민들의 윤리적 판단을 가능케 하는 이론적 근거가 되어 주었고,
이를 통해 불법적인 국가의 권력남용에 대한 저항심을 고취시키는 토대
가 되어 주었던 것이다.

이렇듯 인간의 존엄성과 인권을 축으로 하여 국가의 권위와 천주교회
의 권위가 갈등관계에 놓이게 되었다. 다시 말해 국가 권력의 폭력성에

---

29 천주교회가 강론과 기도회 모임에서 발표한 성명서, 선언문에는 인간존엄성과 인권, 국가의 역
    할과 의무에 관한 가르침들이 주요한 주제로 다루어졌는데, 이러한 내용들은 궁극적으로 유신
    체제의 정당성에 대한 강한 비판을 담고 있다. 1970년대에 발표된 천주교 단체별 정치비판의
    빈도를 살펴보면 다음과 같다.

발표 주체	빈도
정의구현 사제단	21.3%(30회)
주교(개인적)	15.6%(22회)
주교단	9.9%(14회)
정의평화위원회	9.2%(13회)
전국 평신도협의회	9.2%(13회)
김수환 추기경	8.5%(12회)
기타단체	26.3%(37회)

    자료출처: 명동천주교회 편, 『한국가톨릭인권운동사』, 1984, 595-600; 최종철, 1992: 217.
30 유신 체제의 억압적 성격에도 불구하고 높은 경제성장 때문에 국민의 자발적인 지지나 묵인을
    받을 수 있었고 또한 더 높은 경제성장을 지속시키기 위하여 박 대통령의 지속집권이 필요하다
    는 논리로 지지를 호소하였다. 이러한 배경하에서 1975년 1월에 유신헌법에 대한 국민투표를 제
    의하였고, 2월 22일에 실시된 국민투표는 여러 가지 집권 세력의 찬성 유도 노력이 있었지만 유
    권자의 79.8%가 참여하여 유효표의 73.1%가 찬성하였다. 이 같은 결과는 1972년에 유효표의
    91.5%가 찬성한 것에 비하면 현저히 지지도가 떨어진 것으로 보이는데, 그럼에도 유신헌법에 지
    지도가 표면적으로 높았다는 것을 의미한다고 할 수 있다.

저항하면서 유신헌법의 무효, 국가의 권력남용에 대한 고발, 유신 체제의 철폐, 국민의 존엄성과 기본권의 보장을 목표로 한 천주교회의 활동은 인간의 존엄성과 인권수호에 헌신한다는 측면에서 사회적으로 대중적 지지와 도덕적인 정당성을 확보하게 되었고, 반면에 상대적으로 국가의 통치 이데올로기와 폭력에 대해서는 그 정당성을 상실하게 만들었던 것이다. 국가의 통치에 대한 탈정당화는 급속도로 국가의 지배 체제를 무너뜨리고 국가에 대한 저항을 확산시키는 방향으로 나아갔다. 그동안 공포로 인해 숨죽이고 있던 저항 세력들이 결집되고, 저항운동이 본격화됨으로써 국가의 지배 체제 자체가 위기에 처하게 된다. 따라서 천주교회의 도덕적 권위는 무소불위의 국가 권력에 대해 거침없는 윤리적 판단을 가함으로써 직접적으로 국가 권력을 탈정당화하는 역할을 수행하였다고 할 수 있다. 또한 천주교회가 제시하는 국가에 대한 사회적 가르침은 국가가 지배 이데올로기를 통하여 독재적인 정권을 정당화하고, 정치 발전을 요구하는 반체제운동을 가차없이 억압하였던 명분을 무력화키는 대항 이데올로기로서 기능하였다고 볼 수 있다. 뿐만 아니라 더 나아가 사회적으로 부여받은 도덕적 권위의 영향력을 통해 정당성 없는 국가에 대한 국민적 저항을 고취시키는 역할을 담당하였다고 할 수 있다.

2) 체제저항운동의 활성화

그람시에 의하면, 국가는 외곽의 참호이며 시민사회는 그 뒤에 버티고 있는 요새와 같은 것이다. 그래서 국가라는 참호가 흔들리면 시민사회의 견고한 구조가 곧바로 그 모습을 드러낸다(Gramsci, 1971: 238). 그람시의 주장처럼 한국 사회에서 감추어져 있던 시민사회는 국가의 정당성과 통제력이 약화되었을 때 가시적인 등장 내지 활성화되었다고 할 수 있다(이향순, 2002: 18). 그러므로 천주교회와 시민사회와의 관계에 대한 분석은 천주교회가 시민사회의 활성화에 어떻게 기여했는가를 고찰하는 데 있어 매우 중요하다.

박정희 정권은 국가의 이름으로 산업화를 추진하고, 야당이나 종교단체 또는 학생들이 반대나 비판하는 것을 반국가적인 것으로 규정하여서 무자비하고도 혹독하게 탄압하였다. 1970년대 초반까지 국가의 압도적인 우위와 엄격한 통제는 시민사회를 과도하게 함몰시켰으며, 따라서 유신 체제하에서는 학생운동을 제외하고 별다른 체제저항 조직이 활성화되지 못한 상태였다. 그나마 학생운동도 유신 초기부터 1973년까지는 예상치 못했던 강력한 권위주의 체제의 등장으로 소강상태를 보내고, 1974년 민청학련 사건을 전후하여 다시 활성화되었으나 1975년 긴급 조치 9호의 선포와 유신정부의 체계적인 억압으로 다시 위축되고 말았다(마인섭, 1999: 274). 이러한 상황에서 교회와 종교단체가 정치적 현실에 반대하고 정치적 반대운동에 동참함으로써 1970년대 후반기에는 교회와 종교단체가 민주화 운동의 또 다른 중심으로 등장하게 되었다. 비록 모든 교회는 아닐지라도 일부 진보적인 성직자와 단체들은 인권운동과 민주화 운동에 깊숙이 개입하였고, 특히 1970년대 후반기에는 그 개입의 정도가 심화되었고 성격도 인권운동으로부터 유신 반대 투쟁으로 변화하였다(마인섭, 1999: 275).

교회는 조직이나 구성원, 연결망, 지도자의 수라는 측면에서 거대한 동원의 잠재력을 지닌 조직이다. 또한 권위주의 국가의 사회운동에 대한 탄압에 직면해서도 헌법에 보장된 자유와 국제적인 교회기구와의 관계 때문에 그 조직 자체를 국가가 와해시킬 수 없다는 면에서 사회운동의 보루로서의 강점을 가지고 있다(정철희, 2003: 104). 이런 이유에서 맥아담(McAdam, 1988) 등은 교회 자체를 미시동원 맥락으로 보고 있는 것이다.

1970년대의 한국 천주교회는 국가의 과도한 억압으로 극단적으로 위축된 시민사회 안에서 규모나 내용면에서 사회운동론적 측면에서 매우

중요한 의미를 갖는다. 천주교회는 개별 교회 중심의 성격이 강한 개신
교와는 달리 전국적인 연결망을 형성하고 있어 조직적 응집력이 강하다.
그리고 진보적인 개별 인물들에 의해 주도되는 저항운동과는 달리 '정의
구현 사제단'과 같은 구체적인 성직자 조직은 공식성 정도가 큰 기존의
사회조직에서 발생한 미시동원 연결망의 예가 될 수 있다(정철희, 2003:
105). 천주교회 전체의 공식적 입장을 대변하는 '천주교 정의평화위원
회'와 같은 기구도 이와 같은 범주에 속한다고 할 수 있다. 천주교회의
이 같은 조직들은 특정 명망가나 학생들에 의해 간헐적으로 전개되어 오
던 저항운동을 지속적이고 조직적인 형태로 나아가게 만들었으며, 범교
회적인 연결망을 통하여 자원동원을 용이하게 만들어 민주화 운동을 보
다 효과적으로 전개할 수 있게 만들었던 것이다.[31]

그 결과 천주교회의 지도자들의 활동은 유신 체제의 긴급 조치로 인해
체제저항세력이 위축되고 사회적 침묵으로 일관하던 당시의 시민사회적
상황에 비추어 볼 때, 베버의 표현처럼 예언자적인 역할로서 이해되는
것이었고, 따라서 저항의 정당성을 드러내는 것이었다. 다시 말해 천주
교 성직자들을 포함한 종교인들의 구속과 재판은 역설적으로 정의를 위
해 싸우는 사람들이 받는 '순교차원의 고통'으로 인식되면서 정권의 부
도덕성과 잔인성을 상징적으로 드러내는 계기가 되었을 뿐 아니라 저항
의 당위성을 높이는 계기가 되었던 것이다(신광영, 1999: 274). 즉 저항에
참여하는 경우에 예상되는 위험이 극단적으로 높아졌음에도 불구하고
종교적 원리에 기초하여 집합적 저항의 해석들(interpretive framework)이
만들어지면서 저항의식이 발전되고(신광영, 1999: 264), 잠재적인 저항운
동 참여자들에게 참여하는 것에 대한 두려움을 약화시키는 데 있어서

---

31 긴급 조치 9호가 발동된 1975년 5월 이후부터는 학생운동이 대체로 위축되었고 재야 지식인들
   의 저항이 주축을 이루었지만, 소수 재야 지식인들의 활동은 상징성은 있지만 운동자원의 한계
   로 이 시기의 민주화 운동에서 사회적인 파장은 크지 않을 것으로 본다(마인섭, 1999: 295).

크게 기여했다고 할 수 있다.

저항운동에 있어서 도덕적으로 대중적인 인정을 받는 천주교 성직자들의 활동은 저항 세력 범위 외부에 머무르던 지식인들을 자극하여 저항 세력 안으로 끌어들이는 데 있어서도 매우 중대한 영향을 미쳤다. 이와 같은 점은 천주교회가 활발히 사회 참여 활동을 전개한 1970년대 후반기에 들어 비로소 학생이외의 지식인 계층에서 유신 체제 반대 조직들이 형성되기 시작하고, 지식인, 언론인, 교수, 문인 등과 같은 소규모 집단[32]들이 조직되어 재야 정치인과 천주교회를 포함한 종교단체들과의 연대 투쟁하는 형식으로 나타나고 있다는 점을 통해서도 확인할 수 있다.[33] 그러므로 70년대 민주화 운동과 관련해서 볼 때, 천주교회는 저항의 정당성을 대중들에게 인식시키고, 유신 독재에 직접적인 저항 주체 세력으로서 사회적인 정당성을 확보할 수 있었으며, 또한 이를 통해 침체되었던 민주화 운동 세력들이 '재야'로서 조직화되고 활성화되는 데에 일정한 역할을 담당하였다고 할 수 있다. 왜냐하면 국가의 과도한 억압에 의해 시민사회 내의 이렇다 할 저항 조직이 형성되지 못하였던 당시의 상황으로 미루어 볼 때, 저항운동의 주체로서 뿐만 아니라 저항의 정당성을 일깨우고, 저항에 대한 주관적 의미를 구성하여 저항이 집합행위화하게 하는 동기를 제공하였기 때문이다.

이밖에도 천주교회의 활동은 시민사회 내의 반체제 세력과 반체제운동이 조직화하는 과정과 더불어 당시 한국 사회에서 활성화되지 못한 시민사회 내의 민중 부문에 대한 운동이 점차 조직화되고 활성화되는 데에

---

32 70년대 말 지식인의 소규모 집단적인 민주화 운동 사례로는 1977년 해직교수 13인의 '민주교육선언'과 동아·조선 언론자유 투쟁위원회의 '민주민족언론선언', 1978년 전남대 교수 11인의 '우리의 교육지표' 선언, 1979년 자유실천문인협의회의 '문학인선언' 등이 있다.

33 재야 정치인, 민주인사, 지식인들과 성직자들의 연대 활동은 1976년 3·1절 명동 사건을 시작으로 1977년 '민주구국헌장', 1978년 '3·1절 민주구국선언' 등과 같은 일련의 시국선언문을 공동으로 발표함으로써 활발하게 전개되었다.

있어서도 촉매적인 역할을 담당하였다고 할 수 있다. 천주교회의 민중 부문에 대한 지원은 지배 이데올로기를 통해 국가가 정당화한 배제정치의 폐해를 드러내며, 정치 권력과 국가 정책의 신뢰도를 반감시켜 이 부문의 저항운동이 활성화되도록 영향을 미쳤다. 인간의 기본권과 생존권에 입각해 천주교회가 제시하는 정치적 요구들은 국가 권력이나 정책보다도 더 큰 영향력을 행사하였고, 구체적인 현장에서의 올바른 현실인식을 통해 생존권 차원에서 민중 부문의 저항운동이 조직되고 활성화되도록 이론적·실천적 기반을 마련하여 주었던 것이다. 그러므로 노동자와 농민의 권익을 보호하는 과정에서도 천주교회는 유신 정부를 탈정당화하고, 사회적으로 인권의 수호자로서 천주교회는 민중 부문에 대한 지지와 지원을 통하여 노동자와 농민운동이 활성화되고, 이 운동이 반정부·반유신운동으로 발전해 나가는 데 있어 근본적인 기반이 되었던 것이다.

그런데 천주교회의 이 같은 역할이 가능했던 것은 민주화 운동에 있어서 천주교회가 한국 사회 안에서 사회적 공신력과 영향력을 인정받고 있다는 것을 의미한다. 민주화 운동에서 천주교회는 비신자들이 대부분인 한국 사회 구성원들의 지지와 신뢰를 확보하게 되었고, 이것은 다시 사회적인 영향력으로서 사회 구성원들의 저항 행위를 구조화하는 수준으로 발전되어 갔다. 여기서 천주교회의 도덕적인 권위의 작용을 파악할 수 있다. 당시의 천주교회가 점하고 있는 한국 사회 내의 위치를 고려할 때, 민주화 운동에 있어서의 천주교회의 위상과 사회적 영향력은 종교의 권위를 넘어서 사회적 정당성 속에서 확대되었던 사회적 영향력을 의미하는 것이기 때문이다.

제 3 장

한국 천주교회 도덕적 권위의 영향력 강화

제 1 절_ 신군부 권위주의 국가 체제

1. 군부 권위주의 체제의 재구조화

1) 군부 권력의 복원

　광주 민주화 운동을 무력으로 진압한 신군부는 애초부터 정당성이 결여되어 있었기에 유신 체제가 사용했던 폭력적 억압방식을 따를 수밖에 없었다. 따라서 유신 체제로부터 전수받은 국가 억압기구들을 새로운 조건하에서 집권 세력이 필요로 하는 탄압 수준에 맞게 재조직하였다. 신군부는 전두환이 주도한 국가 보위 비상대책위원회를 통하여 집권을 정당화하고 공고히 하고자 하였는데, 이 기구는 한시적인 대통령 자문보좌의 성격을 띠었으나 당시의 국정전반을 통제하고 조정할 수 있는 초헌법적 기구로서 신군부의 권력기반을 확대하는 데 이용되었다.

　신군부가 권력기반을 다지기 위해 최초로 취한 조치는 노동운동을 탄압하고 노동관계법을 개정하여 노동 계급을 철저히 탈동원화하는 것이었다. 이러한 조치를 통하여 정권은 노동운동에 있어서 핵심적 역할을 수행하던 183명의 노조 지도부와 109개 지역 노조 조직들을 와해시켰고, 파업이 발생할 수 있는 법률적 기반을 약화시켜 나갔다. 그 결과 1979년에 110만 명으로 최고조에 달했던 노조원의 수가 1981년에는 82만 2천 명으로, 다시 1983년에는 78만 5천 명으로 급격히 감소되었다. 하지만 노조원 수의 감소보다 더욱 중요한 것은 회사와 국가의 통제로부터 자주적인 노조 활동이 사실상 불가능하게 되었다는 사실이다. 따라서 노동운동에 대한 국가의 권위주의적 통제는 유신 체제하에서보다 한층 더 가혹해졌다고 할 수 있다(최장집, 1989: 204).

권위주의적 억압은 노동운동에만 가해진 것은 아니었다. 신군부는 정치적 숙청으로 권력을 확보하고 집권의 정당성을 창출하기 위해 일련의 개혁 조치들을 시행하였는데, 정치풍토의 개선이라는 명분을 앞세워 김대중과 주요 재야 인사들, 그리고 광주 민주화 운동 관련자들을 내란 기도혐의로 구속하였고, 동시에 김영삼을 자택 연금하여 정계로부터의 은퇴를 선언하게 만들었으며, 부패와 정치적 소요의 책임을 물어 정치인 811명의 정치 활동을 금지시키고 김종필, 이후락, 박종규 등 구 여권인사들을 부정축재 혐의로 공직으로부터 사퇴시켰다. 또한 대규모의 정치·사회 정화 조치를 통하여 수많은 공무원, 언론인, 교수, 공공기업체 직원들을 부패와 무능의 이름으로 숙정하였고, 과외금지를 비롯한 교육 개혁과 172개 정기 간행물들의 등록을 취소하고 언론기관을 통폐합하고 언론기본법을 제정하여 언론 통제를 강화하였다. 더구나 4만여 명에 달하는 사람들을 범법혐의자로 체포하여 이들 중 많은 사람들을 '정화교육'을 한다는 명분으로 '삼청교육대'로 보냈다. 이밖에도 중앙정보부의 권력을 약화시켜 국가안전기획부(안기부)로 개칭하고, 반면 보안사령부의 기능과 권력을 확대하여 대민 사찰 업무를 담당하게 하였으며, 대공관계

법규도 정비하여 반공법을 폐지하는 대신 이를 국가보안법에 흡수시키는 등 강력한 통제를 가하였던 것이다. 또한 집회와 시위에 관한 법률을 제정하여 학생, 재야 세력의 집단행동을 규제하고자 하였던 점도 권위주의 체제의 억압을 보여주는 것이라 할 수 있다.

이러한 강압적인 일련의 조치들을 통하여 집권기반을 확대한 신군부 세력은 새 시대에 걸맞은 지도자의 필요성을 역설하였고, 8월 16일 최규하 대통령의 사임에 이어 8월 27일 전두환이 제 11대 대통령으로 취임하게 된다. 또한 신군부는 새로운 헌법을 국민투표로 확정하고 이 헌법에 따른 '대통령 선거인단'을 1981년 2월 11일 선출하였고, 2월 25일에 있은 제 12대 대통령 선거에서 전두환이 대통령 선거인단 유효투표의 90.2%라는 압도적인 지지로 당선되게 하였다. 이로써 유신 체제가 붕괴하는 과정에서 학생, 노동자 등을 비롯한 체제저항세력들의 격렬한 저항이 전개되었음에도 불구하고, 신군부 세력에 의해 국가, 정치사회, 시민사회, 정권의 근본적인 변화 없이 군부 권위주의 체제가 고스란히 복원하게 되었던 것이다(김영명, 2003: 243).

2) 전두환 정권의 성격

새로이 출범한 제 5공화국은 유신헌법을 약간 완화하기는 하였으나 기본적으로 유신 체제와 유사한 권력을 대통령에게 부여하였다. 대통령은 국가 원수의 지위와 여당 총재직, 행정수반의 지위를 겸할 수 있고 입법부와 사법부에 대해서도 강력한 통제력을 행사할 수 있었다. 그리고 필요시에는 긴급조치권 및 계엄선포권을 발동할 수 있고 국회와 정당을 해산할 수 있었다. 대통령은 선거인단에 의한 간접선거로 선출되게 되었고 국회 해산권을 가진 반면, 국회는 내각불신임권을 가지게 되었던 것이다.

전두환 정권은 지지기반의 확대를 위해 군부의 힘에 의존하는 통치 체제를 구축하였다(김영명, 2003: 249). 이 점은 정권 장악의 모체가 되었던 보안사령부의 역할과 권한의 강화로써 나타났다. 보안사령부는 군대의 정보나 수사뿐만 아니라 사회 부문에 대한 수사기능도 담당하였으며 대표적인 억압적 권력기구로 작용하였다. 그런데 이와 같은 강력한 군부의 존재는 역설적이게도 전두환 정권의 정치적 영향력을 제약하는 요인으로 작용하였기 때문에,[1] 지지기반이나 의존하는 권력의 내부구조라는 측면에서 전두환 정권은 박정희 정권에 비해 훨씬 더 허약한 대통령이었다고 할 수 있다(최장집, 1989: 207).

국가기구 내에서도 유신 체제와는 달리 대통령이 개인적 통치 체제를 구축하기 어려웠다. 대통령이 군에 대한 통제력을 확보한 것은 사실이지만 군이 박정희하에서와 같이 단일하고 절대적인 충성을 지니고 있었던 것은 아니었기 때문이다. 권력의 핵심부에 있었던 신군부 출신 인사들은 전두환을 보필하는 일종의 집단 지도 세력을 이루고 있었지만, 자신들의 정치적 이해에 따라 그들의 관계는 변화하였다. 이런 의미에서, 대통령 개인의 권력이 막강했음에도 불구하고 전두환 정권을 박정희 정권과 같이 개인적 정권이라고 부르기 어렵다. 또 1960–80년대 남미 여러 나라의 군사 정권과 같은 제도적 정권이라고도 부르기 어렵지만, 군부의 제도적 규범이 발현되는 제도적 성격이 상당히 가미된 정권이었다고 할 수 있다(김영명, 2003: 252). 그것은 전두환 정권이 군사 쿠데타를 통해 가동되었으면서도 자유민주주의 틀 안에서 절차적 합법성을 형식적

---

1 최장집은 5 · 17 쿠데타 이후의 권력은 두 개의 부문으로 분할되어 있다고 본다. 하나는 강력한 국가기구들이고, 다른 하나는 집단의식과 밀접한 개인적 인간관계와 연락망을 가지고 있는 육사 동기생들 사이의 비공식 집단들이다. 행정적, 기술 관료적 결정들이 대부분 국가기구들에 의해 이루어진 반면, 보다 중요한 정치적 결정은 육사 동기생들의 선후배 엘리트를 구성하는 '하나회'라는 비공식 사조직이 배후에서 작용하였다고 보는 것이다(최장집, 1989: 208).

으로나마 유지하고 있었던 까닭이다. 즉 남미의 권위주의 체제들과는
다르게 합법적 절차를 상당히 중시하였고, 주요 정치 세력들의 정치 참
여를 지속적으로 금지하고 있었지만 최소한의 권력 경쟁의 여지는 존속
하고 있었기 때문인 것이다(윤상철, 1997: 91). 이러한 사실은 전두환 정
권의 퇴진과 민주화 이행 과정에서 중요한 의미를 가진다. 특히 통치 말
기에 정치 권력이 대통령에 의해 독점되었다기보다는 집권 세력 내의
강온파로 어느 정도 분할되어 있었기 때문에, 국민의 민주화 요구에 대
한 국가의 대응에서 집권 세력 내부의 의견 차이와 분열이 중요하게 작
용하였다.

2. 계급구조화의 진전

1) 지배블럭의 강화

한국의 권위주의 체제는 초기의 국가 성립 과정에서 성립한 과대 성장
국가로부터 1960년대 자본주의화 과정을 거치면서 억압적 물리력, 이데
올로기적 동원능력, 경제적 자원동원능력을 체계적으로 동원하면서 존
속해왔다고 할 수 있다. 그러나 기본적으로 정치적 정당성이 결여된 취
약한 권위주의 체제였기 때문에 정치사회와 시민사회를 주기적으로 강
제적으로 해체·재편하여 아래로부터의 도전을 차단함으로써 유지될 수
있었던 것이다. 그 결과 시민사회가 극도로 허약한 상태로 머물고 설사
반권위주의적 동원(mobilizing)이 발생하더라도 지배블럭 내부의 재편을
통해 권위주의 체제가 유지되는, 즉 체제전환이 부재한 정치변동이 발생
할 뿐이었다(윤상철, 1997: 61–62).

전두환 정권은 박정희 정권 이래의 고위 기술 관료들, 그리고 신군부의

엘리트들과 더불어 독점 자본가 계급으로 구성된 지배블럭을 형성하고 유신 체제의 주요 정책을 그대로 답습한 채, 경제적 안정과 성장을 국정의 최우선 과제로 삼았다. 2차 오일쇼크와 정치적 불안 등으로 침체에 빠진 경제적 여건하에서 출발한 전두환 정권은 단기적으로는 경제의 안정화에 일차적인 목표를 두고 물가 안정과 국제수지의 방어를 위한 긴급조치를 실행에 옮기는 한편, 장기적으로는 한국 경제의 구조적 조정도 함께 추진하였다(오명호, 1999: 408). 이와 같은 정책기조 위에서 중화학공업구조 개편과 개방경제 체제로의 전환을 진행하였는데, 그것은 직접적으로 독점 위주의 종속적 자본축적구조의 안정화를 추구하는 것이었다. 즉 중화학공업부문 투자조정을 통하여 특정 산업에 대한 과잉투자, 비효율적인 자원 배분 등의 구조적 문제를 해결하고, 또한 세제와 금융의 특혜를 통해 부실기업을 정리함으로써 국내 독점자본들이 할당된 시장에서 경쟁을 배제할 수 있는 독점적 위치를 확보할 수 있게 하였으며, 독점자본의 자본집중을 더욱 부추겼던 것이다.[2]

독점자본의 성장은 유신 체제에서와 마찬가지로 노동자와 농민들을 정치적, 경제적으로 배제시키는 전두환 정권의 강권적 노동 정책 기반위에서 가능하였다. 대체로 국가는 생산성 증대와 자본의 안정적 성장을 위해 노동의 저항을 봉쇄하는 방향으로 노동 통제를 행하는데, 전두환 정권은 가능한 모든 수단을 동원하여 노동자들의 조직화를 저지하였던 것이다. 노조의 설립을 행정적으로 억제했을 뿐만 아니라 구사대에 의한 폭력까지도 용인하였다. 또 기존의 노조에 대해서는 기업별 노조주의를 강제함으로써 노동자들이 전국적 또는 산업별 수준에서 자본가와 대등한

---

2 독점강화의 가장 집약적인 지표로서 20대 재벌의 국내총생산(GDP)에 대한 점유율을 보면, 1973년 9.1%, 1975년 9.8%, 1978년 14.0%, 1981년 15.5%로 높아졌으며 국민총생산에 대한 50대 재벌의 점유율은 1980년 15.8%에서 1980년 20.8%로 상승했다(서관모, 1994: 131).

지위에서 중앙집중적인 단체교섭을 벌일 수 있는 길을 봉쇄하였다. 그리고 복수노조를 허용하지 않음으로 해서 자율적인 민주노조가 어용노조를 대체할 수 없게 만들었다. 이와 함께 노조의 정치 활동을 금지함으로써 노동자들이 '정치적 교환'에 의해 작업장에서의 불리한 위치를 시정할 수 있는 길을 차단하였던 것이다(임혁백, 1997: 325). 따라서 전두환 정권이 지배한 5공화국하에서는 지배구조가 바뀌어지지 않고, 오히려 독점재벌 기업에로의 자본의 집적과 집중이 더욱 강화되는 결과를 낳았다고 할 수 있다(최장집, 1996: 180).

2) 신 중간 계급의 성장과 유화 조치

경제 안정화 시책이 지속적으로 추진되면서 봉급생활자의 임금이나 농민의 소득상승률이 크게 억제되었고, 그 결과로서 물가의 안정을 이루게 되었으며 대규모 수출기업은 비약적인 성장을 이룩하게 되었다. 게다가 이른바 3저 현상으로 특징지울 수 있는 지극히 호의적인 경제 여건이 86년부터 88년까지 연평균 12.7% 경제성장률과 4.3% 소비자물가상승률을 기록하게 하였고, 86년에는 42억 달러, 87년에는 77억 달러, 88년에는 114억 달러 상당의 무역흑자를 기록하여 '안정 속의 성장'을 구가할 수 있었다(김형국, 1992: 221). 이 같은 80년대의 경제성장은 도시 중산층의 형성에 결정적인 역할을 하게 되었다. 즉 한국에서의 신 중간 계급 특히 사무직 화이트컬러 계층의 증대는 수출 지향적 산업화의 지원 세력으로서 고학력자에 대한 요구, 독점재벌의 등장 및 국가기구 비대화에 따른 사무직, 행정직, 전문직의 수요, 도시민의 거대한 소비욕구를 충족시켜야 하는 각종 서비스산업의 필요성 등과 같은 사회구조적 분화의 과정에서 형성되었던 것이다. 1980년에는 신 중간 계급은 18.0%, 구 중간 계급은 23.8%, 노동자 계급은 43.3%, 실업자는

14.9%를 차지하였다. 그런데 1985년의 통계를 보면 신 중간 계급은 22.1%로 증가하였고, 노동자 계급은 40.5%로 줄어들었음을 볼 수 있다. 그리고 구 중간 계급은 완만하기는 하지만, 22.4%로 줄어드는 추세를 보이고 있다(〈표 3〉 참고).

(%, 직종은 계급단위)

계급/직종	1980	1985
신 중간 계급	18.0	22.1
전문기술자	24.8	32.8
행정관리자	12.8	11.3
사무종사자	62.5	55.9
구 중간 계급	23.8	22.4
판매 자영업자	58.7	54.1
서비스 자영업자	15.9	19.0
생산 자영업자	25.4	26.9
노동자 계급	43.3	40.5
판매 노동자	7.1	6.2
서비스 노동자	10.2	13.9
산업 노동자	82.7	79.9
기타(정년퇴직자 포함)	14.9	15.1

〈표 3〉 계급구성의 증감추세[3]

이러한 신 중간 계급의 성장은 기존의 민중 내부에 포괄하고 있던 기층 민중과는 구분되는 계급이 형성, 구조화하는 것을 보여주는 것이라고 할 수 있다(조희연, 1998: 231). 그런데 일반적으로 도시 중산층의 성장은

---

3 자료출처: 한상진, 『중민이론의 탐색』, 1991, 서울: 문학과지성사, 208.

시민사회의 성장과 성숙을 가져오는 것임에도 불구하고, 전두환 정권하에서 이 같은 신 중간 계급 확대가 시민사회의 활성화보다는 오히려 집권 세력이 권력을 공고화하는 데 일조하는 것으로 나타났다(최장집, 1993: 174). 그것은 중산층 고유의 이중성, 즉 경제성장과 민주주의 사이에서 안정기에는 반체제 세력을 지지하지만 심각한 위기의 순간에는 기존 정치질서에 순종과 지지를 보내는 특성 때문이라고 할 수 있다.

이러한 상황에서 정권출범시의 정당성 부재를 만회하고 현존 지배연합을 확고히 다지려는 전략 속에서 전두환 정권은 정치적 정당성의 기반으로서 도시의 신 중간 계급을 끌어들이려는 유화 조치를 단행한다(윤상철, 1997: 102; 이창호, 1990: 232). 다시 말해 특정한 정권이나 지배블럭이 형식 민주주의적 틀 안에서 대내적 정당성을 확보하기 위해서는 시민사회의 성원들을 지지 동맹 세력으로 견인해낼 수 있어야 하는데, 전두환 정권은 학생운동가의 복학 및 해직교수들의 복직 허용, 재야 운동 세력들에 대한 감압 조치 등의 중간 계급 분파들에 대한 정치적 개방을 집중적으로 단행하여 중간 계급과의 연합전략을 시도했던 것이다.

그러나 권위주의 체제의 유화 정책[4]은 아래로부터의 압력에 굴복하여 권력의 분점에 양보한 것이 아니라, 그 반대로 이제까지의 성공에 고무되어 정치적 공간을 어느 정도 열어 놓은 상태에서도 정치 과정을 자신이 의도하는 대로 계속 이끌어 갈 수 있다는 정권의 자신감에서 나온 것이라 할 수 있다(임혁백, 1997: 269). 또한 그들의 무자비한 탄압 정책이

---

4 민주화 이행론에서는 권위주의 정권의 정치 개방적 감압 조치를 '자유화(liberalization)'로 규정하고 있다(Mainwaring, 1992: 298). 오도넬과 슈미터(O'Donnell & Schmitter, 1987: 21)는 자유화와 민주화를 구별 지어 '국가나 제 3의 정당들에 의해 범해지는 자의적이고 불법적인 행위로부터 사회집단들 및 개인들을 보호하는 효과적이고 확실한 권리를 수립하는 과정'이라고 규정하고 있다. 또 스테판(A. Stepan, 1988: 6)은 자유화와 민주화를 구분하면서 기본적으로 시민사회와 관련된다고 지적하고 있지만, 자율적인 노동 계급 조직의 활동공간 확대와 소득재분배의 개선 조치 등의 경제적 시민권까지 확장하고 있다.

반대 세력의 이념적 급진화를 초래하고 정권 반대운동의 도덕성을 보장하는 역효과를 자초했다는 판단에서 일련의 유화 조치들을 실시했다고 할 수 있다.[5] 지배블럭은 이러한 유화 조치의 일환으로 실질적 정치사회의 구성원이었던 구 야당 세력들을 정치사회 안으로 복귀시키고 이를 통해 대내적 정당성을 확보함과 동시에 이들과 시민사회와의 결합을 조기에 봉쇄하고자 시도했다. 군부와 쿠데타 세력들이 지속적으로 통제할 수 있는 제도화된 정당성 자원을 얻기 위해서는 구 야당 세력을 정치사회 안에 끌어들여 선거 등 형식 민주주의적 틀 안에서 정치 권력의 정당성을 확보하는 것이 무엇보다 필요했기 때문이다. 특히 주목할 만한 사실은

---

5 일반적으로 민주화 이행론에서는 자유화의 원인, 과정 및 결과에 대해 주목하여 왔다. 첫째, 정치적 자유화가 이루어지는 원인 혹은 배경에 대해서는 '위로부터의(top-down) 모델', '아래로부터의(bottom-up) 모델', '상호작용 모델' 등으로 구분된다. 특히 '위로부터의 모델'을 취하는 이들은 권위주의 체제의 분열을 원인으로 보는데 카르도소(Cardoso, 1979), 카우프만(Kaufman, 1986), 찰머스와 로빈슨(Chalmers & Robinson, 1982), 쉐보르스키(Przeworski, 1986), 스테판(A. Stepan, 1988)이 그들이다. 반면 라무니에(Lamounier, 1989) 등은 시민사회의 대중동원에 주목하고 있다. 스미스(Smith, 1987: 183-184)는 국가와 시민사회, 그리고 엘리트 주도와 반대 세력의 저항 간의 변증법적 관계로 특징지어지는 역사적 구성물로 간주하고 있으며, 이밖에도 이론적으로 좀 더 발전된 쉐보르스키(Przeworski, 1992: 102-116)는 권위주의 체제의 분열과 시민사회의 자율적인 조직들 간의 전략적인 상호작용의 결과로 보고 있다.
　　한국 학계의 논의를 살펴보면, 최장집(1989: 212)은 정권이 초기의 정치적 위기로부터 상대적으로 안정되었고, 학생시위가 확산되면서 강권력 사용의 효력이 감소되었으며, 레이건 행정부가 정치적 압력을 행사하는 등 다양한 요소들이 결합되면서 낳은 결과로 보고 있다. 임혁백(1990)은 정치적 안정과 자신감 외에 온건 반대 세력을 매수 포섭함으로써 온건 반대 세력과 학생, 노동운동 세력 간의 반목을 가중시키고, 다당제구조의 공고화를 통한 권위주의 지배 체제의 제도화를 추구하는 적극적인 의도가 있었다고 파악하고 있다. 성경륭(1993: 110-1)은 정치적 안정과 경제적 성공에 기반을 두어 올림픽과 총선거를 대비한 대내외적 정당화의 추구에서 그 원인을 찾고 있다. 구해근(1994: 4)은 전두환 정권이 억압만 기댈 수 없었기 때문에 다른 선택의 여지가 없었을 뿐만 아니라, 보다 적극적으로는 중간 계급의 지지를 기대했기 때문이라고 보고 있다.
　　따라서 종합하자면 1983년 말에 취해진 유화 조치의 배경은 '밑으로부터의 대중동원 압력', '외부로부터의 국제 압력', '지배블럭 내의 대내적인 정치전략'이 중층적으로 결합되었다고 할 수 있는데, 윤상철은 이 가운데에서 지배블럭의 정치전략이 보다 설득력이 있다고 보고 있다. 즉 유화 조치가 위기에 대응한 방어적 전략이라기보다는 상대적으로 안정된 정치사회적 상황, 괄목할 만한 경제성장, 그리고 지배블럭의 공고화를 기반으로 정권출범시의 정당성 부재를 만회하고 현존 지배 연합을 확고히 다지려는 전략이었다고 보는 것이다. 이에 관해서는 윤상철, 1997: 94-101을 볼 것.

대내적 정당성의 확보와 관련한 지배블럭의 인식으로, 지배블럭은 군부를 기반으로 하기보다는 군부에 대한 영향력을 유지하는 가운데 정당, 선거 등과 같은 형식 민주주의적 권력 경쟁을 선호하고 있었다는 점이다(윤상철, 1997: 102).

정치적 해빙은 정치공간이 재생될 수 있는 이상적인 기회를 제공하는 한편 1983년부터 서서히 시작되고 1984년부터 좀 더 광범위하게 확산되어 공개적인 반체제 민주화 운동이 다시 활성화하는 데 기여했다(최장집, 1989: 212). 구 정치권 인사 567명 가운데 3차에 걸쳐 15명을 제외한 나머지 전원이 해금되면서 김대중, 김영삼 등을 중심으로 1984년 5월에 '민주화추진협의회(민추협)'가 설립되었고, 해직교수, 기자, 작가들로 구성된 많은 단체들이 결성되었다. 이와 동시에 재야 반체제운동 조직의 영역이나 범위는 청년, 노동자, 농민, 여성, 민중예술, 문화운동가, 작가, 종교 활동가들로 구성된 다양한 집단들의 분출과 더불어 급격히 확대되었다. 또한 활동영역에 있어서도 이제 전반적으로 반체제운동은 기층의 사회 계층들에 의해 주도되는 민중적 성격을 띠게 되었다고 할 수 있다(최장집, 1989: 213).

3) 민중 배제 정책의 지속

유신 체제하에서 강력한 경제동원 체제를 강화하여 근대화를 이루고자 하였던 지배블럭의 경제 정책은 극도의 노동운동탄압과 민간독점 자본의 축적으로 요약된다. 노동자를 배제한 이 같은 경제 정책은 급속한 성장을 이루었으나, 다른 한편으로는 노동자·농민 등 기층 민중생활의 피폐화를 가져왔으며 지배 계급과 하층 계급 간의 불균형을 확대시켰다. 이로 인해 현존하는 사회 계층이 급속도로 분해되고 도시화와 산업화의 사회구조에 바탕을 둔 급격한 계급분화가 이루어지게 된다. 즉 농민층의 급속한 분해, 기본 계급인 자본가와 노동자 계급의 급속한 성장, 신 중간 계급 및 쁘띠 부르주아지의 비교적 빠른 성장을 보였던 것이다. 그러나 이렇게 급격히 성장한 노동자 계급들은 경제성장과 자본축적을 위해 저 임금을 강요받았고, 국가가 이를 폭력적으로 유지하는 가운데 도시의 하 층민으로 포섭되었다.

전두환 정권하에서도 경제 안정화를 명분으로 유신 체제와 마찬가지 로 저임금구조에 기반을 둔 경제 정책이 지속되었고, 따라서 노동자·농 민은 눈부신 경제발전의 성과에도 불구하고 배제되는 불균등한 성장 정 책이 이어지게 되었다. 더구나 국가의 강력한 노동 통제 정책으로 인하 여 노동운동은 급격히 위축되었고, 근로기준법의 개악과 더불어 노동시 간은 늘어나고 임금인상이 강력히 통제되는 등, 노동자의 생활조건은 더 욱 악화되었다(엄주웅, 1990: 149). 국가는 또한 기업에 대한 각종 세금감 면, 대출특혜, 국가의 노조 활동 통제, 공식노조의 체제 내화, 수출산업 에서의 노조 활동 제약, 부당 노동 행위 사용자 묵인들을 통하여 기업의 자본축적의 조건을 조성해 주었다.

이와 같은 노동자 배제 정책은 또한 농민 배제 정책과 맞물려 작용하 였다. 즉 지속적인 고도성장과 이를 위한 수출 주도적 개발전략이 성공 하기 위해서는 저임금구조 유지를 통한 국제경쟁력 강화가 필수적이었 고, 저임금구조를 유지하기 위해서는 물가안정이 일차적 과제이어서 물 가상승 방지의 보조수단으로서 농업이 위치 지어지는 것이었다(윤수종· 김종채, 1990: 351). 결국 반농민적 농정은 농가경제를 더욱 악화시켜 농민 의 소작농화, 채무농화를 촉진하였으며 농민층의 급속한 분해를 가져왔 고, 분화된 농민층은 도시로 몰려들어 도시의 상대적 과잉인구공급을 확 대함으로써 저임금 노동자 및 도시 소생산자층으로 전화하여 결국 도시 빈민을 구성하는 양상으로 전개되었던 것이다. 따라서 전두환 정권의 경 제안정화 정책은 한국 자본주의가 80년대 초의 침체를 벗고 재도약하는 발판을 마련했으나, 안정화에 따르는 비용을 민중 부문에 전가시키는 민중 배제적 정책이었다고 평가할 수 있다(임혁백, 1997: 325).

3. 지배 이데올로기의 내면화

5·18 광주 민주화 항쟁으로 일컬어지는 시민사회의 민주화 열망을 폭력적으로 침탈하고 집권에 성공한 신군부는 정권의 정당성 기반이 매우 취약하였다. 게다가 5공화국은 산업화 프로젝트의 발전 이데올로기의 정당성이 상당히 퇴색해가는 상황에서 적절한 정당화 이데올로기를 확보하지 못했을 뿐 아니라, 이를 담보할 세력 또한 마련하지 못했다고 할 수 있다. 따라서 그들은 유신 체제의 권위주의적 지배 이데올로기의 유산을 이어받아 이를 내면화하고자 하였다. 즉 유신 체제가 이미 사용하였지만 새로운 정권에 의해서도 여전히 사용 가능한 국가안보, 안정, 질서, 번영과 같은 정당성 획득의 일차적 자원들을 통해 정권의 정당성을 역설하고자 하였던 것이다.

전두환 정권에 의해 재생산된 지배 이데올로기, 특히나 반공 이데올로기는 지배질서에 대한 비판 자체가 사회혼란을 야기하고, 궁극적으로는 국가안보를 위태롭게 하여 우리와 대치하고 있는 공산 세력을 이롭게 한다는 논리를 내포하고 있었다. 이러한 논리는 노동운동의 활성화를 위험시하는 여론을 조작함으로써 노동운동에 대한 탄압의 명분을 제공하고 노동운동을 고립시켰던 것이다. 또한 노동 계급 스스로 하나의 계급으로서 지니는 자신들의 계급적 이해를 실현할 여러 대안들을 발견할 통로 자체를 차단함으로써 계급적 이해에 대한 자각을 저지해왔다(이창호, 1990: 232). 뿐만 아니라 이 같은 반공 이데올로기를 통하여 중산층의 불안 심리를 자극하여 시민사회를 분열시켜 피지배블럭의 체제 도전적

연합을 봉쇄해왔던 것이다. 반공 이데올로기의 이 같은 기능을 수행하기 위해서 일체의 비판을 폭력으로 봉쇄하고 그 자체를 교조화시키고자 하였다. 즉 경찰, 검찰, 법원, 교도소 등과 같은 국가기구들과 모든 지배기구의 최종적 물리력의 담지자로서 존재하는 군부, 이 양자의 혼합적인 성격을 갖는 안기부와 같은 조직을 동원하여 초법적으로 사찰, 구금, 고문 등의 방법으로 국민들로 하여금 공포감을 갖도록 만들어 국민의 일상생활에까지 깊숙이 영향력을 행사하였던 것이다.

지배 세력은 정권이 안정기에 들어서거나, 반공 이데올로기가 희석화될 경우 보완적 하위 이데올로기를 반공 이데올로기에 접목시킴으로써 지배 이데올로기를 공고히 하였는데, 박정희 정권에서는 발전 이데올로기, 전두환 정권하에서는 박정희 집권기에 창출된 지역 이데올로기를 본격적으로 지배 이데올로기에 접목시킴으로써 권력의 재생산을 추구하였다는 점에서 차이가 있다고 할 수 있다(강정구, 2003: 235). 즉 신군부는 광주의 민주화 열기를 무력으로 탄압함으로써 사회적인 공포분위기를 조성하였고, 항쟁의 성격을 불순분자의 침입에 의한 대중 폭동으로 호도해 반공 이데올로기를 부추겼던 것이다. 또한 항쟁 기간 동안 영ㆍ호남간의 지역의식 조장과 그 후 영남의 지속적인 기득권 확장, 호남의 고립화는 기타 지역과 호남을 구별 짓는 지역의식의 확산과 심화를 초래하였다. 이는 신군부가 부당한 권력에 대한 호남지역의 민주지형을 지역의식의 표출로 몰아감으로써 자신을 정당화하는 기제로 활용하였다고 할 수 있다(강정구, 2003: 239). 그러므로 지역 이데올로기의 도입은 반공 이데올로기와 발전 이데올로기의 한계를 반영한 것으로, 정치적 지배 세력은 지역 이데올로기를 통하여 권력의 해체를 막고자 했던 것이다.

제 2절_ 체제저항적 시민사회의 부활

1. 정치사회의 대표성 회복

경제의 호전과 제도적 안전장치의 확보를 통해 통치의 공고화를 이룬 국가는 1983년 말부터 일종의 유화 정책을 펼치기 시작하였다. 물론 이러한 유화 조치들은 매우 제한적인 수준이었다. 즉, 군부 권위주의 체제에 의해 폭력적으로 억압되었던 자유주의적 시민권을 보장하는 수준이 아닌 구 정치 세력과 사회운동 세력, 특히 학생운동 세력에 대한 정치적 감압 조치에 지나지 않았다. 구 여야 정치인들은 해금에도 불구하고 이미 기득권을 확보하고 있는 야당들과의 관계로 인해 새로운 정당을 조직하지 못하고 정치사회와 시민사회의 중간지대에 걸쳐 있는 상황이었다.[6]

5공화국에서 정치적 대립구조의 변화가 일어난 것은 1985년 2월 12일 총선을 통해서였다고 할 수 있다. 집권 세력은 총선을 자신들의 지지기반을 확충하고 정치적 안정성을 확보하기 위한 수단으로 계획하고 있었다(최장집, 1989: 215). 그런데 민추협이 '국민이 납득할 수 있는 민주적인 자생정당을 창당한다'는 전제하에 신당 참여를 결정하였고, 민한당 내의 정치인들이 대거 합류함에 따라 총선에 임박한 1985년 1월 18일에 신한민주당(신민당)을 창당하기에 이르렀다. 신민당은 대통령 직선제를 핵심

---

6 해금 정치인들은 대부분 민한당에 입당했지만, 야당의 지도자들인 김대중과 김영삼은 여전히 정치 활동이 금지되고 있었다. 두 야당 지도자들은 1984년 5월 18일 '민주화추진협의회(민추협)'을 발족시키고 본격적인 민주화 운동에 착수하였다. 그리고 민추협이 구성되면서 일부 재야 인사들도 함께 결집되었다. 따라서 민추협을 중심으로 새롭게 형성된 비제도권 정치사회와 시민사회가 미분화된 상태로 한 축을 이루는 국가-사회관계가 형성되어 있었던 것이다.

으로, 선명야당 논쟁, 언론자유, 국민의 기본권 확대를 주요 이슈로 하여 선거에 임하였고 선거 이후에도 대통령 직선제의 관철을 제 1의 전략으로 채택하였다(윤상철, 1997: 113).

지배 권력의 관점에서 본다면 제 12대 총선의 결과는 거의 참담한 패배였다. 신민당과 민한당으로 나누어 선거를 치룬 야당 세력의 득표율은 48.9%였고, 신민당은 서울지역의 전 지역구에서 당선되었던 것이다. 의석수로는 민정당이 제 11대의 151석에서 3석이 모자라는 148석, 국민당은 5석이 모자라는 20석인데 반해, 야당의 의석수는 신민당이 67석, 민한당이 35석으로 18석이 증가한 102석을 얻게 되어 개헌저지선을 확보하는 약진을 하게 된다. 야당이 이처럼 도시 중간 계급을 동원할 수 있었던 것은 학생운동을 비롯한 사회운동 세력들의 지원에 힘입은 바 크다고 할 수 있다. 비록 선거를 매개로 한시적인 성격을 띠고 있었지만, 정치사회의 제도 야당과 시민사회의 사회운동권 간에 일종의 선거연합이 형성되었고, 시민사회의 중간 계급이 이 제한적인 도전연합에 참여함으로써 야당은 선거에서 승리할 수 있었던 것이다(성경륭, 1992: 114; 윤상철, 1997: 116). 그러므로 총선에서의 신민당의 승리는 선명한 야당의 출현을 통해 민주화를 이루고자 하는 대다수 국민들의 열망이 표현된 것이라 할 수 있다.

2·12 총선 결과에 따른 선명한 야당의 제도권 진출은 반군부 독재 해체에 대한 요구가 제도정당의 형태를 갖게 되었으며, 저항운동이 제도정치권으로 확산되는 경로를 밟게 된다는 것을 의미한다. 그리고 그간 국가의 종속영역으로 존재하던 정치사회영역이 국가에 반하는 새로운 영역으로 분화되어 가는 것을 의미한다(조희연, 1998b: 169).이러한 정치사회 영역의 복원은 신민당이라는 대안적인 정치 세력과 더불어 '대통령 직선제 개헌'이라는 정치 체제적 대안을 조직화하였다는 점에서 민주화 이행에 있어 매우 중요하였다. 그것은 정치 세력만의 대안으로는 시민

사회의 세력들을 지속적으로 동원할 수 없었기 때문이다(윤상철, 1997: 119). 즉 직선제 개헌을 정점으로 군부 정권과의 정면대결을 벌여야 하는 제도 야당 세력은 시민사회의 권력자원을 동원해야 할 필요성이 절실했고, 지배블럭에 대항하기 위해서는 양자 간의 연대가 이루어져야 했었기 때문이다.[7]

총선 직후 지배블럭에 대한 공세를 강화하기 위해 신민당은 야당 통합을 이루어냈다. 그리고 이를 바탕으로 12대 국회를 '대통령 직선제 개헌'을 위한 과도국회로 규정하고 '광주사태 진상조사' 등 5공 정권의 아킬레스건을 집중적으로 공략하였으며, 개원 후에도 의회 내에서 군부 권위주의 체제의 지배 이데올로기에 도전하기 시작하였다(윤상철, 1997: 123). 그러나 집권 여당은 여전히 신민당을 개헌을 위한 상대자로 받아들이지 않았다. 자연히 신민당과 집권당은 교착국면에 빠지게 되고, 정국은 정권 내의 강경파와 급진적인 사회운동 세력들이 빚어내는 갈등구조하에 놓이게 되었다. 이러한 배경 속에서 국회 내에서의 개헌 활동에 한계를 느낀 신민당은 1986년 2월 12일 민추협과 함께 '일천만 개헌 추진 서명운동'을 전개하기로 결정하고 '개헌 추진 운동본부 현판식'이라는 이름을 빌려 직접 대중동원에 나선다. 그리고 또 다시 사회운동 세력과 연대하여 '민주화 운동 국민연합'이라는 연합 조직을 결성하였다. 즉 정치사회와 시민사회의 연대를 통해 지배 세력에 대한 정치적 저항을 전개

---

7 2·12 총선에서의 신민당의 승리는 사회운동권의 지지에 힘입은 바 크고 따라서 신민당은 집권당과의 협상에서 유연성을 갖지 못하였다. 더구나 총선 이후 학생운동과 노동운동은 더욱 급진화되었고 급진 세력들은 절차적 민주주의의 회복을 넘어서는 사회의 총체적인 변혁을 민주화의 의제로 삼을 것을 주장하였다. 또한 사회운동 세력들은 총선 이후 3월 29일 사회운동 세력의 전국적 양대 조직인 민민협과 국민회의를 '민주통일민중연합(민통련)'으로 통합함으로써 다양한 사회운동 조직의 전국적 단일우산조직(umbrella organization)을 결성하였다. 이처럼 전국 조직을 결성한 사회운동 세력들은 신민당에 의한 협상의 정치가 자신들이 정한 행동반경을 넘어서지 못하도록 압력을 가했다(임혁백, 1997: 278).

126

하고자 하였던 것이다. 그 결과 전두환 정권은 이 같은 대중동원에 굴복하여 여야가 합의하면 임기 말 이전에라도 개헌을 반대하지 않겠다는 정치적 양보를 선언하게 되고, 개헌을 위한 협상이 열리게 되었던 것이다(김영명, 2003: 259).

그러나 협상의 주역인 집권당의 온건파와 민주연합 세력 내의 협상파(신민당)가 모두 자율적인 권력기반을 갖고 있지 못했기 때문에 협상의 정치는 처음부터 교착될 수밖에 없었다. 집권당 내의 온건파는 강경파의 전략을 벗어나는 대안을 제시할 수 없었고, 신민당은 협상의 정치를 유지하기 위해서는 사회운동 세력과의 연합 관계를 단절해야만 했던 것이다.[8] 결국 신민당은 정권의 급진적인 사회운동 세력에 대한 탄압에 대해 묵인하는 입장을 보이게 된다(임혁백, 1997: 282). 그 와중에 1986년 12월 24일 신민당을 위임받아 통치하던 협상파 이민우 총재는 언론자유, 정부의 정치적 중립, 구속자 석방, 지방자치, 공정한 선거법 등 7개 항의 자유화 조치가 선행되면 내각제 개헌을 수용하겠다는 소위 이민우 구상을 정부·여당과의 타협안으로 발표하였다. 강경노선을 견지하던 양 김 씨는 이를 사실상의 내각제 개헌 수용으로 받아들여 거부하고, 1987년 2월 13일 공동기자회견을 통해 대통령제와 내각제 개헌에 대한 선택적 국민투표를 실시할 것과 대통령과의 대화를 제의하였다. 또한 그들은 이민우 구상에 동조하는 당내 분파를 정리하기 위해 신민당으로부터 탈당, 5월 1일 통일민주당을 창당함으로써 신민당을 와해시켰다. 이로써 야당 내의

8　1986년 4월 30일 여야 영수회담을 통해 민주화 연합은 분열되기 시작하였는데, 신민당의 이민우 총재가 급진 좌익 학생운동권에 대한 탄압을 묵인하겠다는 입장을 천명함으로써 협상의 대가로 제도권 야당과 사회운동권을 분리하려는 정권에게 전술적 승리를 안겨주었다. 이에 대해 사회운동권의 전국적인 조직인 민통련은 신민당의 자세를 보수대연합의 기도로 비난하고 민국련으로부터의 탈퇴를 선언하였다. 그리고 사회운동 세력은 신민당 주도의 민주화를 거부하고 현 정권의 타도와 민중의 권력을 창출할 수 있는 민중민주헌법의 제정을 요구하는 최대강령주의를 고수함으로써 신민당과 정권 간의 보수대연합의 움직임에 저항했다.

타협 세력은 정치 투쟁의 핵심으로부터 사라지고 정국은 강경 투쟁으로 치닫게 되었다(김영명, 2003: 261). 이는 동시에 집권 세력 내의 협상파의 입지 또한 약화시키게 되고, 결국 강경파의 주도하에 전두환 정권은 협상을 마감하고 현행 헌법방식에 의해 대통령직을 후임자에게 승계하겠다는 4 · 13 호헌을 선언하였다. 그리고 이 조치와 함께 집권 세력은 정치적 탄압을 재개하여 김대중을 가택 연금하였으며 야당의원들을 구속하고 폭력배들을 동원하여 통일민주당의 창당을 방해하였다.

2. 체제 도전 세력의 성장과 이념적 분화

1) 시민사회 세력의 조직화

1980년으로부터 1983년까지의 3년 동안 고도의 탄압시기를 거친 다음, 폭압적 통치의 부분적 완화라 할 수 있는 유화 조치의 시행은 억눌려 있던 반독재 투쟁의 활성화에 크게 기여하였다.[9] 유화 조치에 의해 학원으로 복귀하게 된 제적학생들은 전국적인 학생 조직을 결성하였고, 지하운동 조직은 민주노선의 재건에 나서면서 노조와 연대 조직을 강화하게 되었던 것이다. 그리하여 전두환 정권이 통제할 수 없을 정도의 속도와 규모로 학생, 노동단체, 지식인들을 중심으로 한 재야 단체들의 확산이

---

9 이 시기에 나타난 저항운동의 확산과 민중부문의 활성화는 그간 선진적인 인텔리 중심이던 저항운동이 대중적인 저항운동으로 변화하는 양상을 보였다. 유신시절 저항운동의 인적 기초는 학생, 해직언론인 등 지식인, 종교인이었으나, 이러한 상태가 극복되면서 대중적 저항운동, 민중적 저항운동으로 발전해 나갔던 것이다. 또한 저항운동의 이념적 급진화가 진행되었으며, 저항 진영 내부에서는 혁명적 의식으로 무장한 급진적 세력들이 형성되어 주도권을 잡게 되며 동시에 전반적으로 운동가와 선진 대중들의 의식과 운동이 급진화되었다(조희연, 1998b: 167-168).

이루어졌으며, 이들은 1985년 2·12 총선 이후에는 제도권 야당과 제휴하면서 정권에 저항하는 도전 세력으로 성장하게 된다(이효선, 1997: 153).

유화 국면에 들어서면서 학생운동은 이전의 운동과는 달리 이념적으로 급진화되었고, 대학별 연대와 상하부 조직의 체계화를 통해 조직적으로 크게 성장하였으며, 반미운동을 새로운 쟁점으로 부각시켰다.[10] 또한 기층 민중운동에 대한 지원 투쟁을 통해 학생들은 대중 역량에 대한 믿음을 높여 나갔으며, 그에 따라 직접 대중의 생활현장, 생산현장 속에서의 투쟁을 통하여 시민사회의 각 부문들과의 연대를 강화하였다.[11] 유화 조치 이후 재야 운동권 또한 1970년대의 운동주체나 운동방식에서 커다란 변화를 보이며 조직화되고 활성화되기 시작하였다. 1983년에 '민주화운동청년연합(민청련)', 1984년 '민족문화운동협의회', '민중민주운동협의회', '민주통일국민회의' 등 전국적 단위의 재야 정치 조직뿐 아니라 지식인, 학생, 여성, 노동, 언론인 등 사회의 각 영역에서 다양한 조직들이 결성되어 활동하기 시작했고, 그들을 중심으로 새로운 언론매체들이 등장했다(윤상철, 1997: 105). 유신시대의 반체제운동과는 그 구성원들과 활동의 내용도 다르지만, 새로운 사회 계층의 성장을 배경으로 새로운 부문 운동이 편입되면서 재야 운동권의 영역은 과거와는 비교할 수 없을 정도로 확대되었던 것이다(〈표 4〉 참고).

---

10 학생운동은 '전국 학생총연합(전학련)'과 그 전위 조직인 '민족통일 민주쟁취 민중해방 투쟁위원회(삼민투)'가 주도했는데, 이들은 1984년 11월에는 민정당사를 점거하였고, 1985년 4월에 전두환의 미국 방문을 반대하는 투쟁을 전개한 뒤 삼민투를 결성하여 광주항쟁 진상규명과 미국의 공개사죄, 군사 정권에 대한 지원의 철회를 요구하며 서울 미 문화원을 점거하였다. 미 문화원 점거농성 투쟁은 광주 학살 이래의 미국의 역할을 폭로함으로써 국내외에 커다란 충격을 주는 사건이었다(최연구, 1990: 252; 김영명, 2003: 254).

11 학생운동이 강력한 지원역량으로서의 역할을 수행한 투쟁은 노동법 개정운동, 청계피복노조합 법성 쟁취대회, 가리봉에서 전개된 민주노조탄압 규탄시위, 85년 상반기의 임금 투쟁과 구로지역 노동자 연대파업, 목동 도시 빈민 투쟁 등을 들 수 있다.

창립일자	조직의 명칭	조직의 성격
1983. 9. 30	민주화운동청년연합	청년 조직
6. 18	여성평우회	지식인 조직
12. 20	해직교수협의회	지식인 조직
1984. 3. 9	서울대 학원자율화 추진위원회	학생 조직
3. 10	한국 노동자복지협의회	노동 조직
3. 24	80년 해직언론인협의회	언론인 조직
4. 14	민족문화운동협의회	지식인 조직
5. 18	민주화추진협의회	정치 조직
6. 29	민중민주운동협의회	재야 정치 조직
	민요연구회	지식인 조직
10. 16	민주통일국민회의	재야 정치 조직
11. 3	전국 민주화투쟁학생연맹	학생 조직
11. 8	전남 민주청년운동협의회	청년 조직
11. 19	인천지역 사회운동연합	재야 정치 조직
12. 19	자유실천문인협의회	지식인 조직
	민주언론운동협의회	언론인 조직
	민중문화연구회	지식인 조직
1985. 1. 31	민주통일국민회의 경북지부	재야 정치 조직
2. 3	한국기독노동자총연맹	노동 조직
2. 4	충남민주운동협의회	재야 정치 조직
2. 7	한국 노동자복지협의회 인천지역협의회	노동 조직
2. 9	우리문화연구회	지식인 조직
3. 29	민주통일민중운동연합	재야 정치 조직
5. 4	민중불교운동연합	종교인 조직
5. 10	민통련 서울지부	재야 정치 조직

8. 25	서울노동운동연합	노동 조직
12. 28	민주화실천가족운동협의회	재야 조직
1986. 2. 7	인천지역 노동자연맹	노동 조직
5. 15	민주교육실천협의회	지식인 조직
6. 21	한국출판문화운동협의회	지식인 조직

<표 4> 유화 국면의 재야 정치 조직 및 시민사회단체 창립 현황[12]

또한 활동영역에서도 1983년 이후에는 전반적으로 운동의 중심축이 엘리트 주도의 형태에서 탈피하여 민중부문 중심으로 이동함에 따라 운동조직의 기반이 기층수준에서 엄청나게 확대되었고, 점차 민중적 성격을 띠게 되었다(최장집, 1989: 212-213). 그리고 이전에 비해 운동에서의 전투성과 이념적 급진화가 고조되었던 것도 중요한 변화라고 할 수 있다.[13]

시민사회의 사회운동 세력들에게 있어서 1985년은 분수령을 이루는 시기였다. 가장 주목할 만한 사실은 3월에 민중민주운동협의회와 민주통일국민회의가 통합되어 재조직된 '민주통일민중운동연합(민통련)'이 사회운동의 구심체로 자리 잡게 되었다는 점이다. 창립 이후 민통련은 시민사회의 부문 운동을 통합하는 전국 수준의 통일적 구심체로서의 위상을 정립하고자 시도하였고, 실제로 민주화 이행 과정에서 시민사회의 정치적 요구를 담아내는 비제도권 정치사회로서 기능하게 되었다(윤상철,

---

12 자료출처: 윤상철, 1997: 106.
13 이 가운데 가장 큰 변화를 보인 것은 노동운동권의 변화였다. 추방된 전직 노조 지도자들과 새로운 학생 출신 노동자들에 의해 주도된 비제도권 노동운동이 등장하여, 이들 중 상당수가 공단 지역, 특히 경인지역에서 파업을 주도하는 새로운 현상을 보였던 것이다(김영명, 2003: 255). 서노련, 인노련, 남노련 같은 급진적인 노동운동단체들이 결성되고, 이들 조직들은 임금인상이나 노동자 복지 등의 단기적인 경제이익에 대한 집착에서 벗어나 민주주의와 민족통일을 위한 노동자들의 정치적 관심과 요구를 촉구하면서 다른 민주민중 세력들과 연대할 것을 주장하였던 것이다(최장집, 1989: 214).

1997: 124). 또한 중요한 사실은 민통련이 절차적 민주화를 넘어서서 실질적 민주화를 추구하였다는 점이다. 민통련은 제도권 내의 정치 세력이나 체제 내의 합헌적 합법적 절차를 통해서는 민주화를 이룰 수 없다는 인식하에, 스스로를 장외 재야 정치운동단체로 규정하고 민주화와 민족통일의 주체가 노동자·농민 중심의 민중이어야 한다는 노선을 확실히 했다(윤상철, 1997: 125).

2) 이념적 급진화와 분화

이른바 유화 국면에 들어서면서 운동역량은 확대·성장하였고, 이에 따라 학생운동 세력은 기존의 운동론을 재검토하여 정세인식과 투쟁방향에 대한 논쟁과 운동의 과학적 체계화를 위한 모색을 본격화하게 된다(최연구, 1990: 253). 이 시기의 대표적인 이념적 논리는 민청련 내부 논쟁에서 시작되어 운동권 전반에 확대되었고 학생운동에도 유입되면서 커다란 영향을 미쳤던 민주변혁논쟁이었다. 미국의 정책변화, 탄압의 부분적 완화, 2·12 총선과 신민당의 등장, 각 부문운동과 지역운동의 활성화 등으로 인해 여러 가지 전술적 쟁점들이 부각되었고, 그 해결을 위해서는 전략적 기본방침의 정립이 요구되었는데 이러한 요구에 부응해서 제기된 것이 민주변혁논쟁이었던 것이다(최연구, 1990: 254). 이후 개헌 투쟁과 반외세 투쟁의 향방을 둘러싸고 심각한 입장의 차이가 노정되었는데, 특히 학생운동권에서 이념적 분화가 급격하게 진행됨으로써 이러한 갈등이 극대화되었다. 학생운동 조직은 1986년 초에 들어서 개헌 투쟁보다는 반미 투쟁을 중심 과제로 표명하는 '반미자주화 반파쇼민주화 투쟁위원회(자민투)'와 '반파쇼 투쟁'을 중심과제로 삼는 '반제반파쇼 민족민주 투쟁위원회(민민투)'로 나누어지면서 투쟁이 더욱 고조되었는데,[14] 이 같은 학생운동의 양대 조류는 서로 극한적으로 대립하게 되면서 그 상승작용으로 더욱 급진화되었다(유석춘·박병영, 1991: 105-106).

학생들의 이념적 급진화는 재야 운동 상층부와 제도 야당인 신민당의 우려를 불러 일으켰고, 급기야 신민당의 이민우 총재, 민추협의 김대중 공동의장, 민통련의 문익환 의장 등이 참석한 1986년 4월 29일 민국련회의에서 '일부 급진 세력의 반미, 반핵 해방논리 등의 주장을 반대한다'는 입장이 공식화되었다. 이로써 신민당은 학생운동(자민투, 민민투), 노동운동(서노련, 인노련) 등의 급진 사회운동권과의 결별을 선언하였다(윤상철, 1997: 136). 그리고 1986년 5·3 인천에서의 신민당 개헌추진위 인천·경기지부 결성대회는 사회운동 세력과 신민당이 완전히 분리된 독자적 실체로 변하였음을 보여주었다.

대중과 철저히 유리된 사회운동 세력은 정부의 강력한 탄압을 받았고, 이에 대항하는 학생운동 세력은 10월 28일 건국대 농성에서 '6·25 북침론, 휴전협정의 평화협정으로의 대체, 국가보안법철폐'를 주장하며 농성에 들어갔다. 그런데 건국대 농성에서 알 수 있듯이 이념적으로 급진화하여 대중과 유리된 학생운동은 전투성·조직성·규율성을 과시하며 완강하게 투쟁했음에도 불구하고 당시의 정치정세와 정치적 목표, 또 대중의식 발전정도와 수준에 맞는 올바른 투쟁 구호를 제시하지 못하고 추상적인 용어나 구호를 남발하는 오류를 범하여 엄청난 역량의 손실을 자초하는

---

14 1986년 2월 4일 서울대에서 열린 파쇼헌법철폐 투쟁대회 및 개헌서명추진본부 결성식 사건으로 180여 명이 구속된 후, 서울대 학생운동권 내부에서 기존의 투쟁방향에 대한 대대적인 비판이 제기되면서, 반외세 자주화 투쟁 우위론을 주장하는 세력이 주류를 점하게 되었다. 1986년 3월에 서울대에서 '구국학생연맹(구학련)'이 결성되었고, 4월에는 개헌 투쟁보다는 반미 투쟁을 표방하는 자민투가 결성되면서 반미 투쟁, 반전반핵 평화옹호 투쟁이 전면화되었다. 다른 한편으로는 자민투와 달리 '반파쇼 투쟁'을 중심과제로 하는 민민투가 결성되었고, 4월 29일에 전국 30개 대학 3,000여 명이 연세대에서 '전국 반제반파쇼 민족민주학생연맹(민민학련)'을 결성하여 파쇼헌법철폐와 민족민주헌법 쟁취 투쟁, 보수대연합과 신 식민지 권력재편음모분쇄 투쟁, 개량주의적 재야·신민당의 타협성·기회주의·사대주의 폭로 투쟁을 전개하였다. 이후 민민투의 주류 그룹은 제헌의회소집 투쟁을 전개하면서 제헌의회(CA)그룹을 형성하여 자민투를 중심으로 하는 민족해방(NL)그룹과 대립하게 된다(최연구, 1990: 256-257).

결과를 낳았다(최연구, 1990: 259). 그리고 그로 인해 정치사회 영역에서 강성야당과 사회운동 세력의 결합관계가 이완되어 갔고 급진적 민중운동이 중심을 이루던 사회운동권은 전반적으로 위축되게 되었다.

3. 권위주의 체제의 위기와 민주화

1) 도전연합의 결성

1986년 5·3 인천사태와 건국대 농성 사건으로 인해 급진적인 학생 및 노동운동 세력이 급격히 쇠퇴하고 사회운동 세력은 교착 국면에 빠져들게 되었다. 또한 야당은 지배블럭의 분할지배전략으로 인해 사회운동권과 분리되었고, 어떠한 대중동원도 불가능한 상황에 있었다. 이 같은 전략의 성공에 자신감을 얻은 지배블럭 내의 강경파들이 일체의 개헌논의를 중단하는 4·13 호헌 조치를 선언하였던 것이다. 그런데 이 조치는 대통령 직선제 개헌을 염원하였던 국민들에게 커다란 실망과 분노를 불러일으켰다. 따라서 이에 항의하는 성직자, 교수, 교사, 변호사, 문인 등을 망라하는 중간 지식인 집단의 항의성명이 뒤따랐다(임혁백, 1997: 285).[15] 특히 천주교 광주대교구 신부들의 시발로 전국 각지의 재야 인사, 신부, 목사, 청년, 학생들로 확산된 단식 투쟁과 기도회는 호헌 조치에 대한 반대를 전국적으로 확산시켰고, 고려대 교수들의 시국선언을 시발로 전국

---

15 4월 14일 김수환 추기경은 부활절 메시지에서 '국민의 여망인 민주화가 정략의 도구로 쓰여지고, 보다 밝은 정치의 새 시대를 열 것으로 기대되었던 헌법 개정의 꿈은 기만과 당리의 술수 아래 무참히 깨어졌다. 마지막 순간까지 우리는 통치권자의 마음을 비운 결단을 기대하였지만 막상 내려진 이른바 고뇌에 찬 결단은 한마디로 말해서 국민 모두에게 슬픔을 안겨주었다'고 천주교회의 입장을 대변하였다.

48개 대학 1,510명의 교수들이 시국성명에 참여하였다(윤상철, 1997: 147; 윤성이, 1998: 123).

전두환 정권의 4·13 호헌 조치에 대한 국민적 저항은 1987년 5월 18일 천주교 정의구현 사제단이 명동성당에서 폭로한 '박종철 고문치사 사건 은폐조작'[16]에 대한 도덕적 분노와 상승작용을 일으키면서 권위주의 체제에 반대하는 저항을 더욱 고조시키는 결과로 이어졌다. 박종철 사건에 대한 은폐·조작이 폭로된 이후, 제도권 야당과 사회운동 세력은 그동안의 상호불신을 넘어 국가와 지배블럭이라는 공동의 적에 대항하여 상호 연대해야 할 필요성을 느꼈고, 양 진영의 전략적 선택과 연대의 결과로서 5월 27일 '민주헌법쟁취 국민운동본부(국민운동본부)'라는 전국적 규모의 민주화 연합 조직을 결성하였다. 국민운동본부는 정치사회의 통일민주당과 시민사회의 사회운동 세력들이 연대한 기구로서 출발하였으며,[17] 지배블럭에 대항하는 도전연합의 조직적 구심체로서 호헌철폐 및 직선제 쟁취라는 목표를 설정했다(윤상철, 1997: 151) 또한 국민운동본부는 철저한 비폭력 평화주의와 선거를 통한 민주정부수립을 주장하고, 현 정부에 대한 항의의 표시로 애국가 부르기, 자동차 경적 울리기, 교회 종

---

16 천주교 정의구현 사제단은 1987년 5월 18일 명동성당 미사에서 '박종철 고문치사 사건'을 조작하고 진상을 은폐하기 위한 이른바 대책회의가 있었으며, 이들에 의해 범인이 조작되었다는 내용을 폭로하였다. 정의구현 사제단의 폭로는 사회운동 세력에게 뿐만 아니라 지배블럭에도 커다란 영향을 미치게 되었는데, 5월 23일 재야 인사 134명이 '박종철 고문살인 은폐 조작 규탄 범국민대회 준비위원회'를 발족시켰고 6월 10일에 규탄 대회를 갖기로 결의하게 하였고, 5월 26일에 단행된 개각에서는 장세동 안기부장을 비롯한 국무총리, 내무, 법무, 검찰총장, 치안본부장등 억압적 국가기구를 장악하고 있던 지배블럭 내의 강경파의 퇴진을 가져오게 하였다. 더구나 사제단의 폭로는 고문치사 사건 초기에 정부의 신속한 대응으로 인해 약화되었던 도덕적 공분을 급속히 확산시키고, 사회운동 세력 내의 '도덕적 반대파(moralist opposition)', 즉 종교인과 지식인들뿐만 아니라 침묵하는 다수였던 중간층이 민주화 운동에 적극 동참하는 계기로서 작용하였다. 이러한 의미에서 '박종철 고문치사 사건'의 조작 폭로는 6월 민주화 항쟁의 정치적 촉매로서 작용하였다고 할 수 있다. 이에 관해서는 임혁백, 1997: 285; 윤상철, 1997: 149-150; 김영명, 2003: 262 등을 볼 것.

타종, 9시 TV 뉴스 안 보기 등의 행동지침을 발표하면서, 일반시민들이 신체적 위협을 느끼지 않으면서도 민주화 운동 지지의사를 표현할 수 있는 기회를 제공하였다(윤성이, 1998: 124). 이와 같은 국민운동본부의 전국적 조직과 온건한 운동전략이 체제저항운동의 확산과 민주화 전환에 결정적인 역할을 하게 된다.

2) 6월 민주화 대투쟁

국민운동본부가 최초로 주도한 6월 10일의 '박종철 고문치사 조작·은폐 규탄대회 및 호헌철폐 국민대회'는 6만 명에 이르는 경찰의 봉쇄진압작전으로 서울에서는 무산되었지만 전국 22개 지역에서 40여 만 명이 참가하는 동시다발적 시위 투쟁으로 전개되었다. 그런데 시위대의 일부가 경찰의 진압에 밀려 명동성당으로 들어가 6월 15일까지 농성을 계속하면서 경찰의 강경탄압작전에도 불구하고 전국적인 민주화 운동의

---

17 정대화는 국민운동본부의 성격에 대한 논의에서 국민운동본부 결성 자체가 시민사회의 제의와 주도로 이루어졌고, 중앙 조직의 결성 과정에서 민통련과 종교계를 중심으로 한 '박종철 군 고문추도위', '고문공대위' 등이 중요한 역할을 수행했으며, 민주당의 참여는 시민사회의 부문들이 합의해 주는 절차를 밟았다는 점에서, 그리고 지역본부나 지부는 대부분 시민사회의 각종 조직들에 의해 구성되었다는 점에서 시민사회만의 혹은 시민사회 주도의 연대기구로 파악하기도 한다(정대화, 1995: 101-103). 그러나 국민운동본부를 구성했던 사회운동권의 개헌입장이 1985년-1986년 대중적 검증을 거치면서 민주당의 직선제 개헌으로 수정되었다는 점과 국민운동본부에 참여하고 있는 정치인들이 소수임에도 당시 김대중·김영삼을 비롯한 민주당의 정치 세력들은 시민사회와의 연계가 강했다는 점 등을 통하여 정치사회와 시민사회의 연대기구로 파악하고자 하는 입장이 있다(임혁백, 1997: 287; 윤상철, 1997: 152).

또한 윤상철은 국민운동본부를 '다계급적 연대틀'로 규정하는 입장에 대해서도 동의하지 않고 있다. 그 이유로 국민운동본부를 구성하는 공동대표나 상임공동대표, 집행위원회의 구성을 들고 있는데, 발기인의 경우 총 2,191명 가운데 중간 계급에 속하는 종교인, 재야 단체, 지역대표, 여성계, 문화예술계 등 부문운동 등이 대부분을 차지했고 노동운동과 농민운동을 대표하는 발기인은 210명에 불과하였음을 들고 있다. 즉 국민운동본부를 구성하는 데 있어서 노동운동이나 농민운동의 대표성이 주류가 아니었음을 밝히고 있는 것이다(윤상철, 1997: 154).

불씨를 지펴나감으로써 6월 민주항쟁의 기폭제가 될 수 있었다(윤상철, 1997: 154). 국민운동본부는 6월 18일을 최루탄 추방의 날로 정하고 전국의 주요 대도시에서 최루탄 추방대회를 열어 전국 16개 지역에서 50여 만 명이 시위에 참여하였으며 일부지역에서는 경찰이 진압을 포기할 정도로 강력하게 저항하였다. 그런데 6월 민주화 투쟁의 중요한 특징 중의 하나는 그동안 침묵을 지켜오던 도시 중산층이 민주화 운동에 적극 동참했다는 것이다. 국민운동본부의 온건한 운동전략과 국가 권력의 폭력성에 대한 도덕적 공분은 중산층으로 하여금 민주화 투쟁에 참여할 수 있는 계기를 마련하였고, 가두 투쟁에서 이들이 보여준 적극적인 성원은 학생·재야와 국가의 투쟁에서 힘의 균형을 사회운동 세력에게 유리하게 만드는 결과를 낳았던 것이다(김영명, 2003: 262-263).

이에 대해 지배블럭은 기존의 분할지배전략을 고수하고자 하였다. 한편으로는 민주화 시위에 대한 강경탄압의 기조를 유지하여 6·10 대회와 관련하여 양순직 민주당 부총재와 박형규 목사 등 국민운동본부 핵심 간부 13명을 구속하는 등 전국에서 220명을 구속하였고, 이웅희 문화공보부 장관은 '6·10 불법집회 및 폭력시위에 대한 정부 견해'를 발표하여 탄압의 공세를 늦추지 않았다. 그리고 다른 한편으로는 민주당에 대화를 제의하면서 사회운동 세력과의 연계를 차단하고자 하였다. 6월 10일 민정당 대통령 후보로 공식 선출된 노태우는 여야 간의 대화를 추진하였으나, 민주당은 영수회담을 주장하여 6월 24일 전두환 대통령과 김영삼 총재 사이에 청와대 회담이 성사될 수 있었다. 이 자리에서 김영삼은 4·13 호헌 조치의 철회와 양심수석방 등의 민주화 조치와 직선제 개헌이나 선택적 국민투표를 실시할 것을 주장하였지만 회담은 결렬되고 말았다. 따라서 민주당과 국민운동본부는 6월 26일 국민평화대행진을 강행하게 되었는데, 전국 34개 시, 4개 군 270여 개 지역에서 총 140여 만 명이 참여하여 군부 독재타도를 외쳤다. 저항 세력의 이러한 강경 투쟁과 힘의 과시 속에서 6월 29일 이른바 지배블럭의 대폭적인 양보 조치인 6·29 선언이 나오게 되었던 것이다.[18]

그러나 6·29 선언은 정치사회의 민주당과 시민사회의 중간층의 요구를 수용함으로써 민주화 투쟁의 의미를 최소화하고 그 투쟁의 주체를 민주당과 중간층으로 한정시켜 그들을 체제 내로 흡수함으로써 사회운동 세력과 사회 계급들을 분리시키려는 시도였다고 할 수 있다(한국 기독교 사회 문제 연구원, 1987: 96-97). 실제로 6·29 선언에는 고문치사 및 은폐 조작, 민주화를 통한 민족통일, 집시법·언론기본법 등 반민주적 악법의 민주적 개정, 자유언론의 쟁취뿐만 아니라 노동자·농민들에게 주요한 현안이었던 노동 3권의 보장, 해고노동자의 복직, 농민들의 부채탕감과 농축산물 수입금지 등의 문제들은 전혀 언급되지 않았다. 그런 의미에서 6·29 선언은 민주화 연합의 정치적 동원에 대한 양보였던 한편, 향후 권력재생산을 도모하기 위한 적극적인 전략이었다(윤상철, 1997: 163). 그리고 실제로 지배블럭의 의도대로 6·29 선언을 계기로 민주화를 위한 도전 연합 세력 내에서는 내적 분화를 거치게 된다. 민주당이 가두 투쟁에서 의사당으로 복귀하고, 동원된 중간층 역시 급속하게 탈동원화되었던 것이다.[19] 그리고 국민운동본부를 중심으로 하는 사회운동 세력들은 직선제 개헌이 성취된 6·29 선언 이후에 체제저항운동을 지속할 명분을 잃게 되었다.

---

18 야당의 강경 입장으로 정치적 타협이 불가능한 상황에서 민정당의 대통령 후보인 노태우는 내외신 특별기자회견을 통하여 야당과 일반 국민이 요구한 대통령 직선제 개헌을 받아들이고, 국민 기본권 신장, 언론자유의 창달, 지방자치제 실시, 대통령 선거법 개정, 김대중 등 시국사범의 사면 복권, 정당의 자유로운 활동보장, 과감한 사회 정화 조치 등 8가지 타협안을 제시하였다. 그런데 학자들에 따라 이 같은 타협안이 나오게 된 배경과 타협의 주체에 대해 엇갈린 주장을 펴고 있다. 지배연합의 온건파와 피지배연합의 온건파 간의 타협(최장집, 1989: 222-229; 임혁백, 1997: 287)으로 보는 입장이 있고, '위로부터의 책략'(양길현, 1995), '밑으로부터의 도전'(성경륭, 1993), '밑으로부터의 도전에 대응한 국가의 헤게모니 프로젝트'(김호기, 1994)와 같은 여러 견해들이 있다.

제3절_ 천주교회의 민주화 운동

1. 광주 민주화 항쟁과 천주교회의 역할

유신 체제 붕괴 이후 천주교회의 민주화 운동은 대체로 세 가지 방향으로 나타났다(박재정, 1995: 311). 첫째는 체제 이행 과정에 대한 통제와 감시의 역할을 수행하였다. 천주교 정평위는 대통령을 비롯한 3부 요인과 각 정당대표와 국회 개헌 특위위원장에게 보낸 '헌법 개정을 위한 원리적 건의'라는 공문에서 언론자유, 비상계엄령의 해제와 정치범의 석방 및 복권, 근로 대중의 노동 3권의 보장, 헌법 개정 과정에서의 특권층과 재벌의 배제를 요구하며, 동시에 새 헌법전문에 통일의 의지를 표명하고, 완전한 자유민주주의의 회복과 분배 정의의 실현을 통한 사회 정의의 확립을 헌법의 원리적 요소로 천명하였다(기쁨과 희망 사목연구원 편, 『암흑속의 횃불』 4권, 76-78). 또한 정의구현 사제단은 3·1절 성명에서 민주화 이행보다는 체제의 위기관리를 중시하는 과도정부의 태도를 비판하면서 새 시대를 위한 국민적 화해는 민주주의와 정의 그리고 민족정기의 시각과 방향에서 이루어져야 함을 강조하며 정평위의 요구를 구체화하였다. 둘째는 유신 정권의 희생자 전면적 사면복권의 추진이었다. 시인 김지하를 비롯한 미석방자에 대한 석방운동과 해직기자의 복직을

---

19 6월 항쟁 분위기는 7월에도 이어져 7월 9일 열린 '이한열 열사 추도 및 살인 정권 규탄대회'는 서울에서만 150여 만 명이 참석하는 대규모 집회였지만, 이것이 보다 진전된 목표를 중심으로 새로운 동원이 이루어졌다고는 할 수 없다. 또한 7-9월에 사이에 일어난 노동자 대폭발에서 보이듯이 3개월 동안 3,000건이 넘는 파업이 분출하였는데, 이에 대해 6월 민주화 투쟁에 적극적으로 참여했던 야당은 노동자들의 자제를 호소하였고 중간층들은 노동 투쟁에 더 이상 성원을 보내지 않았다(임혁백, 1997: 290; 김영명, 2003: 266).

위한 교회의 노력 역시 자유민주주의의 실현을 위한 운동의 일환으로 전
개되었다(박재정, 1995: 312). 특히 김지하의 석방운동은 전교회적 차원에
서 전개되었으며, 국제적 공조를 통해 교황청의 영향력 행사를 요구하는
수준으로까지 확대되었다.[20] 셋째로 천주교회는 기층 민중운동에 대한
권리 옹호와 지원을 통해 민주화 운동을 전개하였다. 이는 민주농정의
실현과 농민권익의 제도적 보장에 운동의 초점을 맞추고, 노동 3권의 보
장을 위한 헌법청원에 주력하는 범위 내에서 진행되었던 것이다. 그러나
이 시기의 천주교회의 민주화 운동은 사회전반에 대한 인식과 신군부의
부상으로 인한 정치 지형에 대한 객관적 분석, 민주화 진영 내부의 갈등
문제 등을 지나치게 소홀히 취급하여 상황에 대한 객관적 판단과 적절한
대응책을 수립하지 못한 채 낙관적 전망 속에서 과도정부에의 청원 및
인권 민주주의의 회복을 요구하였다는 점에서 한계가 있었다.

그런데 이 같은 천주교회의 한계는 유신 체제의 붕괴 이후 민주화 운
동을 주도하였던 사회운동 세력들에서도 그대로 표출되었다. 정치상황
에 대한 올바른 현식인식이 결여된 채 사회운동 세력들 간의 대립과 분
열이 심화되어 민주화를 위한 효율적이고 조직적인 운동이 전개되지 못
하고, 다발적이고 분산적인 민주화 운동으로 일관하여 민주화 운동이 권
위주의 체제를 극복하는 체제 이행의 동력으로 발전되지 못하는 '독재자
없는 독재 체제'가 계속되었던 것이다. 또한 학생운동권 내부에서도 주전
론이 점차 강세를 나타내기 시작하여 1980년 5월 12부터 대규모 시위를

---

20 일본 정평위 회장과 총재 주교는 1980년 4월 21일자의 교황청 정의평화위원회 Gantin 추기경에
   게 보낸 공식서한에서 한국 내 인권상황을 설명하면서 특히 김지하의 석방을 위해 교황청이 영
   향력을 행사해 줄 것을 요청하였다. 또한 각국 천주교 정평위에서는 김지하의 석방을 위하여
   탄원서를 당시의 최규하 대통령에게 제출하였다. 이 같은 범국제적인 천주교회의 노력으로 김
   지하는 1980년 11월 11일 형집행정지로 석방되었다. 김지하의 석방에 대해 정부는 법무부장관
   의 담화문을 통해 '윤보선 전 대통령의 간곡한 요청과 지학순 주교 등 가톨릭 성직자, 한국 펜클
   럽 등 문단의 희망을 배려한 것'이라고 발표하였다.

통하여 국민 대중을 반독재 민주화 운동에 참여시키고자 하였으나 재야와 제도권 야당 간의 이념적 정책적 대립 속에서 사회운동 세력들 간의 교착 상태가 지속되었던 것이다. 이러한 와중에 권력을 장악하고 유신 체제를 복원한 것이 신군부였다. 이들은 유신 체제 해체와 민주화를 바라던 절대다수 국민의 여망을 짓밟고 억압적 정치 체제를 지속시키기 위해 1980년 5월 17일 비상계엄 확대를 실시한다. 이에 5월 18일 광주에서는 '계엄령철폐', '전두환 퇴임', '김대중 석방'을 요구하는 학생들의 시위가 이어졌고, 신군부의 무차별 강경진압으로 인해 격분한 시민들이 격렬히 저항하는 가운데 5·18 광주 민주화 항쟁이 촉발하게 되었던 것이다.[21] 5월 18일 계엄사령부의 계엄포고령 제 10호를 통하여 일체의 정치 활동 및 집회를 금지시키고 언론보도의 사전 검열과 유언비어의 유포, 날조를 금하여 광주 민주화 항쟁의 진상이 철저히 은폐되었다. 이 같은 상황에서 광주 민주화 항쟁은 유신 체제를 계승하고자 하는 군부 세력에 대한 시민적 저항의 성격과, 동시에 기층 민중에 의한 무장 투쟁으로 이어지는 민중항쟁적 성격을 보이며 전개되었던 것이다.[22]

이러한 사태에 직면하여 천주교회는 광주대교구를 중심으로 한편으로는 사태의 수습을 위해 힘쓰는 한편,[23] 다른 한편으로는 광주 민주화 항쟁의 정당성을 인정하고 은폐된 진상을 알리는 데 주력하였다.[24] 천주교 광주대교구는 시민들의 더 이상의 피해를 막기 위해 광주지역 계엄군

---

21 광주 민주화 항쟁의 원인에 대해 손호철은 군부의 전략적 선택, 김대중 변수, 광주의 민중성이 결합함으로써 80년 5월 광주는 한국 사회의 모순들이 응집하여 폭발하는 결절 점화하여 군부와 민중 세력이 정면충돌한 것으로 보고 있다(손호철, 1997: 363).

22 광주에서의 상황이 심각해질 것을 우려한 김수환 추기경은 전두환 소장, 이희성 계엄사령관을 면담하고 군의 무력진압과 신군부의 정치개입에 대해 우려를 표명하고 군과 시민의 충돌을 막고자 노력했다. 또한 위컴 한미연합사 사령관과 글라이스틴 주한 미국 대사 등에게 협조를 구하기 위해 교황대사 안젤로니 대주교를 통해 연락을 취하기도 하였음을 그의 전기에서 밝히고 있다(김수환 추기경, 「추기경 김수환 이야기」, 〈평화신문〉 제 769호, 2004년 4월 18일자).

수뇌부와 대화를 시도하였고, 수습대책위원회 내에서는 민주적 합의를 형성하며 사태가 악화되는 것을 우선적으로 막고자 하였다. 그러나 5월 27일 새벽 2시에 재개된 계엄군의 유혈진압으로 광주 민주화 항쟁은 피로 물들여진 채 종료되고 말았다. 한국 천주교회는 광주 민주화 항쟁이 유혈진압된 이후에도 지속적으로 광주 민주화 항쟁의 진상을 알리고 근본적인 사태 수습을 위해 노력을 기울였는데, 김수환 추기경과 윤공희 대주교를 비롯한 주교단은 건의문과 담화문을 발표하여 형제적 화해와 단결을 주장하였다. 또한 천주교 정평위에서는 광주항쟁의 진상에 관해 토의하고 계엄당국에 건의사항을 결정하여 먼저 교회 고위층에 전달하였다. 그러나 광주 민주화 항쟁과 관련한 이 같은 주교단의 노력은 화해와 평화 그리고 국민적 단결을 위한 것이었지만, 이는 과도정부와 신군부에

---

23 광주대교구는 종교계, 학생대표, 학계, 법조계, 언론계 등의 인사들과 함께 자발적인 수습위원회를 구성하였다. 수습위원들은 더 이상의 유혈사태를 막기 위해 계엄군의 시내진입을 않겠다는 약속을 받고 무기수거에 나섰다. 또한 근본적인 수습을 위해 최 대통령의 사과와 보상, 추후 정치적 보복을 없앨 것을 요구하며 성의 있는 답변을 요구했으나, 계엄사는 약속을 어기고 시내에 무장진주를 시도하여 학생과 청년들은 수거한 무기를 다시 분배, 무장하였다. 수습위원들은 비폭력의 죽음으로 항거하자고 결의하여 탱크 앞까지 죽음의 행진을 하였고, 이에 계엄군이 물러가고 계엄사와 수습위원들은 사태 수습을 위해 다시 회동하기도 했다. 그러나 5월 27일 새벽 2시 계엄군이 유혈진압으로 시가지를 장악함으로써 광주 민주화 항쟁은 피로 물들여진 채 진압되었다. 광주 민주화 항쟁과 관련한 천주교회의 활동 전반에 관해서는 기쁨과 희망 사목연구원 편, 『암흑속의 햇불』 4권, 102-172쪽을 참고할 것.

24 광주대교구장 윤공희 대주교는 5월 22일 결성된 친정부 성향의 일반 수습위원회의 참여를 거부하였으나 이 수습위원회가 시민대회를 통하여 불신임된 이후, 5월 23일의 수습위원회 재편에서 위원장으로 추대되었다. 또 광주대교구 소속 김성룡 신부는 수습대책위원회의 대변인으로 임명되었고, 5월 26일 광주항쟁의 진실을 김수환 추기경과 외부에 알리기 위해 광주를 탈출하여 광주 민주화 항쟁의 과정을 일지형식으로 기록한 〈광주항쟁, 분노보다 슬픔이…〉의 내용을 공개함으로써 광주의 상황을 알리는 데 힘썼다. 이 일지는 일본 천주교 정의평화협의회에 의해 영역되어 광주의 진실을 전 세계에 알리는 데 활용되었다. 또한 수습대책위원장으로서 윤공희 대주교는 사태의 원인과 진상을 객관적으로 파악할 것과 정부와 군의 책임을 인정하고 군의 만행에 대한 책임자 처벌을 요구하는 탄원서를 5월 26일에 최규하 대통령에게 보내고자 했다. 그러나 5월 27일 계엄군의 재진입으로 즉시 발송하지 못하고 6월 2일 다시 최규하 대통령에 보내는 호소문을 작성하여 26일의 탄원서와 함께 발송했다. 이와 함께 윤공희 대주교의 보고를 받은 주교회의 상임위원회도 즉각 최규하 대통령에게 시국전반에 대한 화합을 위한 건의서를 전달하였다.

대하여 '조건부적 정당성'을 부여하는 것으로 과도정부 자체를 거부하는 것은 아니었다(박재정, 1995: 315). 그러나 주교단의 입장과는 달리 정의구현 사제단과 광주대교구 사제단은 신군부와 직접적인 충돌을 불사하면서 광주항쟁의 진상규명과 사과를 요구하는 등 보다 직접적인 투쟁을 전개하였다. 광주대교구 사제단은 광주항쟁의 진상을 올바로 알리기 위해 〈진상 보고서〉[25]를 작성하여 배포하였으며, 이 보고서를 통해 평화적인 학생시위가 참담한 살육의 현장으로 돌변하였던 과정을 상세히 알렸다. 이 과정에서 광주항쟁 사태 수습에 나섰던 광주대교구 소속 신부 6명이 연행·구금되었고, 7월 10일에는 서울대교구 소속 정의구현 사제단 신부 6명과 수녀 1명이 '광주사태에 대한 유언비어 조작 및 유포'로 계엄포고령을 위반했다는 이유로 체포되었다.[26] 이에 광주대교구 사제단은 다시 제 2의 '광주항쟁 진상'이라는 제목의 광주항쟁 일지를 정리하여 보고서 형식으로 발표하였고, 7월 17일에는 주교단이 이 난국에 대한 교회 전체의 의사표현을 해 줄 것을 요청하였다.

뿐만 아니라 천주교회는 정평위를 주축으로 전체 교회 차원에서 광주 민주화 항쟁 관련자들에 대한 구명운동과 구속자들의 석방을 위한 기도회를 지속적으로 개최하는 한편, 국제적인 연대를 통하여 광주항쟁의 진실을 알리는 역할을 담당하였다. 그 결과 미국 천주교회와 일본 천주교회, 그리고 독일 천주교회의 지지와 지원을 이끌어 낼 수 있었다.[27] 그러나

---

25 기쁨과 희망 사목연구원 편, 『암흑속의 횃불』 4권, 138-143.

26 서울대교구 소속 오태순, 양홍, 김택암, 안충석, 장덕필 신부들과 명동성당에서 노동 상담을 맡고 있던 정양숙 수녀가 광주에서 실제로 일어났던 일들을 상술한 『찢어진 깃발』이라는 이름으로 소책자를 제작, 배포하였다는 혐의로 체포되었다.

27 미국 주교회의 의장 John Quinn 대주교는 '한국 교회의 인권 옹호를 위한 과감한 노력을 지원할 것임'을 천명하는 서한을 김수환 추기경과 윤공희 대주교 앞으로 보내왔고, 일본 천주교회 정의평화연합회에서는 광주항쟁의 진실을 세계에 알려 영향력을 행사하도록 촉구하였으며, 독일에서는 광주항쟁 수감자들의 가족 돕기 성금 모금은 물론이고 1, 2차에 걸쳐 10,150명이 서명한 서명자 명단을 광주교구 정평위 앞으로 보내왔다.

이러한 노력에도 불구하고 1981년 3월 31일 광주항쟁 관련자 83명에 대한 상고가 대법원에 의해 전원 기각되자, 윤공희 대주교는 전두환 대통령을 만나 관용을 호소하여 4월 3일 관련자에 대한 감형 및 사면을 이끌어내었다. 이후에도 관련자 전원 석방을 위한 교회의 건의와 호소는 계속 이어졌고, 구속자들을 위한 기도회와 미사가 광주 남동성당을 중심으로 정기적으로 개최되었다. 이와 함께 정평위는 1980년 9월 11일 육군보통군법회의에서 시국소요 및 내란음모 혐의로 구속 중인 김대중에 대해 사형선고를 내리자 김대중 구명운동을 전개하였는데, 평화적 정권교체와 국민적 화해의 도모를 위해 이 사건과 관련하여 중형을 판결 받은 피고인들에 대해 대통령의 용단이 필요하다는 건의문을 전두환 대통령에게 발송하였다. 김대중 구명운동은 이후에도 천주교회를 중심으로 지속적으로 전개되었고, 1981년 1월 23일 대법원에 의해 김대중에 대한 사형이 확정되었으나 국무회의에서 전두환 대통령에 의해 무기로 감형 조치되었다.

2. 탄압정국하에서의 천주교회

광주 민주화 항쟁을 무력으로 진압하고 정권을 장악한 신군부는 이후 폭압의 공포정치라 불릴 수 있을 만큼 위압적으로 민주화와 관련한 모든 시민사회 활동을 봉쇄하였다. 그럼에도 끊임없이 광주항쟁의 진실을 알리고, 정권의 만행과 부도덕성을 폭로하고자 하는 학생들의 투쟁들이 계속되었는데, 한국 천주교회 또한 이 같은 역할을 지속적으로 수행하였다. 그러나 이 시기의 천주교회의 활동을 과거 유신 시기와 비교해 볼 때, 상대적으로 위축되어 있었고 소극적이었다고 할 수 있다. 그것은 1981년이 한국 천주교 조선교구 설정 150주년이 되는 해였고, 교회의 전두환 정권은 지지기반의 확대를 위해 군부의 힘에 의존하는 통치 체제를 구축하였다(김영명, 2003: 249). 이 점은 정권 장악의 모체가 되었던 보안사령부의 역할과 권한의 강화로써 나타났다. 보안사령부는 군대의 정보나 수사뿐만 아니라 사회 부문에 대한 수사기능도 담당하였으며 대표적인 억압적 권력기구로 작용하였다. 그런데 이와 같은 강력한 군부의 존재는 역설적이게도 전두환 정권의 정치적 영향력을 제약하는 요인으로 작용하였기 때문에,[1] 지지기반이나 의존하는 권력의 내부구조라는 측면에서 전두환 정권은 박정희 정권에 비해 훨씬 더 허약한 대통령이었다고 할 수 있다(최장집, 1989: 207).

국가기구 내에서도 유신 체제와는 달리 대통령이 개인적 통치 체제를 구축하기 어려웠다. 대통령이 군에 대한 통제력을 확보한 것은 사실이지만 군이 박정희하에서와 같이 단일하고 절대적인 충성을 지니고 있었던 것은 아니었기 때문이다. 권력의 핵심부에 있었던 신군부 출신 인사들은 전두환을 보필하는 일종의 집단 지도 세력을 이루고 있었지만, 자신들의 정치적 이해에 따라 그들의 관계는 변화하였다. 이런 의미에서, 대통령 개인의 권력이 막강했음에도 불구하고 전두환 정권을 박정희 정권과 같이 개인적 정권이라고 부르기 어렵다. 또 1960~80년대 남미 여러 나라의 군사 정권과 같은 제도적 정권이라고도 부르기 어렵지만, 군부의 제도적 규범이 발현되는 제도적 성격이 상당히 가미된 정권이었다고 할 수 있다(김영명, 2003: 252). 그것은 전두환 정권이 군사 쿠데타를 통해 가동되었으면서도 자유민주주의 틀 안에서 절차적 합법성을 형식적

---

1 최장집은 5 · 17 쿠데타 이후의 권력은 두 개의 부문으로 분할되어 있다고 본다. 하나는 강력한 국가기구들이고, 다른 하나는 집단의식과 밀접한 개인적 인간관계와 연락망을 가지고 있는 육사 동기생들 사이의 비공식 집단들이다. 행정적, 기술 관료적 결정들이 대부분 국가기구들에 의해 이루어진 반면, 보다 중요한 정치적 결정은 육사 동기생들의 선후배 엘리트를 구성하는 '하나회'라는 비공식 사조직이 배후에서 작용하였다고 보는 것이다(최장집, 1989: 208).

으로나마 유지하고 있었던 까닭이다. 즉 남미의 권위주의 체제들과는 다르게 합법적 절차를 상당히 중시하였고, 주요 정치 세력들의 정치 참여를 지속적으로 금지하고 있었지만 최소한의 권력 경쟁의 여지는 존속하고 있었기 때문인 것이다(윤상철, 1997: 91). 이러한 사실은 전두환 정권의 퇴진과 민주화 이행 과정에서 중요한 의미를 가진다. 특히 통치 말기에 정치 권력이 대통령에 의해 독점되었다기보다는 집권 세력 내의 강온파로 어느 정도 분할되어 있었기 때문에, 국민의 민주화 요구에 대한 국가의 대응에서 집권 세력 내부의 의견 차이와 분열이 중요하게 작용하였다.

2. 계급구조화의 진전

1) 지배블럭의 강화

한국의 권위주의 체제는 초기의 국가 성립 과정에서 성립한 과대 성장 국가로부터 1960년대 자본주의화 과정을 거치면서 억압적 물리력, 이데올로기적 동원능력, 경제적 자원동원능력을 체계적으로 동원하면서 존속해왔다고 할 수 있다. 그러나 기본적으로 정치적 정당성이 결여된 취약한 권위주의 체제였기 때문에 정치사회와 시민사회를 주기적으로 강제적으로 해체·재편하여 아래로부터의 도전을 차단함으로써 유지될 수 있었던 것이다. 그 결과 시민사회가 극도로 허약한 상태로 머물고 설사 반권위주의적 동원(mobilizing)이 발생하더라도 지배블럭 내부의 재편을 통해 권위주의 체제가 유지되는, 즉 체제전환이 부재한 정치변동이 발생할 뿐이었다(윤상철, 1997: 61-62).

전두환 정권은 박정희 정권 이래의 고위 기술 관료들, 그리고 신군부의 엘리트들과 더불어 독점 자본가 계급으로 구성된 지배블럭을 형성하고 유신 체제의 주요 정책을 그대로 답습한 채, 경제적 안정과 성장을 국정의 최우선 과제로 삼았다. 2차 오일쇼크와 정치적 불안 등으로 침체에 빠진 경제적 여건하에서 출발한 전두환 정권은 단기적으로는 경제의 안정화에 일차적인 목표를 두고 물가 안정과 국제수지의 방어를 위한 긴급 조치를 실행에 옮기는 한편, 장기적으로는 한국 경제의 구조적 조정도 함께 추진하였다(오명호, 1999: 408). 이와 같은 정책기조 위에서 중화학공업구조 개편과 개방경제 체제로의 전환을 진행하였는데, 그것은 직접적으로 독점 위주의 종속적 자본축적구조의 안정화를 추구하는 것이었다. 즉 중화학공업부문 투자조정을 통하여 특정 산업에 대한 과잉투자, 비효율적인 자원 배분 등의 구조적 문제를 해결하고, 또한 세제와 금융의 특혜를 통해 부실기업을 정리함으로써 국내 독점자본들이 할당된 시장에서 경쟁을 배제할 수 있는 독점적 위치를 확보할 수 있게 하였으며, 독점자본의 자본집중을 더욱 부추겼던 것이다.[2]

독점자본의 성장은 유신 체제에서와 마찬가지로 노동자와 농민들을 정치적, 경제적으로 배제시키는 전두환 정권의 강권적 노동 정책 기반위에서 가능하였다. 대체로 국가는 생산성 증대와 자본의 안정적 성장을 위해 노동의 저항을 봉쇄하는 방향으로 노동 통제를 행하는데, 전두환 정권은 가능한 모든 수단을 동원하여 노동자들의 조직화를 저지하였던 것이다. 노조의 설립을 행정적으로 억제했을 뿐만 아니라 구사대에 의한 폭력까지도 용인하였다. 또 기존의 노조에 대해서는 기업별 노조주의를 강제함으로써 노동자들이 전국적 또는 산업별 수준에서 자본가와 대등한

---

2 독점강화의 가장 집약적인 지표로서 20대 재벌의 국내총생산(GDP)에 대한 점유율을 보면, 1973년 9.1%, 1975년 9.8%, 1978년 14.0%, 1981년 15.5%로 높아졌으며 국민총생산에 대한 50대 재벌의 점유율은 1980년 15.8%에서 1980년 20.8%로 상승했다(서관모, 1994: 131).

지위에서 중앙집중적인 단체교섭을 벌일 수 있는 길을 봉쇄하였다. 그리고 복수노조를 허용하지 않음으로 해서 자율적인 민주노조가 어용노조를 대체할 수 없게 만들었다. 이와 함께 노조의 정치 활동을 금지함으로써 노동자들이 '정치적 교환'에 의해 작업장에서의 불리한 위치를 시정할 수 있는 길을 차단하였던 것이다(임혁백, 1997: 325). 따라서 전두환 정권이 지배한 5공화국하에서는 지배구조가 바뀌어지지 않고, 오히려 독점재벌 기업에로의 자본의 집적과 집중이 더욱 강화되는 결과를 낳았다고 할 수 있다(최장집, 1996: 180).

2) 신 중간 계급의 성장과 유화 조치

경제 안정화 시책이 지속적으로 추진되면서 봉급생활자의 임금이나 농민의 소득상승률이 크게 억제되었고, 그 결과로서 물가의 안정을 이루게 되었으며 대규모 수출기업은 비약적인 성장을 이룩하게 되었다. 게다가 이른바 3저 현상으로 특징지울 수 있는 지극히 호의적인 경제 여건이 86년부터 88년까지 연평균 12.7% 경제성장률과 4.3% 소비자물가상승률을 기록하게 하였고, 86년에는 42억 달러, 87년에는 77억 달러, 88년에는 114억 달러 상당의 무역흑자를 기록하여 '안정 속의 성장'을 구가할 수 있었다(김형국, 1992: 221). 이 같은 80년대의 경제성장은 도시 중산층의 형성에 결정적인 역할을 하게 되었다. 즉 한국에서의 신 중간 계급 특히 사무직 화이트컬러 계층의 증대는 수출 지향적 산업화의 지원 세력으로서 고학력자에 대한 요구, 독점재벌의 등장 및 국가기구 비대화에 따른 사무직, 행정직, 전문직의 수요, 도시민의 거대한 소비욕구를 충족시켜야 하는 각종 서비스산업의 필요성 등과 같은 사회구조적 분화의 과정에서 형성되었던 것이다. 1980년에는 신 중간 계급은 18.0%, 구 중간 계급은 23.8%, 노동자 계급은 43.3%, 실업자는

14.9%를 차지하였다. 그런데 1985년의 통계를 보면 신 중간 계급은 22.1%로 증가하였고, 노동자 계급은 40.5%로 줄어들었음을 볼 수 있다. 그리고 구 중간 계급은 완만하기는 하지만, 22.4%로 줄어드는 추세를 보이고 있다(〈표 3〉 참고).

(%, 직종은 계급단위)

계급/직종	1980	1985
신 중간 계급	18.0	22.1
전문기술자	24.8	32.8
행정관리자	12.8	11.3
사무종사자	62.5	55.9
구 중간 계급	23.8	22.4
판매 자영업자	58.7	54.1
서비스 자영업자	15.9	19.0
생산 자영업자	25.4	26.9
노동자 계급	43.3	40.5
판매 노동자	7.1	6.2
서비스 노동자	10.2	13.9
산업 노동자	82.7	79.9
기타(정년퇴직자 포함)	14.9	15.1

〈표 3〉 계급구성의 증감추세[3]

이러한 신 중간 계급의 성장은 기존의 민중 내부에 포괄하고 있던 기층 민중과는 구분되는 계급이 형성, 구조화하는 것을 보여주는 것이라고 할 수 있다(조희연, 1998: 231). 그런데 일반적으로 도시 중산층의 성장은

---

3 자료출처: 한상진, 『중민이론의 탐색』, 1991, 서울: 문학과지성사, 208.

시민사회의 성장과 성숙을 가져오는 것임에도 불구하고, 전두환 정권하에서 이 같은 신 중간 계급 확대가 시민사회의 활성화보다는 오히려 집권 세력이 권력을 공고화하는 데 일조하는 것으로 나타났다(최장집, 1993: 174). 그것은 중산층 고유의 이중성, 즉 경제성장과 민주주의 사이에서 안정기에는 반체제 세력을 지지하지만 심각한 위기의 순간에는 기존 정치질서에 순종과 지지를 보내는 특성 때문이라고 할 수 있다.

이러한 상황에서 정권출범시의 정당성 부재를 만회하고 현존 지배연합을 확고히 다지려는 전략 속에서 전두환 정권은 정치적 정당성의 기반으로서 도시의 신 중간 계급을 끌어들이려는 유화 조치를 단행한다(윤상철, 1997: 102; 이창호, 1990: 232). 다시 말해 특정한 정권이나 지배블럭이 형식 민주주의적 틀 안에서 대내적 정당성을 확보하기 위해서는 시민사회의 성원들을 지지 동맹 세력으로 견인해낼 수 있어야 하는데, 전두환 정권은 학생운동가의 복학 및 해직교수들의 복직 허용, 재야 운동 세력들에 대한 감압 조치 등의 중간 계급 분파들에 대한 정치적 개방을 집중적으로 단행하여 중간 계급과의 연합전략을 시도했던 것이다.

그러나 권위주의 체제의 유화 정책[4]은 아래로부터의 압력에 굴복하여 권력의 분점에 양보한 것이 아니라, 그 반대로 이제까지의 성공에 고무되어 정치적 공간을 어느 정도 열어 놓은 상태에서도 정치 과정을 자신이 의도하는 대로 계속 이끌어 갈 수 있다는 정권의 자신감에서 나온 것이라 할 수 있다(임혁백, 1997: 269). 또한 그들의 무자비한 탄압 정책이

---

4 민주화 이행론에서는 권위주의 정권의 정치 개방적 감압 조치를 '자유화(liberalization)'로 규정하고 있다(Mainwaring, 1992: 298). 오도넬과 슈미터(O'Donnell & Schmitter, 1987: 21)는 자유화와 민주화를 구별 지어 '국가나 제 3의 정당들에 의해 범해지는 자의적이고 불법적인 행위로부터 사회집단들 및 개인들을 보호하는 효과적이고 확실한 권리를 수립하는 과정'이라고 규정하고 있다. 또 스테판(A. Stepan, 1988: 6)은 자유화와 민주화를 구분하면서 기본적으로 시민사회와 관련된다고 지적하고 있지만, 자율적인 노동 계급 조직의 활동공간 확대와 소득재분배의 개선 조치 등의 경제적 시민권까지 확장하고 있다.

반대 세력의 이념적 급진화를 초래하고 정권 반대운동의 도덕성을 보장하는 역효과를 자초했다는 판단에서 일련의 유화 조치들을 실시했다고 할 수 있다.[5] 지배블럭은 이러한 유화 조치의 일환으로 실질적 정치사회의 구성원이었던 구 야당 세력들을 정치사회 안으로 복귀시키고 이를 통해 대내적 정당성을 확보함과 동시에 이들과 시민사회와의 결합을 조기에 봉쇄하고자 시도했다. 군부와 쿠데타 세력들이 지속적으로 통제할 수 있는 제도화된 정당성 자원을 얻기 위해서는 구 야당 세력을 정치사회 안에 끌어들여 선거 등 형식 민주주의적 틀 안에서 정치 권력의 정당성을 확보하는 것이 무엇보다 필요했기 때문이다. 특히 주목할 만한 사실은

---

5 일반적으로 민주화 이행론에서는 자유화의 원인, 과정 및 결과에 대해 주목하여 왔다. 첫째, 정치적 자유화가 이루어지는 원인 혹은 배경에 대해서는 '위로부터의(top-down) 모델', '아래로부터의(bottom-up) 모델', '상호작용 모델' 등으로 구분된다. 특히 '위로부터의 모델'을 취하는 이들은 권위주의 체제의 분열을 원인으로 보는데 카르도소(Cardoso, 1979), 카우프만(Kaufman, 1986), 찰머스와 로빈슨(Chalmers & Robinson, 1982), 쉐보르스키(Przeworski, 1986), 스테판(A. Stepan, 1988)이 그들이다. 반면 라무니에(Lamounier, 1989) 등은 시민사회의 대중동원에 주목하고 있다. 스미스(Smith, 1987: 183-184)는 국가와 시민사회, 그리고 엘리트 주도와 반대 세력의 저항 간의 변증법적 관계로 특징지어지는 역사적 구성물로 간주하고 있으며, 이밖에도 이론적으로 좀 더 발전된 쉐보르스키(Przeworski, 1992: 102-116)는 권위주의 체제의 분열과 시민사회의 자율적인 조직들 간의 전략적인 상호작용의 결과로 보고 있다.
　한국 학계의 논의를 살펴보면, 최장집(1989: 212)은 정권이 초기의 정치적 위기로부터 상대적으로 안정되었고, 학생시위가 확산되면서 강권력 사용의 효력이 감소되었으며, 레이건 행정부가 정치적 압력을 행사하는 등 다양한 요소들이 결합되면서 낳은 결과로 보고 있다. 임혁백(1990)은 정치적 안정과 자신감 외에 온건 반대 세력을 매수 포섭함으로써 온건 반대 세력과 학생, 노동운동 세력 간의 반목을 가중시키고, 다당제구조의 공고화를 통한 권위주의 지배 체제의 제도화를 추구하는 적극적인 의도가 있었다고 파악하고 있다. 성경륭(1993: 110-1)은 정치적 안정과 경제적 성공에 기반을 두어 올림픽과 총선거를 대비한 대내외적 정당화의 추구에서 그 원인을 찾고 있다. 구해근(1994: 4)은 전두환 정권이 억압만 기댈 수 없었기 때문에 다른 선택의 여지가 없었을 뿐만 아니라, 보다 적극적으로는 중간 계급의 지지를 기대했기 때문이라고 보고 있다.
　따라서 종합하자면 1983년 말에 취해진 유화 조치의 배경은 '밑으로부터의 대중동원 압력', '외부로부터의 국제 압력', '지배블럭 내의 대내적인 정치전략'이 중층적으로 결합되었다고 할 수 있는데, 윤상철은 이 가운데에서 지배블럭의 정치전략이 보다 설득력이 있다고 보고 있다. 즉 유화 조치가 위기에 대응한 방어적 전략이라기보다는 상대적으로 안정된 정치사회적 상황, 괄목할 만한 경제성장, 그리고 지배블럭의 공고화를 기반으로 정권출범시의 정당성 부재를 만회하고 현존 지배 연합을 확고히 다지려는 전략이었다고 보는 것이다. 이에 관해서는 윤상철, 1997: 94-101을 볼 것.

대내적 정당성의 확보와 관련한 지배블럭의 인식으로, 지배블럭은 군부를 기반으로 하기보다는 군부에 대한 영향력을 유지하는 가운데 정당, 선거 등과 같은 형식 민주주의적 권력 경쟁을 선호하고 있었다는 점이다(윤상철, 1997: 102).

정치적 해빙은 정치공간이 재생될 수 있는 이상적인 기회를 제공하는 한편 1983년부터 서서히 시작되고 1984년부터 좀 더 광범위하게 확산되어 공개적인 반체제 민주화 운동이 다시 활성화하는 데 기여했다(최장집, 1989: 212). 구 정치권 인사 567명 가운데 3차에 걸쳐 15명을 제외한 나머지 전원이 해금되면서 김대중, 김영삼 등을 중심으로 1984년 5월에 '민주화추진협의회(민추협)'가 설립되었고, 해직교수, 기자, 작가들로 구성된 많은 단체들이 결성되었다. 이와 동시에 재야 반체제운동 조직의 영역이나 범위는 청년, 노동자, 농민, 여성, 민중예술, 문화운동가, 작가, 종교 활동가들로 구성된 다양한 집단들의 분출과 더불어 급격히 확대되었다. 또한 활동영역에 있어서도 이제 전반적으로 반체제운동은 기층의 사회 계층들에 의해 주도되는 민중적 성격을 띠게 되었다고 할 수 있다(최장집, 1989: 213).

3) 민중 배제 정책의 지속

유신 체제하에서 강력한 경제동원 체제를 강화하여 근대화를 이루고자 하였던 지배블럭의 경제 정책은 극도의 노동운동탄압과 민간독점 자본의 축적으로 요약된다. 노동자를 배제한 이 같은 경제 정책은 급속한 성장을 이루었으나, 다른 한편으로는 노동자·농민 등 기층 민중생활의 피폐화를 가져왔으며 지배 계급과 하층 계급 간의 불균형을 확대시켰다. 이로 인해 현존하는 사회 계층이 급속도로 분해되고 도시화와 산업화의 사회구조에 바탕을 둔 급격한 계급분화가 이루어지게 된다. 즉 농민층의 급속한 분해, 기본 계급인 자본가와 노동자 계급의 급속한 성장, 신 중간 계급 및 쁘띠 부르주아지의 비교적 빠른 성장을 보였던 것이다. 그러나 이렇게 급격히 성장한 노동자 계급들은 경제성장과 자본축적을 위해 저임금을 강요받았고, 국가가 이를 폭력적으로 유지하는 가운데 도시의 하층민으로 포섭되었다.

전두환 정권하에서도 경제 안정화를 명분으로 유신 체제와 마찬가지로 저임금구조에 기반을 둔 경제 정책이 지속되었고, 따라서 노동자·농민은 눈부신 경제발전의 성과에도 불구하고 배제되는 불균등한 성장 정책이 이어지게 되었다. 더구나 국가의 강력한 노동 통제 정책으로 인하여 노동운동은 급격히 위축되었고, 근로기준법의 개악과 더불어 노동시간은 늘어나고 임금인상이 강력히 통제되는 등, 노동자의 생활조건은 더욱 악화되었다(엄주웅, 1990: 149). 국가는 또한 기업에 대한 각종 세금감면, 대출특혜, 국가의 노조 활동 통제, 공식노조의 체제 내화, 수출산업에서의 노조 활동 제약, 부당 노동 행위 사용자 묵인들을 통하여 기업의 자본축적의 조건을 조성해 주었다.

이와 같은 노동자 배제 정책은 또한 농민 배제 정책과 맞물려 작용하였다. 즉 지속적인 고도성장과 이를 위한 수출 주도적 개발전략이 성공하기 위해서는 저임금구조 유지를 통한 국제경쟁력 강화가 필수적이었고, 저임금구조를 유지하기 위해서는 물가안정이 일차적 과제이어서 물가상승 방지의 보조수단으로서 농업이 위치 지어지는 것이었다(윤수종·김종채, 1990: 351). 결국 반농민적 농정은 농가경제를 더욱 악화시켜 농민의 소작농화, 채무농화를 촉진하였으며 농민층의 급속한 분해를 가져왔고, 분화된 농민층은 도시로 몰려들어 도시의 상대적 과잉인구공급을 확대함으로써 저임금 노동자 및 도시 소생산자층으로 전화하여 결국 도시빈민을 구성하는 양상으로 전개되었던 것이다. 따라서 전두환 정권의 경제안정화 정책은 한국 자본주의가 80년대 초의 침체를 벗고 재도약하는 발판을 마련했으나, 안정화에 따르는 비용을 민중 부문에 전가시키는 민중 배제적 정책이었다고 평가할 수 있다(임혁백, 1997: 325).

3. 지배 이데올로기의 내면화

5·18 광주 민주화 항쟁으로 일컬어지는 시민사회의 민주화 열망을 폭력적으로 침탈하고 집권에 성공한 신군부는 정권의 정당성 기반이 매우 취약하였다. 게다가 5공화국은 산업화 프로젝트의 발전 이데올로기의 정당성이 상당히 퇴색해가는 상황에서 적절한 정당화 이데올로기를 확보하지 못했을 뿐 아니라, 이를 담보할 세력 또한 마련하지 못했다고 할 수 있다. 따라서 그들은 유신 체제의 권위주의적 지배 이데올로기의 유산을 이어받아 이를 내면화하고자 하였다. 즉 유신 체제가 이미 사용하였지만 새로운 정권에 의해서도 여전히 사용 가능한 국가안보, 안정, 질서, 번영과 같은 정당성 획득의 일차적 자원들을 통해 정권의 정당성을 역설하고자 하였던 것이다.

전두환 정권에 의해 재생산된 지배 이데올로기, 특히나 반공 이데올로기는 지배질서에 대한 비판 자체가 사회혼란을 야기하고, 궁극적으로는 국가안보를 위태롭게 하여 우리와 대치하고 있는 공산 세력을 이롭게 한다는 논리를 내포하고 있었다. 이러한 논리는 노동운동의 활성화를 위험시하는 여론을 조작함으로써 노동운동에 대한 탄압의 명분을 제공하고 노동운동을 고립시켰던 것이다. 또한 노동 계급 스스로 하나의 계급으로서 지니는 자신들의 계급적 이해를 실현할 여러 대안들을 발견할 통로 자체를 차단함으로써 계급적 이해에 대한 자각을 저지해왔다(이창호, 1990: 232). 뿐만 아니라 이 같은 반공 이데올로기를 통하여 중산층의 불안 심리를 자극하여 시민사회를 분열시켜 피지배블럭의 체제 도전적

연합을 봉쇄해왔던 것이다. 반공 이데올로기의 이 같은 기능을 수행하기 위해서 일체의 비판을 폭력으로 봉쇄하고 그 자체를 교조화시키고자 하였다. 즉 경찰, 검찰, 법원, 교도소 등과 같은 국가기구들과 모든 지배기구의 최종적 물리력의 담지자로서 존재하는 군부, 이 양자의 혼합적인 성격을 갖는 안기부와 같은 조직을 동원하여 초법적으로 사찰, 구금, 고문 등의 방법으로 국민들로 하여금 공포감을 갖도록 만들어 국민의 일상생활에까지 깊숙이 영향력을 행사하였던 것이다.

지배 세력은 정권이 안정기에 들어서거나, 반공 이데올로기가 희석화될 경우 보완적 하위 이데올로기를 반공 이데올로기에 접목시킴으로써 지배 이데올로기를 공고히 하였는데, 박정희 정권에서는 발전 이데올로기, 전두환 정권하에서는 박정희 집권기에 창출된 지역 이데올로기를 본격적으로 지배 이데올로기에 접목시킴으로써 권력의 재생산을 추구하였다는 점에서 차이가 있다고 할 수 있다(강정구, 2003: 235). 즉 신군부는 광주의 민주화 열기를 무력으로 탄압함으로써 사회적인 공포분위기를 조성하였고, 항쟁의 성격을 불순분자의 침입에 의한 대중 폭동으로 호도해 반공 이데올로기를 부추겼던 것이다. 또한 항쟁 기간 동안 영·호남간의 지역의식 조장과 그 후 영남의 지속적인 기득권 확장, 호남의 고립화는 기타 지역과 호남을 구별 짓는 지역의식의 확산과 심화를 초래하였다. 이는 신군부가 부당한 권력에 대한 호남지역의 민주지형을 지역의식의 표출로 몰아감으로써 자신을 정당화하는 기제로 활용하였다고 할 수 있다(강정구, 2003: 239). 그러므로 지역 이데올로기의 도입은 반공 이데올로기와 발전 이데올로기의 한계를 반영한 것으로, 정치적 지배 세력은 지역 이데올로기를 통하여 권력의 해체를 막고자 했던 것이다.

제 2절_ 체제저항적 시민사회의 부활

1. 정치사회의 대표성 회복

경제의 호전과 제도적 안전장치의 확보를 통해 통치의 공고화를 이룬 국가는 1983년 말부터 일종의 유화 정책을 펼치기 시작하였다. 물론 이러한 유화 조치들은 매우 제한적인 수준이었다. 즉, 군부 권위주의 체제에 의해 폭력적으로 억압되었던 자유주의적 시민권을 보장하는 수준이 아닌 구 정치 세력과 사회운동 세력, 특히 학생운동 세력에 대한 정치적 감압 조치에 지나지 않았다. 구 여야 정치인들은 해금에도 불구하고 이미 기득권을 확보하고 있는 야당들과의 관계로 인해 새로운 정당을 조직하지 못하고 정치사회와 시민사회의 중간지대에 걸쳐 있는 상황이었다.[6]

5공화국에서 정치적 대립구조의 변화가 일어난 것은 1985년 2월 12일 총선을 통해서였다고 할 수 있다. 집권 세력은 총선을 자신들의 지지기반을 확충하고 정치적 안정성을 확보하기 위한 수단으로 계획하고 있었다(최장집, 1989: 215). 그런데 민추협이 '국민이 납득할 수 있는 민주적인 자생정당을 창당한다'는 전제하에 신당 참여를 결정하였고, 민한당 내의 정치인들이 대거 합류함에 따라 총선에 임박한 1985년 1월 18일에 신한민주당(신민당)을 창당하기에 이르렀다. 신민당은 대통령 직선제를 핵심

---

6 해금 정치인들은 대부분 민한당에 입당했지만, 야당의 지도자들인 김대중과 김영삼은 여전히 정치 활동이 금지되고 있었다. 두 야당 지도자들은 1984년 5월 18일 '민주화추진협의회(민추협)'을 발족시키고 본격적인 민주화 운동에 착수하였다. 그리고 민추협이 구성되면서 일부 재야 인사들도 함께 결집되었다. 따라서 민추협을 중심으로 새롭게 형성된 비제도권 정치사회와 시민사회가 미분화된 상태로 한 축을 이루는 국가-사회관계가 형성되어 있었던 것이다.

으로, 선명야당 논쟁, 언론자유, 국민의 기본권 확대를 주요 이슈로 하여 선거에 임하였고 선거 이후에도 대통령 직선제의 관철을 제 1의 전략으로 채택하였다(윤상철, 1997: 113).

지배 권력의 관점에서 본다면 제 12대 총선의 결과는 거의 참담한 패배였다. 신민당과 민한당으로 나누어 선거를 치룬 야당 세력의 득표율은 48.9%였고, 신민당은 서울지역의 전 지역구에서 당선되었던 것이다. 의석수로는 민정당이 제 11대의 151석에서 3석이 모자라는 148석, 국민당은 5석이 모자라는 20석인데 반해, 야당의 의석수는 신민당이 67석, 민한당이 35석으로 18석이 증가한 102석을 얻게 되어 개헌저지선을 확보하는 약진을 하게 된다. 야당이 이처럼 도시 중간 계급을 동원할 수 있었던 것은 학생운동을 비롯한 사회운동 세력들의 지원에 힘입은 바 크다고 할 수 있다. 비록 선거를 매개로 한시적인 성격을 띠고 있었지만, 정치사회의 제도 야당과 시민사회의 사회운동권 간에 일종의 선거연합이 형성되었고, 시민사회의 중간 계급이 이 제한적인 도전연합에 참여함으로써 야당은 선거에서 승리할 수 있었던 것이다(성경륭, 1992: 114; 윤상철, 1997: 116). 그러므로 총선에서의 신민당의 승리는 선명한 야당의 출현을 통해 민주화를 이루고자 하는 대다수 국민들의 열망이 표현된 것이라 할 수 있다.

2·12 총선 결과에 따른 선명한 야당의 제도권 진출은 반군부 독재 해체에 대한 요구가 제도정당의 형태를 갖게 되었으며, 저항운동이 제도정치권으로 확산되는 경로를 밟게 된다는 것을 의미한다. 그리고 그간 국가의 종속영역으로 존재하던 정치사회영역이 국가에 반하는 새로운 영역으로 분화되어 가는 것을 의미한다(조희연, 1998b: 169).이러한 정치사회 영역의 복원은 신민당이라는 대안적인 정치 세력과 더불어 '대통령 직선제 개헌'이라는 정치 체제적 대안을 조직화하였다는 점에서 민주화 이행에 있어 매우 중요하였다. 그것은 정치 세력만의 대안으로는 시민

사회의 세력들을 지속적으로 동원할 수 없었기 때문이다(윤상철, 1997: 119). 즉 직선제 개헌을 정점으로 군부 정권과의 정면대결을 벌여야 하는 제도 야당 세력은 시민사회의 권력자원을 동원해야 할 필요성이 절실했고, 지배블럭에 대항하기 위해서는 양자 간의 연대가 이루어져야 했었기 때문이다.[7]

총선 직후 지배블럭에 대한 공세를 강화하기 위해 신민당은 야당 통합을 이루어냈다. 그리고 이를 바탕으로 12대 국회를 '대통령 직선제 개헌'을 위한 과도국회로 규정하고 '광주사태 진상조사' 등 5공 정권의 아킬레스건을 집중적으로 공략하였으며, 개원 후에도 의회 내에서 군부 권위주의 체제의 지배 이데올로기에 도전하기 시작하였다(윤상철, 1997: 123). 그러나 집권 여당은 여전히 신민당을 개헌을 위한 상대자로 받아들이지 않았다. 자연히 신민당과 집권당은 교착국면에 빠지게 되고, 정국은 정권 내의 강경파와 급진적인 사회운동 세력들이 빚어내는 갈등구조 하에 놓이게 되었다. 이러한 배경 속에서 국회 내에서의 개헌 활동에 한계를 느낀 신민당은 1986년 2월 12일 민추협과 함께 '일천만 개헌 추진 서명운동'을 전개하기로 결정하고 '개헌 추진 운동본부 현판식'이라는 이름을 빌려 직접 대중동원에 나선다. 그리고 또 다시 사회운동 세력과 연대하여 '민주화 운동 국민연합'이라는 연합 조직을 결성하였다. 즉 정치사회와 시민사회의 연대를 통해 지배 세력에 대한 정치적 저항을 전개

---

7 2·12 총선에서의 신민당의 승리는 사회운동권의 지지에 힘입은 바 크고 따라서 신민당은 집권당과의 협상에서 유연성을 갖지 못하였다. 더구나 총선 이후 학생운동과 노동운동은 더욱 급진화되었고 급진 세력들은 절차적 민주주의의 회복을 넘어서는 사회의 총체적인 변혁을 민주화의 의제로 삼을 것을 주장하였다. 또한 사회운동 세력들은 총선 이후 3월 29일 사회운동 세력의 전국적 양대 조직인 민민협과 국민회의를 '민주통일민중연합(민통련)'으로 통합함으로써 다양한 사회운동 조직의 전국적 단일우산조직(umbrella organization)을 결성하였다. 이처럼 전국 조직을 결성한 사회운동 세력들은 신민당에 의한 협상의 정치가 자신들이 정한 행동반경을 넘어서지 못하도록 압력을 가했다(임혁백, 1997: 278).

하고자 하였던 것이다. 그 결과 전두환 정권은 이 같은 대중동원에 굴복하여 여야가 합의하면 임기 말 이전에라도 개헌을 반대하지 않겠다는 정치적 양보를 선언하게 되고, 개헌을 위한 협상이 열리게 되었던 것이다(김영명, 2003: 259).

그러나 협상의 주역인 집권당의 온건파와 민주연합 세력 내의 협상파(신민당)가 모두 자율적인 권력기반을 갖고 있지 못했기 때문에 협상의 정치는 처음부터 교착될 수밖에 없었다. 집권당 내의 온건파는 강경파의 전략을 벗어나는 대안을 제시할 수 없었고, 신민당은 협상의 정치를 유지하기 위해서는 사회운동 세력과의 연합 관계를 단절해야만 했던 것이다.[8] 결국 신민당은 정권의 급진적인 사회운동 세력에 대한 탄압에 대해 묵인하는 입장을 보이게 된다(임혁백, 1997: 282). 그 와중에 1986년 12월 24일 신민당을 위임받아 통치하던 협상파 이민우 총재는 언론자유, 정부의 정치적 중립, 구속자 석방, 지방자치, 공정한 선거법 등 7개 항의 자유화 조치가 선행되면 내각제 개헌을 수용하겠다는 소위 이민우 구상을 정부 · 여당과의 타협안으로 발표하였다. 강경노선을 견지하던 양 김 씨는 이를 사실상의 내각제 개헌 수용으로 받아들여 거부하고, 1987년 2월 13일 공동기자회견을 통해 대통령제와 내각제 개헌에 대한 선택적 국민투표를 실시할 것과 대통령과의 대화를 제의하였다. 또한 그들은 이민우 구상에 동조하는 당내 분파를 정리하기 위해 신민당으로부터 탈당, 5월 1일 통일민주당을 창당함으로써 신민당을 와해시켰다. 이로써 야당 내의

---

8 1986년 4월 30일 여야 영수회담을 통해 민주화 연합은 분열되기 시작하였는데, 신민당의 이민우 총재가 급진 좌익 학생운동권에 대한 탄압을 묵인하겠다는 입장을 천명함으로써 협상의 대가로 제도권 야당과 사회운동권을 분리하려는 정권에게 전술적 승리를 안겨주었다. 이에 대해 사회운동권의 전국적인 조직인 민통련은 신민당의 자세를 보수대연합의 기도로 비난하고 민국련으로부터의 탈퇴를 선언하였다. 그리고 사회운동 세력은 신민당 주도의 민주화를 거부하고 현 정권의 타도와 민중의 권력을 창출할 수 있는 민중민주헌법의 제정을 요구하는 최대강령주의를 고수함으로써 신민당과 정권 간의 보수대연합의 움직임에 저항했다.

타협 세력은 정치 투쟁의 핵심으로부터 사라지고 정국은 강경 투쟁으로 치닫게 되었다(김영명, 2003: 261). 이는 동시에 집권 세력 내의 협상파의 입지 또한 약화시키게 되고, 결국 강경파의 주도하에 전두환 정권은 협상을 마감하고 현행 헌법방식에 의해 대통령직을 후임자에게 승계하겠다는 4·13 호헌을 선언하였다. 그리고 이 조치와 함께 집권 세력은 정치적 탄압을 재개하여 김대중을 가택 연금하였으며 야당의원들을 구속하고 폭력배들을 동원하여 통일민주당의 창당을 방해하였다.

2. 체제 도전 세력의 성장과 이념적 분화

1) 시민사회 세력의 조직화

1980년으로부터 1983년까지의 3년 동안 고도의 탄압시기를 거친 다음, 폭압적 통치의 부분적 완화라 할 수 있는 유화 조치의 시행은 억눌려 있던 반독재 투쟁의 활성화에 크게 기여하였다.[9] 유화 조치에 의해 학원으로 복귀하게 된 제적학생들은 전국적인 학생 조직을 결성하였고, 지하 운동 조직은 민주노선의 재건에 나서면서 노조와 연대 조직을 강화하게 되었던 것이다. 그리하여 전두환 정권이 통제할 수 없을 정도의 속도와 규모로 학생, 노동단체, 지식인들을 중심으로 한 재야 단체들의 확산이

---

9 이 시기에 나타난 저항운동의 확산과 민중부문의 활성화는 그간 선진적인 인텔리 중심이던 저항운동이 대중적인 저항운동으로 변화하는 양상을 보였다. 유신시절 저항운동의 인적 기초는 학생, 해직언론인 등 지식인, 종교인이었으나, 이러한 상태가 극복되면서 대중적 저항운동, 민중적 저항운동으로 발전해 나갔던 것이다. 또한 저항운동의 이념적 급진화가 진행되었으며, 저항 진영 내부에서는 혁명적 의식으로 무장한 급진적 세력들이 형성되어 주도권을 잡게 되며 동시에 전반적으로 운동가와 선진 대중들의 의식과 운동이 급진화되었다(조희연, 1998b: 167-168).

			내무부장관 노동부장관
2. 9	천주교 정평위	남민전 사건 관련자 교도소 내 처우 개선 건의	법무부장관
3. 10	가톨릭 농민회	부당농지세 개정에 관한 건의	정부관계기관
5. 7	천주교 정평위	김포군 금단면 오유리 간척지분배 건의	보사부장관, 농수산부장관
6. 26	천주교 정평위	콘트롤 데이타 노조탄압 사건 해결촉구 건의	대통령, 국무총리 안기부장
7. 26	천주교 정평위	양심범의 사면 · 복권 요청 공한	대통령, 국무총리 법무부장관, 국방장관, 안기부장
10. 15	천주교 정평위	교도소 내 인권 문제에 대한 건의	법무부장관
11. 30	정의구현 사제단	부산 미 문화원 관련 사형수 구명 청원	정부관계기관
12. 28	천주교 정평위	양심범의 사면 · 복권을 위한 청원	대통령, 국무총리 법무부장관, 안기부장
1983. 2. 23	천주교 정평위	부산 미 문화원 관련 사형수 구명 청원	대통령, 국무총리 법무부장관, 대법원장, 국방장관, 안기부장
5. 13	천주교 정평위	영등포 구치소 내 원풍 모방 노조원 부당대우 시정 건의	법무부장관, 구치소장
10. 31	천주교 정평위	국가보안법의 운용에 관한 건의	정부관계기관

6. 1	천주교 정평위	국가보안법 확대해석에 대한 시정 건의	정부기관
7. 15	천주교 정평위	전북 부안 계화도 간척농지분 배건 건의	대통령, 관계기관
10. 19	천주교 정평위	연세대 재일교포간첩단 관련자 구명 건의	정부관계기관
11. 23	천주교 정평위	대구교도소 재소자 처우에 관한 건의	법무부장관
11. 25	천주교 정평위	광주항쟁 및 김대중 사건 관련자 석방 건의	대통령

〈표 5〉 천주교회 대정부 탄원 및 건의문 현황(1980-1983)[42]

이처럼 천주교회는 정치현실에 대한 신학적이고 윤리적 판단을 통하여 정부 정책의 개선을 촉구하였고, 실제로 정부의 여러 가지 시정 조치들을 이끌어내었다. 이러한 정부 측의 변화는 특히 양심범들의 구명에 따른 시국 관련 사형수들의 감형 조치와 석방, 광주 민주화 항쟁 관련 구속자들에 대한 정부 측의 태도에서 알 수 있듯이, 일정부분 천주교회의 건의를 수용하였음을 보여주는 것이었다. 이렇게 볼 때, 천주교회는 중앙관료제의 비대화와 독선, 그리고 남북 분단 상황 아래에서 제도 야당이 수행하지 못하였던 제 기능, 즉 정부의 정책을 구체적으로 비판하고 평가하여 대안을 제시하고 개선을 촉구하며, 한국 사회 내의 갈등과 요구를 정권에 전달하는 등의 활동을 통해 국가와 시민사회를 정치적으로

---

42 자료출처: 기쁨과 희망 사목연구원 편, 『암흑속의 햇불』 4-6권의 가톨릭 일지를 토대로 대정부 건의와 탄원, 청원한 내용만을 간추려 재구성한 것이다. 따라서 여기에는 천주교회 측이 발표한 대정부 성명서나 촉구결의문과 같은 내용들은 포함시키지 않았음을 밝혀둔다.

매개하는 역할을 담당하였다고 할 수 있다.

천주교회가 이와 같은 역할을 수행할 수 있었던 배경은 무엇보다 집권세력이 천주교회의 도덕적 권위를 인정하였기 때문이라고 할 수 있다. 정권이 천주교회의 의견을 수렴하였다는 것은 상대적으로 소수집단이지만 천주교회가 일반 국민들로부터 국가를 포함한 다른 제도들보다 더욱 큰 신뢰를 받고 있기 때문에 천주교회의 존재를 무시할 수 없었던 것이다. 천주교회의 활동들은 이미 한국 사회 내에서 정당성을 확보하고 있었고, 국제적으로도 한국 천주교회의 활동과 지도자들을 중요하게 여기고 있었다. 주한대사 워커는 김수환 추기경과 자주 만나 시국에 대한 의견을 교환했다고 이한에 앞서 가진 기자회견에서 밝혔고, 미 국무장관 슐츠도 방한 때 개인적으로 김수환 추기경을 만났다. 이러한 사실들은 미국에서도 김수환 추기경의 존재를 중요시하고 있음을 보여주는 것이었다. 이러한 사실들이 정권에 대해서는 상당한 압력과 부담으로 작용하였다고 할 수 있다.[43] 다시 말해 한국 사회 안에서 상당한 영향력을 발휘하고 있는 천주교회의 위상을 정권으로서도 거부할 수 없었던 것이다. 정당성이 결여된 정권은 천주교회와 우호적인 관계를 확보하여 천주교회의 도덕적 권위를 통하여 통치행위에 대한 정당성을 인정받고자 하였고, 천주교회는 이 점을 활용하여 정부 정책에 대한 문제점과 정치적 현실에 대한 개선을 건의하고 촉구하며 억압적 국가 권력을 통제하고자 하였던 것이다.

---

43 장성욱, "천주교 정의구현 사제단", 『신동아』, 1987년 7월 호, 342.

2. 진실의 대변자로서의 기능: 예언자적 역할

신군부 세력은 권력을 장악한 이후, 사회정화라는 명분을 내세워 정기간행물 172종을 폐간하였으며, 언론계 정화라는 이름으로 870여 명의 언론인을 강제 해직토록 하였다. 나아가 언론통폐합을 단행하였으며, 언론기본법을 제정하여 언론을 장악할 제도적 장치를 마련하고 언론 통제를 강화하였다. 언론기본법 제 24조는 문공부장관이 정기간행물의 등록을 취소할 수 있게 규정하고 있었다. 아무런 사법적 판단 없이 행정관청의 장의 판단에 따라 그것도 대단히 포괄적이고 애매모호한 등록취소요건을 근거로 언론의 등록을 취소하는 규정이었다. 이밖에도 유신 체제에서와 마찬가지로 안기부를 비롯한 각 정보기관의 요원들이 언론사에 무상 출입하거나 상주하다시피 하고, 〈보도지침〉[44]을 각 언론사에 매일 내려보내 보도와 논평을 조정·통제하였다. 따라서 언론은 비판적 기능을 상실하고, 생사여탈권을 쥐고 있는 정권의 하수인으로 전락하여 정권을 홍보하는 기관지 성격을 띠게 되었던 것이다. 뿐만 아니라 언론경영층은 보다 적극적으로 언론사의 존속을 위해 언론자유를 양보하고, 그 대가로 세제상의 특혜와 독과점 체제와 같은 특혜를 받아 대기업화하면서 정권의 언론 정책에 순응하였다. 그 결과 언론을 통해 전달되는 정보는 사건의 실체적 진실을 보도하는 것이 아니라 정권의 통제 아래에서 왜곡되어 사건의 진실이 가려진 채 국민들에게 전달될 수밖에 없었던 것이다.

천주교회는 이 같은 언론 통제 상황 속에서 실체적 진실을 알리는 역할을 수행하였다. 일선기자들이 취재하는 과정에서 알게 된 내용을 천주교회

---

44 〈보도지침〉은 한국일보 김주언 기자가 폭로함으로써 그 실체가 공개되었다. 이 〈보도지침〉은 뉴스의 내용뿐 아니라 형식, 즉 기사의 크기나 게재 위치까지 규제하고, 용어사용불가, 홍보선전성 보도의 요청, 축소보도 요청, 보도 불가 등을 구체적으로 명시하여 보도의 전 영역을 통제하였던 것이다.

정의구현 사제단에 알려주면, 사제단은 이를 발표하여 공론화함으로써 비제도적 언론의 역할을 담당하였던 것이다. 천주교회가 기도회를 통하여, 강론과 성명서를 통하여 왜곡된 진실의 실체를 폭로함으로써 국민들은 정부의 발표는 믿지 않으면서도 천주교회가 발표한 내용들을 더 신뢰하는 결과를 낳게 되었고, 천주교회는 진실의 대변자로서 그 역할을 인정받게 되었던 것이다. 따라서 천주교회를 통하여 발표된 사실들은 국민들에게 사건의 진실을 알리는 것뿐만 아니라, 이를 통하여 저항의식을 고취시키고 민주화 투쟁의 정당성을 인식시키는 촉매가 되었다는 점에서 한국 민주화 운동에 있어서 매우 중요한 의미를 함축하고 있는 것이다.

몇 가지 대표적인 예를 통해 구체적으로 살펴보자면, 우선 천주교회는 광주 민주화 항쟁에 관한 진실을 알리는 데 있어서 진실의 대변자로서 자리하였다고 할 수 있다. 광주 민주화 항쟁에 관한 모든 내용에 대해서 실체적 진실은 정권에 의해 왜곡되고 침묵만이 강요되었지만, 천주교회는 이 비극적 상황의 진상을 알리고 공론화하고자 노력하였던 것이다. 그 결과 정의구현 사제단 소속 사제 6명과 수녀 1명이 '광주 민중 항쟁에 관한 유언비어 조작 및 유포'로 계엄포고령을 위반하였다고 해서 연행, 구속되었다.[45] 이후에도 해마다 지속적으로 천주교회는 광주항쟁 진상 알리기와 광주항쟁 관련자의 구명운동을 전개하였고, 1987년 5월에는 전국의 성당에서 광주시민과 외국기자들이 촬영한 광주항쟁 슬라이드와 사진, 일본·독일 기자들이 촬영한 비디오 등을 전시, 상영하면서 사건의

---

45 광주항쟁을 처음부터 지켜 본 광주대교구 소속 김성용 신부는 광주 시민들을 위해 광주 민중 항쟁의 진실을 알려야 한다는 사명감에서 〈분노보다 슬픔이…〉라는 제목의 광주항쟁 일지를 만들었다. 여기서 김 신부는 5월 18일부터 26일 사이에 일어났던 사건의 전말을 전하고 있다. 광주교구 사제단은 다시 〈광주항쟁의 진상〉이라는 제목의 광주항쟁 일지를 보고서 형식으로 정리하여 6월 30일에 발표하였다. 천주교회는 이를 전국의 각 성당에서 발표하여 광주항쟁의 진실을 알리는 데 힘썼다. 이에 관한 자세한 내용은, 기쁨과 희망 사목연구원 편, 『암흑속의 햇불』 4권, 104-122; 149-158쪽을 볼 것.

진실을 알리고자 하였던 것이다. 천주교회의 진실 알리기는 일회적인 것이 아니고 지속적인 고발과 폭로를 통하여 국민들의 현실인식에 기여하였던 것이다.

또 하나 천주교회가 진실의 대변자로서 보다 분명하게 일반 국민들에게 신뢰를 얻게 된 것은 '박종철 고문치사 사건'의 범인 조작에 관한 폭로를 통해서였다. 1987년 5월 18일 광주항쟁 추모미사에서 정의구현 사제단의 김승훈 신부가 박종철 고문치사 사건이 축소 조작되었고 실제 범인들이 은폐되었다는 사실을 폭로하였다. 그리고 5월 22일 성명서에서는 이를 은폐하기 위해서 검찰을 포함한 관계 기관 대책회의가 열리는 등 조직적 음모가 있었음을 고발하며, 범행은폐 기도의 전모를 밝힐 것을 강력하게 요구하였다. 이러한 정의구현 사제단의 폭로와 고발의 의미에 대해 김녕은 그 중요성을 다음과 같이 요약하고 있다(김녕, 1996: 307-308). 첫째, 정부 당국은 결코 자진하여 진실을 밝히려 하지 않았고, 조작의 증거가 사제단에 의해 폭로되자 비로소 마지못해 사실을 인정하였다. 따라서 이 사건은 한국 정부가 고문 사실을 최초로 공개적으로 인정하는 것이었고, 그럼으로써 이전에 스스로가 부인하였던 모든 사실들의 진위를 의심스럽게 만드는 것이었다. 둘째, 정부의 조작과 거짓말은 정부의 평판과 공신력에 대한 치명타였다. 셋째, 대중이 교회를 가장 믿음직한 사회제도로 보고 있음을 입증하는 것이었다. 사건의 조작에 대한 정보를 야당을 포함하여 다른 조직이나 단체가 아닌 사제단에 전달했다는 것은 어느 조직이나 제도보다도 천주교회를 가장 정직하고 신뢰할 수 있는 조직이라고 인식하고 있는 것을 의미하고, 또한 정치적으로 독립을 유지하면서 객관적으로 진실을 밝혀 줄 수 있다는 신뢰를 받고 있음을 의미하는 것이었다고 할 수 있다.

실제로 천주교회의 박종철 고문치사 사건의 조작에 관한 폭로는 공권력의 부도덕성을 폭로하는 것임과 동시에 국민들의 공권력에 대한 도덕적 공분(公憤)과 저항의식을 증폭시키는 계기로 작용하였다고 할 수 있다. 이미 4·13 호헌 조치에 대한 반발로 단식 투쟁을 벌이며 정권에 대한 저항의식을 고취시키고 있던 천주교회와 사회운동 세력은 이로써 정권에 대한 저항의 사회적 정당성을 확보하게 되었던 것이다. 그리고 이를 계기로 정권에 대항하는 최대 도전연합으로서 국민적 연대기구인 '민주헌법쟁취 국민운동본부'를 결성하여 대대적인 대중동원에 나설 수 있게 되었다(윤상철, 1997: 150). 즉 국민들은 공신력 있는 천주교회의 발표로 실체적 진실들을 알게 되고, 그러기에 민주화를 위한 투쟁에 정당성을 부여하고 참여할 수 있었던 것이다. 그러므로 천주교회의 비제도적 언론의 역할은 1987년 6월 항쟁에서 비단 사회운동 세력들뿐만 아니라 일반 국민들에게까지 저항에 참여하도록 하는 영향력을 발휘하였다.

3. 극한 대립의 완화: 조정과 설득의 기능

천주교회는 민주화 운동을 전개함에 있어 천주교회의 사회적 가르침에 따라 평화적이고 비폭력적인 원칙을 고수하고자 하였다. 따라서 민주화를 위한 투쟁에서도 천주교회의 입장은 분명하였다. 천주교회는 부분적으로 권위주의 국가 체제와 권력의 존재를 인정하면서, 이 체제가 좀더 인간적이고 덜 강압적인 국가로 이행해야 한다는 당위성 속에서 민주화 운동을 이해하였던 것이다. 즉 인간화를 위한 방법으로서 민주화를 지지하고 투신하지만, 그렇다고 해서 폭력적인 수단과 방법까지 용인하지는 않는 것이 천주교회의 입장이었다. 그런데 이러한 신앙적 원칙은 집권 세력과 사회운동 세력 사이에서 일정한 간격을 유지하며 천주교회로 하여금 새로운 역할을 수행하도록 만드는 창조적 긴장을 형성하였다고 할 수 있다. 천주교회로 하여금 양 세력이 물리적 충돌과 폭력을 통해 극한적인 대립으로 치닫는 데 있어서 조정과 중재의 역할을 담당할 수 있게 한 것이다. 천주교회는 정부의 강력한 억압에 대해서 비판하고 저항하는 저항 세력으로 활동하면서도 탄압의 강도를 완화시키고 정부의 양보를 얻어내는 협상 활동을 동시에 전개하였고, 저항운동에서 폭력적인 수단과 방법을 정당화하고자 하는 사회운동 세력에 대해서는 민주화 운동이 궁극적으로 인간화를 지향하고 비폭력적, 평화적이어야 한다는 점을 설득하고 가르쳤다.

천주교회의 조정과 설득에 대해 정부나 극단적으로 이념화된 사회운동 세력의 경우를 제외한 대다수는 대체적으로 천주교회의 역할을 인정하고 수용하는 편이었다. 그리고 어느 정치 세력이나 사회 세력이든 한국 사회에서 커다란 영향력과 공신력을 지니고 있는 천주교회를 자신들에게 유리하게 움직이기 위해 상당한 노력을 경주했다.[46] 이처럼 천주교회가 극한적인 대립 상태에 있는 세력 모두에게 영향력을 발휘하며 대응 행위나 방식에서의 완화를 이끌어 낼 수 있었던 것은 천주교회가 서있던 바탕이 도덕적 권위임을 설명해 주는 것이라 할 수 있다. 한국과 같은 다종교 사회 안에서 어떤 개별 종교의 영향력이 강력하게 사회 전체 구성원들에게 미칠 수 있다는 것은 그 종교의 도덕적 권위를 암묵적으로 인정하고 있다는 것을 의미하기 때문이다.

천주교회 도덕적 권위의 영향력은 광주 민주화 항쟁 기간 동안 사태수습을 위해 활동하였던 천주교회의 역할과 부산 미 문화원 방화 사건 관련자들을 위한 정부와의 협상 과정, 천주교회가 지속적으로 전개한 양심수들에 대한 법률구조 활동, 그리고 87년 6월 명동성당 농성 기간 동안 정부와 학생들을 중재하고자 노력하였던 사례들을 통해서도 설명할 수 있다. 특히 광주 민주화 항쟁 기간 동안 수습대책위에 참여하며 군부와

---

46 장성욱, "천주교 정의구현 사제단", 『신동아』, 1987년 7월 호, 342.

시민들 사이를 중재하여 더 큰 희생을 막고자 하였던 천주교회의 노력과 87년 6월 명동성당 농성에서 학생과 시민들의 안전한 귀가 보장을 위해 정부와 학생 양자들을 끈질기게 설득하면서 폭력적 대응을 막았던 천주교회의 활동은 폭력적인 극한 대립을 도덕적 권위를 통해 조정과 설득으로 완화시켰던 대표적인 사례라고 할 수 있다. 정부와 학생들은 천주교회의 요청을 받아들였고, 천주교회가 제안한 범위 내에서 타협하여 폭력 사태를 예방할 수 있었는데 이것은 천주교회가 제안하는 바가 도덕적으로 정당하다는 공동인식이 있었기에 가능하였다고 할 수 있다. 이렇게 대립하는 세력 모두에게 정당성을 인정받고 영향력을 행사한다는 것은 천주교회가 사회 안에서 도덕적 권위를 부여받고 있음을 입증하는 것이다.

또 다른 관점에서 천주교회는 사회운동 세력 내에서 노선의 차이로 빚어지는 갈등을 조정하고 설득하는 데에 있어서도 중요한 역할을 수행하였다고 할 수 있다. 다시 말해 87년 6월 항쟁이 어떻게 최대 도전연합을 구성할 수 있었는지 그 배경과 과정에 있어서도 천주교회의 역할은 매우 중요한 요인으로 작용하였다.

사회운동 세력의 이념적 분화로 운동 진영이 극한적으로 갈등하는 상황에서, 또 제도 야당과 급진 사회운동 세력 사이의 단절 속에서, 천주교회 및 개신교단들은 교회 내외의 급진 세력의 확산을 우려하면서 직선제 개헌을 통한 조속한 민주화의 실현을 요구하였다(정영국, 1993: 229). 그것은 운동 세력의 급진 과격화를 빌미로 지배블럭이 개헌 문제를 아예 폐기해버리거나 내각제를 지지하는 야당 세력들과 제휴하여 합법개헌으로 나아갈 가능성이 있다고 판단하였기 때문이었다. 따라서 천주교회를 비롯한 온건 개혁 세력[47]은 직선제 개헌이라는 최소 요구 조건을 통해 조속한

---

47 급진 변혁 세력의 확산은 제도정치권에서 '직선제 개헌'을 요구하는 야당의 위상을 강화시켜 주면서 급진적 변혁을 우려하는 온건 개혁 세력을 대두시켰다.

민주화 실현을 관철하고자 하였던 것이다. 그러나 이러한 우려가 4 · 13 호헌 조치로 현실화되자, 천주교회는 광주대교구 사제들을 시발로 전국 각 교구의 사제들이 '동장에서부터 대통령까지 우리들 손으로'라는 구호를 통해 '직선제 개헌'을 위한 단식 기도에 돌입하면서 직선제 개헌운동을 강력하게 전개하였다.

이 같은 사제들의 행동 이면에는, 정부의 술책에 의해 민주화를 위한 모처럼의 기회가 이념적 논쟁이나 갈등으로 인해 무산될 수 있다는 위기 감으로부터 비롯된 것으로 즉각 온건 개혁을 추구하는 중간 계급의 지식인 그룹들의 호응을 얻게 되었다. 대통령 중심 직선제 개헌을 관철하고자 하는 사제들의 단식 기도를 지지하며 호헌 조치에 저항하는 재야 인사, 목사, 청년, 학생들의 단식이 뒤따랐고, 고려대 교수들의 시국선언과 함께 중간 계급의 거의 모든 주요 집단들에 의한 시국선언이 이어졌던 것이다. 정의구현 사제단도 4월 23일 성명서를 발표하여 모든 사회운동 세력과 야당을 향해 탄압에 명분을 주는 관념적 논쟁을 지양하고 투쟁목표와 방법과 노선을 하나로 정비 · 강화하여 민주운동 역량 내부의 조직화와 상호신뢰를 통한 연대를 호소하며 '직선제 개헌' 투쟁에 함께 해 줄 것을 호소하였다.[48] 다시 말해 천주교회 사제들에 의해 촉발된 4 · 13 호헌 조치철폐 운동과 직선제 개헌운동, 그리고 '박종철 고문치사 사건'의 폭로와 같은 일련의 활동들은 대립관계가 해소되지 않은 상태에 있던 야당과 사회운동 세력 사이에 국가와 지배블럭이라는 공동의 적에 대항하여 상호 연대할 수 있는 근본적인 여건을 마련하였던 것이다(윤상철, 1997: 150).

---

48 정의구현 사제단은 4월 23일 '긴급 조치 시대의 재현을 거부한다'는 성명서를 통해 모든 민주
  세력에게 '군부 독재의 승계와 그 영구화가 극복되어져야 할 당면과제라면, 모든 세력은 그 역
  량을 여기에 귀일, 집중하여야 할 것입니다. 용공 조작 모략과 그 탄압에 명분과 빌미를 주는 관
  념적 논쟁을 지양하고, 우리의 투쟁목표와 방법과 노선을 하나로 정비 · 강화하여 민주 · 민중
  운동 역량의 연대를 확대해야 합니다'라고 호소하였다(기쁨과 희망 사목연구원 편, 『암흑속의 횃
  불』 8권, 154).

이 같은 기반 위에서 정부의 기만성과 부도덕성에 대한 범국민적 저항을 유도하고 민주헌법쟁취를 위한 민주 세력들의 범국민적 연대기구가 결성되었다. 먼저 5월 20일 부산지역에 있는 민중민주화 운동 단체와 애국적 인사들이 연대하여 호헌반대 민주헌법쟁취 범국민운동 부산본부가 결성되었고, 5월 27일 민주헌법쟁취 국민운동본부(국민운동본부)[49]가 정식으로 발족되었다. 국민운동본부는 고립 분산적으로 표현되어 오던 호헌반대 민주화 운동을 하나의 큰 물결로 결집시키고 국민을 향해, 국민 속으로 확산시켜 나가야 한다는 데 뜻을 모았다는 점에서 큰 의의를 가진다. 그리고 국민운동본부의 인적 구성도 사제, 목사, 승려, 여성, 민주정치인, 노동자, 농민, 도시 빈민, 문인, 교육자, 문화예술인, 언론출판인, 청년 등이 대통령 중심 직선제와 진정 국민이 이 땅의 주인 되는 민주사회를 위해 연대하였다는 점에서 의미가 있다.

국민운동본부 결성에 관한 논의 초기에는 창당 과정에 있는 민주당을 별도로 하고, 순수재야와 종교인만으로 공동기구를 구성하고 신당과는 별도로 연합전선을 편다는 의견이 많았다. 특히 독자적인 기구 구성은 박형규 목사 등 개신교 측의 지배적인 의견이었다. 김영삼 민주당 총재도 창당 직후 재야와는 공동기구를 설치하지 않고 연대 투쟁을 펼치겠다고 밝혔다. 그러나 민통련과 천주교 측은 야당인 민주당을 포함한 모든 민주 세력 연대하는 공동기구를 강력히 추진하였고, 이에 따라 정권에 대한 최대 도전연합이라고 할 수 있는 민주당과 모든 민주 세력의 연대기구인 국민운동본부가 결성될 수 있었던 것이다.[50] 천주교회가 사제들의

---

49 국민운동본부 발기인들의 성분을 살펴보면, 총 2,264명의 서명자 중에서 천주교 253명, 개신교 270명, 불교 160명, 민통련 35명, 정치인 213명, 여성계 162명, 민주화실천협의회 308명, 농민 171명, 노동자 39명, 빈민 18명, 언론출판계 43명, 문인 43명, 문화예술인 66명, 교육계 55명, 청년계 12명, 법조계 74명이었다. 천주교에서는 윤공희 대주교가 고문으로 추대되었고, 그 당시 가장 사회적으로 영향력이 컸던 정의구현 사제단이 단체로 가입하는 적극성을 보였다(이경재, "6 · 10 시위 막전 막후", 『신동아』, 1987년 7월 호, 212).

단식 기도로부터 박종철 고문치사 사건의 폭로에 이르는 활동을 통해 야당이나 사회운동 세력보다 더 큰 대중적 지지를 얻고 있었기 때문이다. 천주교회는 이를 바탕으로 사회운동 세력과 야당이 '직선제 개헌'이라는 온건 개혁 노선의 단일목표를 중심으로 결집될 수 있도록 강력한 영향력을 행사하였던 것이다. 이를 통해 볼 때, 천주교회는 이념적 갈등과 대립으로 고립되어 있던 야당과 사회운동 세력, 또한 사회운동 세력 내에서의 이념적 분열을 조정하고 민주화를 위한 최대 도전연합을 결성하는 데 있어서도 조정자 역할을 수행하였다고 할 수 있다.

4. 저항의식의 고취와 중산층의 동원

전두환 정권이 들어선 이후 군 출신 인사들의 정치권에서의 주도적 역할과 사회 여러 부문으로의 진입, 정권유지를 위한 공권력의 전횡과 남용 등은 정부의 도덕성에 대한 국민적 불신과 불만을 가중시켰다. 이러한 맥락 속에서 천주교회는 정권에 대한 도덕적 판단자로서 정권을 비판하고, 인권의 개선과 민주화를 위한 저항운동을 전개하였다. 천주교회가 정권에 대해 내리는 도덕적 판단은 그 자체로 체제 비판적이지만, 그 파급의 영향은 국민들의 저항의식을 고취시키는 데 있어 매우 중요하게 작용하였다.[51] 천주교회가 드러내는 실체적 진실과 그에 대한 도덕적 판단은 정부의 부도덕성에 대한 고발이며, 언론 통제로 인해 정보로부터 배제된

---

50 이경재, "6·10 시위 막전 막후", 『신동아』, 1987년 7월 호, 207.

51 이신행은 교회의 조직적 기반과 상징적 기반은 교회가 체제 외적 연대를 구성하는 데 기본적인 자원이라고 설명하면서, 이 자원 위에서 정치적 권위를 거부하는 보다 튼튼한 사회 상징을 만들어 내었다고 보고 있다. 그리고 교회가 이러한 사회 상징을 교리적 도그마의 자리에 앉히게 되면, 그것에 의해 반영구적인 의미생산이 가능하게 된다고 주장하고 있다(이신행, 1997: 97).

172

국민들에게 도덕적 분노와 저항의식을 형성하는 도덕적 근거가 되었던 것이다. 그러므로 이 시기의 천주교회의 역할은 스멜서(Smelser)가 말하는 사회운동 발생의 필수적 조건들 가운데 하나인 '일반화된 신념의 형성과 확산'[52]이 가능하도록 하는 데 있었다고 할 수 있다. 이는 민주화 운동의 행위를 구성하는 데에 있어서 매우 중요한 의미를 가진다. 정치사회적 환경에 대한 천주교회의 도덕적 판단은 저항운동의 정당성에 대한 근거를 제공하고, 특히나 일반적으로 급진적 체제변혁을 우려하는 중산층의 도덕적 분노와 동원(mobilization)을 이끌어 내는 데 아주 중대한 영향을 미쳤기 때문이다.

이미 앞에서 논증하였듯이, 87년 6월 항쟁에 있어서 최대 도전 연합이 가능했던 배경에는 정치적 쟁점 중심의 온건한 개혁 노선과 비폭력적 저항, 그리고 이러한 흐름에 동조한 중산층의 대대적인 참여가 있었다고 볼 수 있다. 당시까지 중산층은 대체로 '잠재적 대중'으로서만 인식되어 왔고, 정치의식에서는 현실정치와 사회적 여건에 비판적이면서도 행동에서는 결코 과격하지 않으며, 또한 점진적인 개혁은 바라지만 급진적인 개혁에는 반대하는 것을 특징으로 하고 있었던 것이다.[53] 그런데 이러한 중산층이 반정부적 정치성향으로 전환하여 민주화 대투쟁에 적극 참여한 것이다. 한국 민주화 과정에서의 중산층의 동원이 가능했던 것은 체제저항에 대한 중산층의 도덕적 공감 때문이라고 할 수 있다. 그런데

---

52 스멜서는 집합행동이 발생하고 전개되는 과정을 가치부과적 접근방법을 통하여 설명하고 있는데, 이 방법은 집합행동의 결정요인을 일반적인 것에서 특수한 것까지의 순서로 배열하는 것이다. 스멜서가 말하는 집합행동의 결정요인은 여섯 가지인데, 구조적 유인성, 구조적 긴장, 일반화된 신념의 형성과 확산, 촉발요인들, 참가자의 행동동원, 비효율적인 사회적 통제를 들고 있다. 이러한 요인들은 반드시 시간적인 것은 아니지만 논리적으로는 앞의 요인이 뒤의 요인을 앞서는 것으로 본다. 그러나 각 결정요인들이 집합행동의 한 사건이 일어나고 전개되는 데 있어 필요조건이기는 하지만 충분조건은 아니라고 보고 있다. 이에 관한 자세한 설명은 임희섭, 1999: 34-37을 볼 것.

중산층의 동원이 가능했던 배경을 종합적으로 이해하기 위해서는 개개
인으로서의 중산층이 운동 부문에 어떻게 동의하고 참여하는가를 설명
하는 사회운동의 인지 과정(framing processes)론적 이해가 필요하다.[54] 즉
당시의 상황에서 도덕적인 정당성을 확보하고 중산층의 도덕적 공감을
불러 일으켰던 것이 무엇인가를 밝히는 것이 중요하다고 할 수 있다.

　이미 앞에서 보았듯이, 천주교회는 호헌 조치에 대한 사제들의 단식

53　중산층의 정치의식에 대해 알 수 있는 자료는 86년 서울대학교 사회과학연구소에서 1986년 12
월 2-12일 간에 걸쳐 실시한 〈전환기 한국사회조사-I〉가 있다. 이 조사에 따르면, 전반적인 경향
은 중상 계급과 신 중간 계급이 구 중간 계급과 노동 계급에 비해 권위주의 체제에 대해 보다 비
판적이었음이 드러났다. 특히 중상 계급과 신 중간 계급은 '정치현실에 대한 만족도', '인권 문
제의 개선상황', '군과 민간 간의 갈등' 등에 대한 응답에서 권위주의 체제에 대해 매우 부정적
인 평가를 내리고 있다.

　중산층의 정치의식을 가늠할 수 있는 또 하나의 자료는 87년 5월 서울대학교 사회과학연구소
가 한국일보사의 의뢰로 실시한 〈한국의 중산층〉 연구가 있다. 이 자료를 살펴보면, 중산층은
스스로를 급진 변혁론자로 보지 않고 점진적 개혁론자로 보고 있다. 또한 자유권적 기본권 투
쟁에 대해 중산층이 노동자 계급보다 좀 더 강하게 지지하고 있다. 생존권적 기본권 투쟁에서
도 그들이 노동자 계급 못지않게 현실변혁적임이 드러났다(〈표 6〉 참고).

	중간 계층	노동자 계급	차이
교수·지식인들의 시국선언	79	67	12
TV시청료납부 거부 운동	80	76	4
중·고교 교사들의 교육민주화선언	73	63	10
시국에 대한 종교인들의 선언	66	46	20
대학생들의 주장	60	53	7
소값파동에 대한 농민항의	89	89	0
철거민들의 시위	72	64	8
노동자들의 시위	65	72	-7
택시운전사들의 시위	63	63	0

〈표 6〉 정치적 집합행위에 대한 중산층의 태도(%)

　이밖에도 중산층의 정부에 대한 국민저항권에 대한 인식에서 '적극 찬성'과 '찬성하는 편'을
합쳐 96%에 이르고 있고, 이 점은 노동자 계급에서 95%에 달해 국민 절대 다수가 비민주적 정
부에 대한 저항을 정당한 국민의 권리로 인정하고 있음을 알 수 있다. 그러나 중산층의 자의식
을 알아보는 '말만 비판적이지 행동이 따르지 않는다'와 '중산층은 타산적이다'는 항목에서 각
각 72%, 58%로 응답하여 과반수 이상의 중산층이 그들 스스로의 부정적 자화상으로 꼽고 있다
(자료출처: 한완상, 1992: 145-179; 홍두승, 1992: 262-263; 윤상철, 1997: 139-142).

저항으로 꺼져가던 직선제 개헌의 열기를 되살려 놓았고, '박종철 고문치사 사건'의 조작에 대한 폭로로써 정권에 대한 저항의식을 증폭시켜 놓았다. 특히 '박종철 고문치사 사건'의 조작 발표는 정의구현 사제단이 구속을 각오하고 진실을 폭로함으로써 정권에 대한 불신과 분노를 증폭시켰다. 이것이 계기가 되어 천주교회는 가장 공신력 있는 사회 조직으로서 천주교회의 영향력은 범민주 세력의 연대를 위한 모임에서도, 온건 개혁노선의 목표설정에서도 주도적이 될 수 있었다. 그런데 이러한 역할들이 가능했던 것은 사제들이 개인적 희생을 각오하고 투쟁에 헌신함으로써 도덕적 존경과 함께 거부할 수 없는 권위를 드러내 보였기 때문이라고 할 수 있다.[55] 사제들의 투쟁은 폭력 정권에 대한 저항의 정당성을 표명하는 것이었고, 중산층으로 하여금 도덕적 공감 속에서 투쟁에 참여하도록 고무하는 것이었다. 더구나 중산층의 도덕적 분노는 연세대 이한열 군이 직격 최루탄에 맞아 혼수상태에 빠지는 사건 속에서 상승작용을 일으켜 정권의 폭력성에 더욱 큰 국민적 분노를 가져왔고, 강력한 저항

---

54 맥아담(McAdam), 매카시(McCarthy) 그리고 잘드(Zald)는 사회운동에 대한 종합적 이해를 위해 세 가지 해석 기제를 역동적으로 연결하고자 한다. 첫 번째는 정치적 기회구조(political opportunities)로서, 사회운동의 외적 요인으로 운동을 촉진시키는 동시에 제약할 수 있는 정치 기회구조에 초점을 맞추는 것이다. 두 번째는 동원구조론(mobilizing structures)으로, 이것은 중위수준의 집단이나 조직, 비공식적인 네트워크 등에 초점을 맞추어 작업장 또는 이웃과 같은 풀뿌리 환경(grass-roots setting)을 기반으로 해서 이루어지는 동원구조를 파악하는 것이다. 세 번째는 인지 과정론(framing processes)으로서, 풀뿌리 수준의 개인들이 운동 부문에 어떻게 동의하고 참여하는 가에 대한 체계적인 연구를 말한다. 이에 관한 자세한 설명은 McAdam, McCarthy & Zald(eds.), 1996: 2-11을 볼 것.

55 이신행은 저항권이 윤리적으로 이타의식이 높았던 학생영역과 종교영역에 의해서 포착되거나 구사되지 않았다면, 변동 지향적 민을 동원하는 윤리적 권위를 누리지 못하였을 것이라고 주장하고 있다(이신행, 1997: 118). 또한 같은 맥락에서 조대엽은 대학과 교회가 운동자원으로 기능했던 것은 대학과 교회가 열린 조직공간이기도 하지만, 대학과 성직자에 대한 사회적 존경이 반영되는 것에서 알 수 있듯이, 유교적이고 도덕주의적인 전통이 강한 한국에서 생산대중의 조직력이나 금전 등에 비해 도덕적 자원은 훨씬 영향력 있는 운동자원이라는 것이다(조대엽, 1999: 129).

행동으로 귀결되었다. 시민들이 시위대를 보호하고, 시위대와 일체를 이루어 경찰과 대치하며 정권에 대해 저항적 태도를 보였던 것은 정권의 폭력성에 대한 중산층의 분노이며 동시에 저항에 대한 도덕적 공감이라고 할 수 있다. 그러기에 공권력이 강경진압을 거듭할수록, 반작용으로 정당성 없는 폭력에 대한 중산층의 저항이 확대되었던 것이다. 그러므로 6월 민주화 대투쟁에서 중산층의 동원에는 '박종철 고문치사 사건'이나 4·13 호헌 조치, 그리고 '박종철 고문치사 사건 조작과 은폐'로 인해 증폭된 공권력의 부도덕성에 대한 공분이 주요한 배경이라고 할 수 있다(최장집, 1993: 181). 천주교회는 도덕적 권위 속에서 폭력 정권에 대한 저항의 도덕적 공감을 중산층 안에 형성하고, 저항의 정당성을 확산시켜 민주화 투쟁에 동원하는 데 매우 중요한 기여를 하였던 것이다. 따라서 당시의 상황에서 중산층의 도덕적 분노와 동원이 민주화 대투쟁을 승리로 이끄는 데 중요한 요인이 되었다고 할 때, 천주교회 도덕적 권위의 역할은 간과할 수 없는 중요한 의의를 가진다고 할 수 있다.

제 4장

도덕적 권위의 성격 변화와 한계

제1절_ 민주주의 이행 시기의 국가 성격

1. 6 · 29 이후의 국가 권력

노태우 정권의 출범은 6월 민주항쟁이 군부 정권의 합헌적 재생산으로 마무리 되었음을 의미하는 것이자, 선거라는 합법적인 절차를 통하여 군부 정권의 위기 극복과 동시에 위로부터의 보수적 · 제한적 · 점진적인 민중배제적 민주화 이행의 개시를 공식화하는 계기였다고 할 수 있다 (조현연 · 조희연, 2001a: 282). 그런데 민주화를 비민주적인 정부를 퇴장시키는 것뿐만 아니라 민주적 절차와 규범의 제도화, 내면화, 습관화, 일상화의 과정 전체를 의미한다고 할 때, 노태우 정권은 형식적, 절차적 단계의 민주화 수준을 나타내는 것이다.[1]

노태우 정권은 권위주의적 지배블럭이나 통치기구의 연속성에도 불구하고 선거를 통해 강화된 정치적 정당성을 기반으로 제 5공화국의 강압적 통치방식에 일정한 변화를 모색하였다. 한편으로는 권위주의 체제를 제도적으로 청산하여 노 정권이 전두환 정권과는 차별적인 정권임을 드러냄으로써 새로운 정치적 정당성을 수립하고자 하였고, 다른 한편으로는 제도권의 정치 세력과 친정부적인 노동조합에 대한 포섭·촉진 정책을 시도함으로써 대선 승리의 주요한 요인이었던 정치사회와 시민사회의 분리, 정치사회 및 시민사회 각각의 내적 분리를 지속시키고자 하였다(윤상철, 1997: 217). 그러므로 엄격히 보아 노태우 정권은 집권 세력의 기본적인 변화가 없었다는 점에서 민간 정권으로 보기도 어렵지만, 형식적 민주주의 절차를 통해 정권을 장악했다는 점에서 군부 정권으로 파악하기도 어렵다.[2] 굳이 노태우 정권의 성격을 규정하자면 발렌주엘라(Valenzuela, 1992: 77)가 규정한 것과 같이 '자유화된 권위주의 정권의 틀 안에서 민주화를 수용'하는 정권형태로 볼 수 있을 것이다(김호기, 1995: 325-6).

노태우 정권이 민주화 이행을 더욱 가속화한 것은 1988년 4월 26일의 총선 결과에 따른 것이었다. 88년 총선은 집권당인 민정당이 과반수 의석을 확보하지 못하고 지역에 강한 기반을 둔 세 야당이 과반수 이상의

---

1 민주화는 두 단계로 나뉘어 설명된다. 첫 단계는 형식적, 절차적 민주화의 단계이고, 둘째 단계는 실질적 민주화의 단계이다. 이는 민주주의를 정치 체제만이 아니라 경제를 포함하는 사회내의 모든 측면에 관계된 것으로 보는 데에서 비롯되는 것이다. 따라서 민주주의를 완성해가기 위해서는 정치적 개방에 의한 탈권위주의화와 함께 사회 경제적 개혁내용이 현실화되는 것이 요구된다고 할 수 있다. 이와 같은 시각 속에서 민주화를 논하고 있는 임혁백은 민주화를 이행과 공고화의 과정으로 보고 있다. 이행은 비민주적인 정부를 퇴장시키는 것을 말하고, 공고화는 민주적 절차와 규범의 제도화, 내면화, 습관화, 일상화의 과정으로 보고 있다(임혁백, 1997b: 23-29).

2 노태우 정권의 성격에 대한 규정에 있어서는 여러 가지 견해들이 있다. 오도넬과 슈미터의 논의에 준거하는 논자들은 '완화된 독재(dictablanda)'(임현진·김병국, 1991: 154; 임혁백, 1994), '이완된 군부 독재'(최장집, 1993: 202), '제한된 민주주의'(성경륭, 1993: 127)로 이해하고 있다. 커밍스(1989)는 '민주화 이행의 유산'으로 규정하고 있으며, 한국 산업사회연구회(1989: 72-3)는 신식민지 파시즘의 본질에서 전 정권과 차별성이 없고, 그 통치형태가 '제한된 민주화', '의사개량화된 정권'으로 파악할 수 있다는 견해를 제시하고 있으며, 조희연(1994: 271)은 '이완된 군부 독재'에 가까운 '연성 군부 독재 정권' 혹은 선거에 의해서 재집권한 군부 정권이라는 의미에서 '민선군부 정권'(조희연·조현연, 2001a: 285)이라고 규정하고 있다. 이에 관해서는 윤상철(1997: 217)의 각주 69를 참고하였음.

의석을 차지하는 이변을 창출하였기 때문이다.[3] '여소야대'의 정치구조 속에서 야 3당은 6공 세력이 정치적 연합을 필요로 하는 조건을 활용하여 국회법, 국정감사법, 증언감정법, 양심수 석방결의안 등을 중심으로 국회를 효과적인 권력경쟁의 장으로 만들기 위한 정치적 제도화를 시도하였을 뿐 아니라, 7월 말에는 광주특위, 법률개폐특위, 5공 비리 특위 등 청문회를 시작하여 민주화 국면으로 전환하고자 시도하였다. 그러나 이러한 가운데에서도 야 3당은 시민사회의 반권위주의적 동원과는 정치적으로 접합하고자 하지 않고, 다만 지배블럭을 압박하는 데 활용하는 수준에 머물러 사회운동권 세력을 의도적으로 배제하려는 태도를 보였다. 즉 지배블럭의 '두 국민전략'[4]과 맥을 같이 하였던 것이다.

올림픽 이후 국정감사를 계기로 정치 체제 내부의 권력경쟁이 정치과정을 주도하게 되면서, 전두환 일가의 비리, 삼청교육대, 언론통폐합, 고문 및 인권 문제 등이 본격적으로 제기됨으로써 노태우 정권은 위기에 직면하게 되었다. 제 6공 세력은 5공 단절 전략으로 정치적 위기를 극복하고자 하였으나, 청문회 정국이 본격화되면서 일해재단, 정경유착, 언론통폐합 등 권위주의적 군부 정권하에서의 권력형 비리의 진상이 밝혀져 국민적 공분을 불렀던 것이다. 그 결과 시민사회의 정치적 동원이 급속하게 이루어지고 그 구성이 재야 운동권 세력뿐 아니라 중간 계급 사회

---

3 이러한 선거 결과는 87년 대선 과정에서 지배블럭이 추진한 지역주의에 의한 의도되지 않은 결과에 따른 것이었다. 대선을 통해 김대중, 김영삼, 김종필은 전국적인 지도자로서의 위상은 약화되었으나, 지역적 위상은 크게 강화되어 이는 총선에 그대로 반영되었다. 그 결과 총선에서 강한 지역적 기반을 가지고 있던 평민당이 70석으로 제 1야당이 되었고, 민정당은 과반수에 못 미치는 125석, 민주당은 59석, 공화당은 35석을 차지하였다.

4 지배블럭의 이른바 '두 국민전략'(김호기, 1995), '헤게모니적 배제전략'(노중기, 1995)은 제도 야권에게는 권력경쟁의 입지를 제고시켜 정치 체제 내에 머무르게 하는 동시에 중간 계급 등 시민 사회의 대중들이 사회운동 세력에 의해 동원되지 않도록 하기 위하여 안보위기를 조장하는 한편, 사회운동권을 급진 폭력 세력으로 조작함으로써 위기의식을 증대시켜 중간 계급의 정치적 동원을 차단하고자 하는 것이었다. 이러한 전략을 통하여 지배블럭은 내부적 분열에도 불구하고 정치적 주도권을 상실하지 않고, 내분을 정비하고 스스로를 재강화할 수 있었다.

단체 및 시민대중으로 확산되었으며, 야 3당 또한 시민사회의 정치적 동원에 자극과 지지를 받으면서 전두환 처리에 강경한 입장을 취하기 시작하였다. 이에 지배블럭은 광주와 5공의 비리 문제 종결을 위하여 시국사범의 석방과 사면, 광주 피해자의 명예회복 등을 내용으로 하는 6개항의 민주화 조치를 발표하여 5공 청산 문제의 종결을 제안하였고, 여야는 그 후 정치적 타협으로 이 문제를 마무리 지었다. 이 조치들은 제도 야당이나 사회운동 세력의 요구 수준을 모두 충족시키기에는 미흡한 수준이었지만, 그럼에도 불구하고 6공 정권에게는 상당한 수준의 정치적 정당성을 부여하게 만들어 시민사회 대중들의 정치적 동원이 급속도로 약화되게 만들었던 것이다.

1989년 봄에 접어들면서 노태우 정권의 위기는 더욱 심화되었다. 여소야대의 구도 속에서 5공 청문회의 여세를 몰아 야당은 노태우 대통령이 대선 당시 약속한 중간 평가 문제를 본격적으로 부각시키면서 계속적인 개혁입법의 압력을 가하였다. 이에 지배블럭은 국면전환을 위해 공안적 흐름을 점차 강화하기 시작했고,[5] 이 와중에서 문익환 목사의 방북과 황석영의 북한 체류를 계기로 지배블럭은 본격적으로 '공안정국'에 돌입하게 되었다.[6] 아울러 방북 사건을 계기로 좌파 세력의 득세와 경제 위기가

---

5 노동부가 '무노동 무임금'의 원칙을 확립하고 노조의 경영권, 인사권 개입을 강력하게 규제하겠다는 방침을 밝혔고, 3월 1일에는 노태우 대통령이 3·1절 기념사에서 '민주 체제 전복 세력을 더 이상 방치할 수 없다'고 언급하였다. 이어 3월 14일에는 총무처 장관 김용갑이 '좌경 세력에 대한 강경대처'와 '국회 해산권 도입을 위한 개헌' 등을 주장하면서 사임하는 사건이 발생하였다. 노태우 대통령은 재차 계급혁명 세력의 척결을 강조하였고, 민병돈 육사교장이 온건한 정부의 북방 정책과 대야당 정책에 대하여 비판하는 사태가 벌어졌다.

6 안기부, 검찰, 보안사 등으로 구성된 '공안합동수사본부'를 설치하여 6·29 이후 급속히 성장한 재야 운동권에 대한 강경 대응에 나섰다. 장기 파업 중인 현대중공업에는 공권력을 투입하여 강제해산하고 700여 명의 노동자들을 연행하였으며, 전교조에 가입한 교사 1,500여 명에 대해서 강제해직하고 100여 명을 구속하였다. 이후 동의대 사태, 평민당 서경원 의원 방북사건, 임수경의 평양 청년학생축전참가, 문규현 신부 방북 등이 발생하면서 재야뿐 아니라 노동운동, 학생운동 등 시민사회의 사회운동권에 대한 전면적 탄압을 더욱 강화하였던 것이다.

몰고 오는 국가적 위기, 이른바 총체적 위기를 강조함으로써 대중들의 위기의식을 조장하는 강력한 이데올로기 공세를 펼쳤다.[7]

공안정국은 중간평가 유보 과정에서 동요하던 야권공조 체제를 붕괴시킴으로써 권력경쟁 양상을 근본적으로 변화시켰으며, 야 3당은 방북 문제, 공안정국, 노동 문제에 대하여 상반된 견해를 표명함으로써 노태우 정권의 공안적 전략에 소극적으로 끌려 다니게 되었다(윤상철, 1997: 275). 국가 및 지배블럭은 야 3당 공조 체제를 주도하던 평민당을 위축시킴으로써 야당 세력의 압력을 현저히 저하시켜 5공 청산으로 야기된 정치적 위기를 극복하고, 야당연합의 해체로 말미암아 사회운동 세력을 훨씬 수월하게 억압할 수 있는 조건을 만들었던 것이다.

이러한 과정에서 1990년 1월 22일 노태우, 김영삼, 김종필은 청와대에서 3당 통합을 선언한다.[8] 이 3당 합당은 '범보수 세력연합'을 시도함으로써 여소야대 구조로 인한 통치의 비효율성을 극복하고 동시에 지배 권력의 재생산을 위한 '재집권연합' 구축의 성격을 갖는다(조희연, 1995a: 305). 3당 합당으로 여소야대의 구조 속에서 강력한 정치사회에 의해 추동되었던 지배블럭의 위기가 완전히 해소되었고, 또 다시 정치사회가 무력화되어 의회민주주의가 약화된 것이다. 3당 합당의 또 다른 정치적

---

7 공안정국의 시작은 1986-88년 경제호황에 뒤이은 경기침체와 때를 같이 하는데, 지배블럭은 거의 모든 경제 문제를 급진주의 탓으로 돌리는 이데올로기적 공세를 강화하였다. 임금인상과 인플레이션, 생산성 저하, 사회 무질서, 생산 원가의 증가, 세계시장에서의 경쟁력 상실, 경제 침체, 그리고 '파국' 또는 총체적 위기라는 일반적 분위기 등이 모두 급진주의의 역기능으로 선전되었던 것이다(최장집, 1993: 320).

8 3당 합당의 명분으로 지역연고 중심의 4당 체제를 타파하고 새로운 국제정세의 변화에 대처하기 위한 정치적 재편성이 필요함을 들었다. 그러나 이것은 각 당, 특히 그 지도자들의 권력 추구의 결과라고 할 수 있다. 민정당은 야당이 우세한 국회에서 정치적 주도권을 장악하기를 원했고, 민주당의 김영삼은 4당구조에서 정권을 잡기 힘들자 차기 정권창출에서의 유리한 고지를 점하고자 하였으며, 김종필은 제 4당의 약한 지위로부터 집권 여당의 핵심인물로의 지위상승을 꾀했던 것이다(김영명, 2003: 289).

실책은 반군부 독재 민주화 운동의 주축이었던 민간정치 세력을 지배블럭 안에 포섭함으로써 민주 대 반민주 대립전선을 모호하게 만든 것이다(윤상철, 1997: 301). 뿐만 아니라 한국의 권위주의 정권을 유지해오던 지역주의를 더욱 심화시켜 호남을 기반으로 하고 있던 평민당을 배제한 반호남의 지역패권정치연합의 성격을 띠고(임혁백, 1997b: 38), 이는 87년 이후 본격화된 '두 국민전략', 즉 호남 대 비호남의 지역적 구도가 구축되고 중간 계급과 노동자 계급의 분절을 강화하는 것이 되었다(김호기, 1995: 325-332).

3당 합당을 통해 시민사회를 분열하려는 노태우 정권의 두 국민전략은 또한 노동 계급을 배제하는 친자본적 성격을 띠고 있었다(임혁백, 1997b: 38). 좀 더 정확히 말하자면, 노동조합법을 비롯한 법안의 폐기(90. 2. 13), 군조직법 개정안 날치기(90. 3. 12), 성장위주 경제 정책으로의 전환(90. 3. 17), 금융실명제의 유보(90. 3. 17) 등에서 보여주듯이 권위주의적 정책으로 회귀하는 모습을 보여주었다(최장집, 1996: 232). 또한 3당 합당으로 반노동 계급적인 보수 우익 정치 세력이 연합함으로써 노동자들에 대한 국가와 자본의 공세가 강화되었다. 전노협과 같은 변혁지향적인 민주 노조 운동으로부터 노동대중의 분리, 무노동 무임금 원칙의 엄격한 적용, 총액임금제와 같은 임금 가이드라인의 부활, 사회주의권의 붕괴와 이에 따른 자본주의의 우월성 등으로 노동 통제를 강화하였던 것이다(임혁백, 1997b: 39).

결국 3당 합당은 엘리트 구조의 연속성을 확실히 하는 가운데 국가를 재강화하고, 보수적 권위주의가 보수적 자유주의의 일부와 결합하여 지배블럭을 공고화하였을 뿐만 아니라, 광범한 정치 참여와 기존의 엘리트 구조의 상당한 변화를 가져 올 '아래로부터의 민주화' 개혁 요구를 돌파해 내는 전면적인 변형주의(transformism)적 재편이었다고 할 수 있다(최장집, 1996: 232).

2. 민주주의의 지체

3당 합당을 통해 안정화를 구축한 지배블럭은 1992년 대선에서 군부 엘리트, 관료, 재계를 중심으로 한 구체제하에서의 집권 세력을 한편으로 하고, 민주주의에 대한 온건한 개혁을 지지하나 대체로 비호남지역 출신인 교육받은 도시 중산층을 다른 한편으로 하는 '승자연합'을 구성하여 김영삼을 대통령에 당선되게 하였다. 이 연합은 호남 배제, 냉전적 반공주의, 상위 중산층, 그리고 온건 반군부 독재 민주화 세력을 기반으로 하였다는 점에서 호남 배제와 보수주의 및 온건 민주 세력의 결합이라는 이중적 성격을 지니는 것이었다(최장집, 1996: 245). 이로써 한국에서는 제 3세계 민주화의 경로상 유례없는 경로가 현실화되게 되었다. 즉 '반군부 정권 투쟁에 동참하였던 타협적인 야당이 군부 집권당과 통합하여 군부 집권 세력과 결합한 상태에서 그러한 야당 지도자를 수반으로 하는' 민간 정권이 수립되는 경로를 밟은 것이다(조희연, 1995a: 314). 그러므로 3당 합당에 의한 김영삼 정권의 성립은 여당과 야당 간의 정권교체가 아니라 집권 여당 내의 권력이동이라는 의미를 가지며, 군부 정권과 결합하는 형태로 출발하였다는 점에서 진정한 민주정부가 아닌 '의사 민주정부'라고 규정할 수 있다(조희연, 1995a: 315).[9]

김영삼 정부는 출범하자마자 개혁에 착수하였는데, 초기개혁의 대상은 김영삼 정부를 탄생시킨 기득권 세력이었다(최장집, 1996: 251). 김영삼 정권은 먼저 정치화된 군부집단의 숙청과 기득권 엘리트를 대상으로 하는 사정개혁에 착수하였다. 이러한 사정개혁은 선거, 정당, 정치자금 등에 관한 정치개혁입법의 제정을 통해 정치적 경쟁의 틀을 민주주의와 부합하도록 제도적으로 뒷받침하는 것이었다. 그러나 그럼에도 보수연합에 의한 집권이라는 김영삼 정부의 출범 방식은 개혁이 추진되어 나가는 방법을 일정하게 규정하는 한계를 내포하고 있었다고 할 수 있다. 김영삼 정부의 초기개혁이 정치 엘리트들을 대상으로 하는 중앙정치 무대의 개혁이어서, 개혁의 범위가 국가기구와 정치사회 내의 지배 엘리트의 정화와 교체를 넘어서지 못하고 국가와 시민사회, 국가와 경제사회의 관계를 재정립하는 개혁으로까지 나아가지 못하였던 것이다(임혁백, 1997b: 43). 즉 경제 민주화의 중요한 내용이라고 할 수 있는 초기의 기업분할 명령제 도입, 주력업종선정, 기업공개, 소유분산 등 신경제 5개년 계획지침은 재계의 반발에 부딪혀 후퇴하였고, 재벌의 규제를 강화하기 위한 구조조정, 재무구조의 개선과 같은 조치들이 정부의 '세계화'와 '국가경쟁력 강화' 등 신자유주의적 담론 속에서 오히려 수정됨으로써 분배보다는 성장을 우선시하는 과거 군부·권위주의 체제하에서의 정책기조와 크게 다를 것이 없게 되었던 것이다. 따라서 성장일변도의 정책을 추구하던 김영삼 정부에서의 재벌기업들은 오히려 헤게모니를 강화하게 만드는 결과를 파생하였다.

---

9 김영삼 정부의 성격을 규정하는 데 있어서, 최장집은 이러한 태생적 한계 때문에 민주화를 '반(牛)이행'이라고 평가하고 있으며, 김영삼 정부의 민주화를 공고화하기 위한 개혁조처들을 권력의 최정점인 대통령으로부터 발원되는, 부분적으로 오도넬이 말했던 바의 위임민주주의(delegative democracy)를 다소 닮은 것이라고 보고 있다. 위임민주주의는 민주적으로 선출된 대통령이 선거의 승리를 국민으로부터 모든 권력을 위임받은 것으로 간주하고 정당, 의회, 조직화된 사회 조직에 대한 수평적 책임성을 부인하며, 그들의 제약을 받지 않고 통치하려 하는 것을 의미한다(최장집, 1996: 249). 임혁백은 정치 권력의 탈군부화와 민주주의를 수립하기 위한 정초 선거 이후 또 한 번의 선거에 의해 새 정부가 구성되었을 때 민주주의로의 이행이 종결되었다고 본다면, 김영삼 문민정부의 등장은 한국 민주화가 이행을 종결하고 공고화의 단계로 접어들었음을 의미한다고 보고 있다. 김영삼 정부의 출범은 87년 민주화 이후 동일한 헌법에 의해 두 번 연속적으로 정부가 국민에 의해서 직접 구성되었고, 경쟁자들이 대선결과에 승복하였다는 점에서 한국 민주주의는 최소한의 절차적 정당성을 갖추게 되었다고 보기 때문이다(임혁백, 1997b: 41). 손호철은 김영삼 정권에서 자유민주주의적 요소가 강화된 것은 사실이지만, 절차적 민주주의의 제반 조건들을 충족시키지 못하고 있다는 점에서 아직 자유민주주의라고 볼 수 없고 '이완된 파시즘' 내지 '제한적 민주주의'에 불과하다고 보고 있다(손호철, 2003: 456). 송호근은 김영삼 정부가 집단의 동원이 아니라 개별적, 선별적 동원을 유지, 심화시킴으로써 권위주의적 조직 원리를 바꾸지 못했을 뿐 아니라, 집단적 이해갈등이 발생하였을 때 집단이기주의라는 고답적 개념으로 매도하여 결사체 활동의 정치화를 차단하였다는 점에서 '배제적 민주주의(exclusice democracy)'로 규정하고자 하는 의도를 보인다(송호근, 1997: 75-76).

　이러한 김영삼 정부의 개혁 과정을 살펴볼 때, 김영삼 정부의 개혁정치에서의 가장 근본적인 한계는 무엇보다도 지배블럭 전체의 한계에서 비롯된다고 할 수 있다. 김영삼 대통령과 민주계는 3당 합당 등을 통해 집권에 성공하였으나, 여전히 수적인 열세 속에서 민정계와 공화계에 포위되어 있는 실정이었다(손호철, 2003: 459). 이는 지역갈등구도 속에서 개혁정치를 가속화시킬 수 없는 구조적 제약으로 작용하였고, 뚜렷한 개혁의 중심 세력을 형성하는 것을 어렵게 만들었다. 특히 대통령 한 사람에 집중된 권력구조와 정치권의 파당적 정치행태는 이러한 문제를 더욱 악화시켰던 것이다. 정치개혁을 시작으로 하여 국민들이 개혁을 체감할 수 있는 규제완화, 교육개혁, 사법개혁, 복지, 노동개혁 등 사회 · 경제 분야로 개혁의 축을 이동하였지만, 개혁에 대한 광범위한 지지를 구축할 수 있는 시민들의 자발적 참여를 통한 '아래로부터의 개혁'이 아닌 대통령 중심의 '위로부터의 개혁'으로서의 한계를 드러내 보였다(임혁백, 1997b: 45). 개혁 세력의 이질성, 기득권 세력의 예상된 반발, 시간제약 등의 문제로 시민들의 동의와 협력을 얻는 과정을 생략한 채, 국가 권력에만 의존하여 대통령의 포고령을 통해 진행된 김영삼 정부의 위임주의적 개혁은 언론을 매개로 하여 국민에게 직접 호소하는 민중주의적 방식을 취하였던 것이다(최장집, 1996: 253-258).

　그런데 김영삼 정부의 개혁방식이라 할 수 있는 민중주의적 방식은 시민사회 내의 다양한 이익을 국가에 대표하고 중재할 수 있는 다원적인 중간매개집단의 역할을 약화시키고 대통령과 국민을 직접 연결함으로써 장기적으로는 민주주의의 공고화를 저해하는 것이었다. 민주화의 과제는 국가 권력을 민주적 통제하에 둘 수 있는 제도적 장치의 마련, 공권력 행사의 범위와 크기, 시민사회의 이익이 자율적인 조직을 통하여 정치 과정에 참여할 수 있는 조건의 마련, 국가와 시민사회 간의 관계 재정립과 같은 폭넓은 문제를 포괄하는 것이다. 그리고 이를 위해서는 정당

체제의 발전과 자발적 이익집단의 발전, 시민적 덕성의 함양이 필수적이라 할 수 있는데 김영삼 정부가 택한 민중주의적 성격의 '위로부터의 개혁'은 이러한 점을 배제하였던 것이다(송호근, 1997: 72-76). 따라서 시민들은 개혁의 주체가 아니라 개혁의 관중에 머무르고 말았다고 할 수 있다(임혁백, 1997b: 45).

김영삼 정부의 개혁이 지니고 있던 또 다른 한계는 개혁을 위한 법령 정비나 제도화가 부족했다는 것이다(김영명, 2003: 317). 법제화와 제도화의 부족은 개혁의 지속성을 어렵게 만들었고, 개혁을 표적사정 등 정치적 보복으로 비하할 여지를 남겼으며, 개혁주체 세력을 개혁의 처벌 대상에서 제외함으로써 개혁의 공정성 시비를 불러 일으켰던 것이다.[10] 더구나 집권 후반기에 실시된 1995년 6 · 27 지방자치선거와 1996년 4월 11일 총선을 거치면서 김영삼 정부의 개혁은 매우 심각한 딜레마에 봉착하게 되었다. 그동안 진행된 개혁의 확대와 심화는 개혁에 대한 지지를 확대시키기보다는 오히려 지지를 축소하였고,[11] 초기에는 상당히 광범했던 개혁연합 자체도 일부 세력의 이탈과 이반으로 위축되었던 것이다(이영조, 1997: 376).

---

10 초기 개혁의 배경에는 김 대통령이 개혁을 통해 지배블럭 내의 자신의 취약한 지지기반을 강화하려는 정치적 동기가 숨어 있다는 것이다. 구 기득권 권력 엘리트로부터 자신과 민주계를 중심으로 하는 신 권력 엘리트에로 권력의 중심축을 이전하려 했다는 것이다(정해구, 1997; "한국 정치의 민주화와 개혁의 실패", 학술단체협의회 편, 『6월 민주항쟁과 한국 사회 10년 I』, 서울: 당대, 29).

11 개혁 초기에 90%에 이르렀던 김영삼 대통령의 지지율은 서서히 떨어지기 시작하여 집권 1년을 맞은 시점에서는 60% 수준으로 떨어졌다. 특히 주목할 것은 같은 시점에서 개혁성과에 대한 긍정적인 평가가 부정적인 평가보다 낮았다는 점이다(〈중앙일보〉, 1993년 2월 24일자). 이러한 지지율 하락은 집권 후반기로 갈수록 더욱 악화되어 1996년 6 · 27 지방자치선거에서 민자당은 과거 권위주의하에서의 여당과 비슷한 지지를 획득하는 데 그침으로써 사실상의 패배를 겪었다(이영조, 1997: 275-376).

3. 지배 이데올로기의 공세

87년 6월 항쟁 이래 지배블럭은 '아래로부터' 분출하는 민주화 요구에 대해 위로부터 자기 개혁의 방법을 선택하기보다는, 변화된 정치지형 속에서 구 지배구조를 온존시키고자 하는 이념적 공세를 강화하였다고 할 수 있다. 꾸준히 확대되어온 시민사회 세력의 국가 권력에 대한 도전과 맞물려 지배블럭의 기존 이데올로기 지형에 압박을 가해옴에 따라, 지배블럭은 새로운 변화지형에서 민주화의 힘에 저항하며 권위주의 지배 체제를 온존시키기 위하여 구체제의 이념적 억압을 그대로 재현하고자 노력하였다(강정구, 2000: 242). 이것은 반공·안보 이데올로기, 발전·성장 이데올로기, 지역 이데올로기를 강화하는 것으로 나타났다.

지배블럭의 이데올로기적 재구성은 가장 우선적으로 반공·안보 이데올로기를 새로운 변화지형에 맞게 구성하는 데 집중되었다. 그것은 한국의 민주화와 1989년 동구 사회주의 몰락으로 적어도 논리적으로는 반공·안보 이데올로기는 더 이상 억압의 이데올로기로서 작용할 수 없다는 것을 의미하였기 때문이다(김정훈·조희연, 2003: 162). 따라서 냉전 체제의 해체라는 외적 요인과 급진적 통일운동의 확산이라는 내부적 요인에 의해 위기에 처한 노태우 정권은 내외의 압력을 체제 내에서 소화하기 위해 '북방 정책'으로 표방되는 유화전략을 구사하였다. 동구권의 여러 국가들과 수교를 맺고, 1988년 7월 7일에는 7·7 선언을 통하여 북한을 민족공동체의 다른 한 부분으로 정의하고, 1991년 12월 13일 남북한 기본합의서를 채택함으로써 1972년 7·4 공동성명 이래 지속되던 남북한의 대립을 풀어가는 전향적인 조치들을 발표하였다.

그러나 국가 정책의 급격한 변화에도 불구하고 정책의 실제적 모습은 체제의 기저이념인 반공·안보 이데올로기를 조금도 포기하지 않고 있음을 보여주는 것이었다(최장집, 1993: 231). 이른바 '좌경 세력 척결'이라는 공안정국하에서 고도의 강권력을 수반하는 반공 이데올로기적 공세와 아울러 시민사회의 재야 운동권 및 학생운동권 등에 대한 폭력적 탄압강화에 비추어 볼 때, 국가의 정책은 수사에 불과한 것이다. 지배블럭의 이 같은 이데올로기적 공세는 사회운동 세력의 급진적 통일운동을 효과적으로 저지하고, 두 국민 프로젝트 전략에 따라 시민사회 내에서 민중진영과 중간층을 분화시키는 데 가장 효율적인 수단이 되었다. 야당과 언론 역시 정권의 탄압에 이데올로기적 지원을 아끼지 않았고, 그로 인해 반공·안보 이데올로기에 취약한 중간층이 사회운동 세력으로부터 일정한 거리를 유지하도록 하는 데 성공하였던 것이다(윤상철, 1997: 246-248).

김영삼 정부에 들어서 반공·안보 이데올로기는 과거와는 다른 양상을 보였다. 김영삼은 변화된 상황에서 민족대단결이라는 새로운 담론을 구성함에도 불구하고 이성/비이성의 이항대립을 통해 북한을 비이성과 접합시키고, 북한의 비이성적 행위에 대한 가능성을 지속적으로 강조함으로써 시민사회를 규율하였던 것이다. 다시 말해 김영삼 정부에 와서 반공·안보 이데올로기는 발전 이데올로기에 비해 부차화되었지만, 그리고 반공·안보 이데올로기의 동원적 측면은 해체되었지만, 그것의 억압적 측면은 지속적으로 유지되었던 것이다.

지배블럭의 이데올기적 재구성은 또한 발전·성장 이데올로기를 통해 강화되었다. 노태우 정권은 '안팎으로부터의 도전'을 받고 있는 상황이라는 점을 들어 '총체적 위기론'을 제시하였다. 이에 대처하기 위해서는 '지속적인 경제발전'이 이루어져야 하고, 이를 위해서는 '방해 세력에 대한 국가의 강력한 대응'이 필요하다고 역설하였다. 이는 곧 담론 정치영역으로 다시 동원된 발전 이데올로기가 공안정국과 시민사회 내의 사회운동 세력에 대한 대대적 탄압을 정당화하는 것을 의미하는 것이었다(손호철·김윤철, 2003: 280). 노태우 정권의 총체적 위기론과 권위주의 체제의 핵심적 가치인 발전 이데올로기의 작동양식은 김영삼 정부에서도 그대로 이어진다. 김영삼 정부에 와서는 총체적 위기론이 '세계화'와 '국가경쟁력 강화론'과 결합하여 심화·재생산되었던 것이다. 신자유주의를 바탕으로 한 발전 이데올로기는 경제의 회생을 위해 국민의 희생과 고통분담을 요구하며, 국가 권력의 강화와 자본의 이익을 최우선의 과제로 삼아 과거 권위주의 체제와 같은 방식의 국가총동원 체계를 만들어냈다. 그리고 이 과정에서 노동자의 권리 요구나 사회개혁의 필요성은 반공·안보 이데올로기와 결합한 발전 이데올로기에 의해 차단되었다(강정구, 2000: 244).

마지막으로, 지배블럭의 이데올로기적 공세는 지역 이데올로기에 기반을 두고 있었다. 전두환 정권에 의해 심화되어 온 영·호남간의 지역의식 조장과 그 후 영남의 지속적인 기득권 확장, 호남의 배제전략을 통하여 권력을 유지하여 온 지배블럭은 국가 권력의 재생산과 안정을 위해 지역 패권적 질서를 계속 유지하고자 하였다. 독재와 민주의 대립을 영남 대 호남의 지역적 대립으로 바꾸고, 피지배블럭을 두 지역으로 분할하여 경쟁하도록 함으로써 정권을 재생산하고자 하였던 것이다. 그리고 여기에 반공 이데올로기를 동원한 피지배블럭의 계층적 분할 전략이 결합되었다. 그리하여 지역균열은 정치사회에서의 야당의 분열, 정치사회와 민주화 운동 세력의 분열, 그리고 민주화 운동 세력 내의 분열 등 3중적으로 나타나게 되었다.

그러므로 전체적으로 볼 때, 탈냉전 이후의 지배 이데올로기 지형은 냉전기의 이데올로기 질서를 크게 벗어나지 않고 있었다고 볼 수 있다. 반공·안보 이데올로기는 여전히 사회 통제의 중심기제로 활용되고 있으며, 발전·지역 이데올로기는 이를 지탱해 주는 하위기제로 재생산되고 있었던 것이다(강정구, 2000: 244).

제2절_ 민주화의 구조적 기반으로서의 시민사회

1. 도전연합의 해체

6·29 선언을 계기로 6월 민주항쟁의 주역들은 지배블럭의 분할전략에 의해 내적 분화 과정을 겪게 된다. 지배블럭은 부분적인 민주화 조치를 통하여 중간 계급과 온건한 사회운동 세력의 투쟁열기를 희석시키고 민주당을 제도정치의 틀 안으로 끌어들이는 데 성공한데서 자신감을 얻었고, 정권 재생산을 위한 정치적·이데올로기적 조치들을 동원해 나갈 수 있었다(윤상철, 1997: 169). 이 같은 지배블럭의 분할전략은 6월 항쟁이후 민주-반민주의 대결구도로 유지되어왔던 지배-피지배블럭의 대립구도를 '안정'된 민주주의-'불안정'한 민주주의의 대결구도로 변화시키는 것이었다(김호기, 1995: 324). 게다가 6월 민주항쟁을 계기로 체제의 이완된 틈을 타고 일어난 87년 7-8월 노동자 대투쟁은 도전연합의 분열을 더욱 가속화시키는 계기가 되었다.

그런데 이렇듯 지배블럭이 용이하게 노동자들의 투쟁을 철저히 고립시키고 탄압할 수 있었던 것은 6월 민주화 항쟁의 주역인 도전연합의 분열과 연관이 있다. 야당인 민주당은 정치사회 내부의 경쟁이 붕괴되는 것을 막기 위해 의도적으로 노동자 계급을 배제하고자 하였다. 야당에게는 노동자 대투쟁이 군부개입에 대한 우려 및 직선제 개헌과 정치일정을 깨뜨릴 수 있다는 위기감을 가져오는 것이었고, 그러기에 노동자들의 요구에 일정한 거리를 둘 수밖에 없었던 것이다. 사회운동권과 국민운동본부는 도전연합의 한 축이었던 민주당의 이탈로 약화되었으며, 지배블럭의 좌경 용공 공세로 인해 전략적 선택의 폭이 좁았다. 더구나 국민운동본부의 구성자체가 시민사회의 중간 계급의 동원에 기초하여 그 정치적 영향력을 유지하고 있었던 탓에, 노동자 대투쟁은 오히려 이들의 이탈을 가속화하는 것이 되었던 것이다. 노동자 대투쟁이 제도정치권과 온건 개혁 세력이 추구하는 시민적 권리 및 자유의 회복이라는 절차적 민주주의를 뛰어넘어 급진 학생운동 세력과 재야의 민중민주주의론을 수용하는 정치적이고 계급적인 성격이 부각된 노동운동을 나타내고 있었기 때문이다. 그 결과 권위주의 체제에 대한 저항과 투쟁을 매개로 형성되었던 다양한 체제 도전 사회 세력들 간의 연대는 국가–사회관계의 대립적 관계가 이완되면서 민주화의 방향과 내용을 둘러싸고 '계급적 이익의 차이에 기반을 둔 계급적 균열'을 맞게 된다(정영국, 1993: 232–233).

도전연합의 계급적 분열은 야당의 두 정치 지도자에게 다 같이 대권을 향한 정치적 기회를 제공하면서 야당의 파당적 분열을 가져오게 하였다. 이러한 상황은 김대중 · 김영삼의 분열을 확신하고 그에 입각하여 전략을 구사하고 있던 지배블럭에 의해 더욱 조장되었다. 지역적으로 정치적 기반을 달리하는 양 김의 분열은 사회에 내재해있던 지역주의를 전면에 부각시킴으로써, 지역에 따른 도전연합의 분열을 더욱 심화시켰던 것이다(정영국, 1993: 233). 국민운동본부 내부에서는 '선거를 통한 민간민주정부수립'이라는 기존의 방침을 확인하면서 조속한 후보단일화를 촉구하였지만, 양 김 세력은 출마를 실질적으로 공식화하고 대통령 후보 지명을 위한 세력정비에 들어갔다. 그리고 9월 9일에 민통련이 이러한 양 김의 분열을 효과적으로 통제하지 못하고 김대중에 대한 비판적 지지입장을 잠정적으로 결정하였는데,[12] 이러한 입장은 반군부 독재 민주연합

---

12 대다수 재야 및 학생들은 김대중에 대한 비판적 지지론을 천명했고, 다른 일련의 비판적 지식인들은 결과적으로 김영삼을 지지하게 되는 후보단일화론을 내세웠으며, 소수의 운동 세력들은 독자적인 민중후보 옹립을 주장하였다.

전선으로 이해되었던 국민운동본부의 입장과는 상충되는 것이었다(윤상철, 1997: 181). 이후 전대협과 국민운동본부의 단일화 시도는 무산되었으며, 사회운동권 역시 김대중·김영삼의 관계에 따라 분열되어 갈 수밖에 없었다. 결국 국민운동본부는 11월 5일 제 2차 전국총회를 개최하여 정당과의 분리를 결정함으로써 이제까지의 반독재연합전선으로서의 정치적 위상은 축소 내지 상실되고 말았다(채만수·김장한, 1990: 379).

도전연합의 이 같은 중층적 분열은 대통령 선거에서 야권 후보의 패배를 초래했을 뿐 아니라, 제도정치권을 '지역분할주의적 정당구도'인 여소야대의 4당 체제로 왜곡시키는 결과를 가져왔다. 민주화 과정의 주도권은 제도정치권으로 넘어갔으나, 국가와 시민사회의 연결지대로서의 제도정치권은 시민사회의 정책적 또는 이념적 차원의 세력분포를 반영하지 못하는, 즉 제도정치권과 시민사회가 불연속적 단층구조로 연결되어 있는 기형적 형태를 띠게 되었던 것이다(정영국, 1993: 234). 그리고 민주적 개혁의 이슈와 계급정치는 이후의 모든 선거에서 예외 없이 지역감정에 의해 중층 결정되었던 것이다(최장집, 1993: 323).

지배블럭의 분할전략에서 중요한 것은 중간 계급[13]을 사회운동 세력으로부터 이탈시켜, 지배블럭의 정치적 동원에 부응하게 하기 위한 포섭을 확대한다는 것이었다. 지배블럭의 직선제 개헌 수용으로 소기의 목적을 달성한 중간 계급은 조직화된 시민사회에 기반을 두지 않고 있었기에

---

13 이론적으로 중간 계급을 균일한 집단으로 상정하는 것은 피해야 할 것이다. 즉 신 중간 계급과 구 중간 계급의 뚜렷한 계급적 차이가 있다. 신 중간 계급은 대개 전문직 종사자, 공무원, 회사관리층, 교사 등의 직업에 종사하는 화이트칼라층이다. 이들은 교육수준이 높고, 근대적 가치체계를 지닌 집단으로 나름대로의 생활양식을 지닌 집단이다. 그러나 신 중간 계급에서도 안정과 변화를 바라는 비율이 각각 비슷하게 나타나 내부적 이질성을 보여준다. 즉 공무원과 교사층은 변화보다는 안정을 바라는 경향이 강했고, 전문직과 회사관리자층은 안정보다는 변화를 바라는 경향이 매우 강했다. 한편 구 중간 계급은 자영업에 종사하는 층으로, 비교적 농촌적 정서와 친화성이 높으며, 사회 안정을 매우 강조하는 층이다. 이들의 정치지향성은 신 중간 계급의 그것과는 다르다(양춘·김문조 외 공저, 2001: 206).

쉽게 지배블럭의 의도대로 탈동원될 수 있었다. 즉 노동 계급이나 사회운동 세력이 급진적인 양상을 보이고 기존 질서의 지배적 사회관계가 위협된다고 판단될 때, 중간 계급은 변혁보다는 체제유지에 가담하는 속성을 보여주었던 것이다(최장집, 1989: 96-103; 1993: 372-376; 강문구, 1998: 86).

중간 계급의 탈동원화는 대선을 거쳐 1988년에 들어오면서 가속화되었다. 직선제 개헌과 대선을 통하여 중간 계급의 민주적 요구가 일정한 정도로 해소되었기 때문에 정치적 동원이 이루어질 중요한 쟁점이 사라졌고, 대선 기간 동안에 중간 계급은 지배블럭의 안정·반공 이데올로기에 의해 지배블럭에 포섭되거나 지역 주의적 동원전략에 의해 크게 영향을 받아 분산되었던 것이다. 그리고 노동자 계급의 진출로 중간 계급의 위기감이 증폭되었던 것도 주요한 이유가 되었다(윤상철, 1997: 214). 중간 계급의 분산적 동원을 추동하였던 또 하나의 중요한 이유는 중간 계급의 하위층인 사무직 노동자들이 스스로의 노조를 조직하면서 동원되었다는 것이다. 6·29 이후 1987년 11월에 제2금융권 노동조합을 중심으로 기존의 한국노총의 틀에서 벗어난 '한국 자유금융노동조합'이 결성된 것을 필두로 하여 병원, 금융기관, 언론사, 연구소 등 사무직 노동자들의 노조가 1988년 3월까지 159개가 설립되었을 뿐 아니라 이러한 단위노조들을 기반으로 하여 업종별 조직들이 속속 결성되었다. 따라서 1987년 6월에 민주 대 반민주 균열구도하에서 대규모로 동원되었던 도시의 중간 계급들은 1987년 대선을 거치면서 제도 야권에 의한 지역적 동원과 노동운동으로의 계급적 동원이라는 양방향으로 분산되기에 이르렀던 것이다.

1988년 총선에 이르러서는 중간 계급의 이러한 분산적 동원의 영향으로 단일 정치적 쟁점을 두고 응집력 있는 정치적 동원이 이루어지기 어려운 실정이었다. 이 와중에 정치적 자유화의 진전으로 사회 각 부문들이 스스로 세력화하자 이른바 '선도 투쟁'의 역할을 상실한 학생운동권을 비롯한 사회운동권에서는 '기존의 지배적 사회관계를 재생산해내는 분단구조와 지배이념으로서의 반공주의의 효능을 약화시키려는 이데올로기적 수준에서의 운동’인 통일운동에서 새로운 활로를 찾고 있었다(정영국, 1993: 235). 즉 국내적으로는 여소야대 정국의 출현과 노태우 대통령의 북방 정책의 영향으로, 국제적으로는 탈냉전 분위기가 확산되면서 반공-냉전 이데올로기가 이완되어 가고 있던 변화 속에서 사회운동권은 조국통일운동을 통하여 주도권을 되찾고자 하였던 것이다. 그런데 지배블럭은 사회운동 세력을 중심으로 확산되어가는 통일운동에 대해 일차적으로 제도 야당과 사회운동 세력을 분리하는 전략을 사용하여, 제도 야당이 통일운동에 개입하여 사회운동 세력의 정치적 방호막으로 역할하지 않도록 하였다. 동시에 중간 계급 등 시민사회의 대중들이 사회운동 세력에 의해 동원되지 않도록 기회와 위협을 동시에 제시하였다. 이에 중간 계급은 정치적 자유와 정치적 안정 사이에서 지속적으로 동요하면서, 사회운동 세력의 급진적인 통일운동에 위협감을 느끼며 지배블럭에 포섭되어 갔던 것이다.

중간 계급의 탈동원은 특히 1991년 5월 대투쟁을 통하여 명백한 현실로 나타났다. 시위대의 수, 가두 투쟁의 격렬함, 저항의 지속도와 공간적 범위 등에서 87년 6월 항쟁과 필적할 만한 이 대중적인 투쟁에서 중간 계급은 운동권의 가두시위에 대해 무관심하거나 극히 적대적이기까지 하였던 것이다(최장집, 1993: 322). 더구나 김기설 유서 대필 사건과 같은 ‘조작적’ 사건들은 급진 민중운동의 도덕적 기초를 쟁점화 함으로써, 급진 민중운동의 중간층적 기초를 축소하고, 급진 민중운동과 중간 계급이 선호하는 방식의 온건 시민운동과의 거리를 확대하는 결과를 초래하였고(조희연, 1995a: 314), 이는 민주화를 한층 더 심화시키지 못하게 하는 요인으로 작용하였다.

2. 민중운동과 시민운동의 분화

　　1987년 이전의 사회운동은 억압적인 군부 독재에 대항하는 민주화 운동이라는 큰 목표 때문에 민중운동과 시민운동 또는 급진노선과 온건노선 간의 차이가 명확하게 부각되지 않았다. 하지만 시민사회의 폭발 이후 형식적 민주주의 절차들이 제한적으로 도입되면서 기존의 사회운동 세력 사이에서 운동의 목표, 주체, 방식, 정세에 대한 평가의 차이가 나타났으며, 이에 따라 민중운동과 시민운동 간의 노선 분화가 진행되었다(김호기, 1997: 237).[14]

　　민중운동영역에서는 그동안의 정체를 딛고 88년 이후 조직적인 정비가 이루어졌다. 89년 1월 '전국 민족민주연합(전민련)' 형태로 재야 저항운동들이 전국적으로 재조직화되었으며, 학생운동은 통일운동을 새로운 이슈로 하여 정권에 대한 공세를 강화할 수 있었다. 나아가 89년에는 전국 약 150개의 농민단체들이 참여하는 '전국 농민운동연합(전농)'이 결성되었으며, 또한 초중등교사 2만여 명에 의해 '전국 교직원 노동조합(전교조)'

14　민중운동과 시민운동을 엄격히 나누기란 용이하지 않지만, 운동 주체·목표·방법·쟁점의 네 가지 기준에 의거하여 다음과 같이 구분해 볼 수 있다. ① 민중운동의 주체가 이해관계의 당사자인 노동자, 농민, 빈민 등이라면, 시민운동의 주체는 화이트칼라 및 자영업자 등의 중간층이나 지식인, 학생, 종교인, 주부 등의 주변 층이 중심이 된다. ② 민중운동의 목표가 경제적 불평등과 정치적 억압을 타개하기 위한 더욱 근본적인 구조개혁을 지향한다면, 시민운동은 시민사회의 내적인 목표, 예를 들어 부정부패 추방, 촌지없애기, 의식개혁, 생활공동체운동 등을 지향하거나 자율적·합리적 경제 질서 확립을 위한 점진적인 제도개선을 추구한다. ③ 민중운동은 주체와 목표의 특성으로 인해 파업, 시위, 농성 등 급진적인 운동방식을 많이 사용하는 반면에 시민운동은 캠페인, 시민홍보, 강연회 등 온건하고 합법적인 운동방식을 주로 사용한다. ④ 민중운동이 경제적, 계급적 불평등과 권력의 불평등을 주요 쟁점으로 삼고 있다면, 시민운동은 경제적 정의, 부정부패 추방, 환경, 여성 등 더욱 광범위한 쟁점들을 포괄하고 있다(정태석·김호기·유팔무, 1995: 284-291). 그런데 여기서 주목할 것은 이러한 분류가 강조점의 차이지 확연한 구분에 입각한 것은 아니라는 점이다. 구체적인 개별 운동에서는 중첩되는 영역 또한 큰데, 특히 두 운동을 구분하는 중심적인 기준인 운동 주체의 경우 시민운동의 주체가 민중운동의 주체와 중첩되는 사례가 많기 때문이다.

이 결성되었던 것이다. 한편 노동운동의 경우 지역별 노조협의회의 결성을 통해 90년 1월에는 전국 770여 개 단위노조의 약 20만 명의 노동자들이 참여하는 '전국 노동조합협의회(전노협)'을 출범시켰다(김호기, 1995: 327).

시민사회 내의 이러한 변화에 대응한 노태우 정권의 공안정국은 노동계급을 배제하려는 헤게모니전략을 통하여 시민사회를 분단하고자 하였다. 88년 말부터 시작된 노태우 정권의 노동 배제전략은 억압적 배제전략과 헤게모니 배제전략의 동시적 구사였다고 할 수 있다. 억압적 배제전략은 노동관계법 이외의 국가보안법, 형법 등의 법적 통제 수단의 활용과 안기부, 보안사, 검찰, 경찰 등의 군과 정보기관, 그리고 공권력에 의한 직접적인 노동탄압 정책으로 특징되었다. 헤게모니 배제전략은 이데올로기적, 법적, 행정적 수단을 통해 노동자 계급을 다른 계급, 계층으로부터 분리시키고 고립시키는 것이었다(김호기, 1995: 331). 그 결과 시민사회는 민중영역과 시민운동영역으로 수평적인 분열이 가시화되기 시작하였고,[15] 자신들의 기득권에 영향을 미치는 기층 민중의 도전에 직면한 중산층은 강고한 보수 세력으로 변하였다. 이로 인해 '제 2의 6월 항쟁'에 대한 열망 속에서 촉발된 1991년 5월 투쟁[16]에서 국가의 총체적인 폭력에 대해 시민들이 보여준 정치적 태도는 대체로 사회적 침묵과 방관, 이데올로기적

---

15 시민사회 내부의 동원이 이렇게 분화하게 되었던 것은 다음과 같은 배경을 가진다. 가장 우선적으로 80년대 민중적 담론의 핵심내용을 구성하고 있었던 사회주의의 붕괴를 들 수 있다. 다음으로 한국 자본주의의 축적구조의 안정화 및 그로 인한 계급구조화의 진전이 급진적인 민중운동보다는 '체제 내적인' 온건 노선을 수용할 수 있는 조건을 만들었다는 것에 있다. 그리고 마지막으로 이 같은 요인들 가운데 가장 중요하다고 할 수 있는 것으로 민중적 담론의 적극적인 심화와 개방화가 부족했다는 것이다. 80년대 민중운동이 기본으로 하고 있었던 마르크스주의는 대단히 협애화되고 폐쇄적인 담론의 성격을 지니고 있었다(조희연, 1995b: 300-311). 따라서 당시의 민중운동은 민중운동의 중요한 구성부분이었던 노동운동을 포함하여 전반적으로 국가 혹은 지배블럭의 정치적 정당성을 부정하고 대립하는 혁명전략을 취하고 있었던 것이다(윤상철, 1997: 282).

폭력에 대한 동조였다고 할 수 있다. 정치사회 내의 제도 야권 역시 공안 정국이 진행되면서 지배블럭에 대한 영향력이 현저하게 위축되어 있었기 때문에 민중운동에 대한 정치보호막으로서의 역할을 전혀 수행할 수 없었을 뿐 아니라 오히려 보수화되고 있었다(윤상철, 1997: 283).

따라서 불가피하게 민중운동에 대한 비판적 평가와 더불어 새로운 시민운동이 모색되었고, 1989년 7월에 창립된 '경제정의실천시민연합' 등 중간 계급 중심의 시민운동이 발전되어 갔다. 그런데 이러한 시민운동의 발전은 시민적인 자율공간의 확대를 의미하는 것이었고, 또한 사회의 여러 주체들이 기존의 사회질서와 정치 권력에 대항할 수 있는 저항공간의 확대를 의미하는 것이었다. 따라서 국가 권력은 더 이상 과거의 권위주의적 통치 질서를 시민사회에 전일적으로 강제할 수 없게 되었고, 시민사회는 스스로의 내적 질서를 갖출 수 있는 최소한의 자율공간을 확보할 수 있었던 것이다(강정구, 2000: 341).

3. 자율적 시민운동의 성장

한국의 시민운동은 종래 계급주의적 민중운동의 경직적 노선에서

---

16 1991년 5월 투쟁은 노태우 집권후반기에 집중 표출되었던 공안통치적 폭압과 장기집권을 위한 3당 야합과 내각제 개헌기도, 6공 최대의 권력형 비리라는 수서 사건과 페놀방류 사건으로 대표되는 각종 비리와 실정에 대한 반독재 민주화 투쟁이 강경대 군 치사 사건을 계기로 응축적으로 표출된 것이다. 아울러 5월 투쟁은 천정부지로 치솟는 물가고, 생사의 문제로까지 번진 주택난과 수입개방과 산업재해 등 민생파탄에 따라 누적된 분노가 반독재 민주화 투쟁과 결합되어 촉발된 6공 최대의 민중항쟁으로 투쟁의 규모면에서나 단시일 내에 급속히 팽창되었다는 점에서 87년 6월 민주화 대투쟁을 연상시킬 만큼 격렬하게 전개된 투쟁이다. 그러나 조직화된 민중운동 세력이 주도한 이 투쟁은 한편으로 중간 계급 등 비조직화된 시민사회의 불참에 의해, 다른 한편으로 제도정치의 외면에 의해, 그리고 최종적으로 국가의 이데올로기적 공세에 의해 실패로 귀결되었다(조현연·조희연, 2001b: 366-371).

벗어나 초계급적인 혹은 전 계급적인 영역을 포함하는 새로운 운동방법
론을 도입하면서 새롭게 형성되었다고 할 수 있다. 1989년 '경제정의실
천시민연합(경실련)', 1993년 '환경운동연합', 1994년 '참여민주사회 시
민연대(참여연대)' 등이 결성되면서 시민운동은 시민사회 내 중간 계급을
중심으로 영향력을 확대해 나갔다. 이들 조직들은 기존의 국가 영역 혹
은 시장기제에 의해 형성된 불평등한 계급구조의 문제뿐만 아니라 일상
생활공간 속에서 억압되어 있던 시민적 권리와 삶의 질을 위한 투쟁을
전개함으로써 시민공간 속에 빠르게 자리 잡아 갔다(〈표 7〉 참조)(강정구,
2000: 342).

특히 경실련과 환경운동연합의 역할은 선구적이었다고 평가할 수 있
다. 경실련은 특정 계급이나 계층의 이해관계를 초월하여 사회적 공공성
을 추구하는 비정치적 순수 시민운동, 점진적 비폭력·평화·합법운동
을 부각시켰다.[17] 말하자면, 경실련은 사회운동을 국가 권력 자체의 개조
를 목표로 삼기보다는 '국민들의 삶과 직결된 현실적 과제 해결'을 위해
문제제기 및 대안제시 역할을 하는 쪽으로 조정하였던 것이다. 이것은
사회운동의 목표가 '계급이익'이나 '민중이익'의 실현이 아니라 '공공선
의 추구'를 통해 공공영역의 확장을 시도하고 국가 정책이 이러한 공공
선과 공공영역의 논리를 따르도록 만드는 것을 중요시 한다는 것을 의미
하였다. 이러한 조정과 협상의 결과는 보다 많은 지식인들이 경실련
운동에 참여할 수 있는 계기를 마련해 주었고, 특히 부동산 투기, 주택

---

17 경실련을 주도한 서경석은 경실련이 출범하게 된 배경을 다음과 같이 주장하고 있다. 첫째, 절
　차적 민주주의를 강조하고 실정법의 테두리 안에서 개혁해 나가는 방향으로 대중들의 의식이
　변하였고, 둘째, 노동운동과 학생운동권이 접근하지 못하는 영역에서 상당히 심한 인권유린이
　존재하였으며, 셋째, 사회운동권이 변화된 상황에 신축성 있게 적응하지 못하여 국민과 운동권
　사이에 커다란 간극이 생기게 되었고, 정권이 이 틈을 비집고 운동권을 효과적으로 고립시킬 수
　있었기에, 여기에 대응하기 위해 경실련운동을 시작하게 되었다는 것이다(윤상철, 1997: 283에서
　재인용).

문제 등 경제 정의를 실현한다는 목적하에서의 토지공개념과 금융실명제 추진 등은 시민사회 내 중간 계급의 관심을 유도해 내는 데 어느 정도 성공을 거두었다고 할 수 있다.

환경운동연합은 민주화 운동의 부분 운동으로서 반공해운동으로 인식하였던 과거와는 달리 산업화 과정에서 증대되어 온 환경오염 및 파괴 문제를 전국적 차원에서 이슈화하여 상당한 반향을 불러 일으켰다고 할 수 있다(김호기, 1997: 238). 1989년 공해추방운동연합(공추련)이 결성되었고, 이외에도 크고 작은 환경운동단체들이 전국에서 결성되었다. 공추련은 반공해 캠페인을 전개하였을 뿐 아니라, 특히 골프장 건설 등 자연녹지 파괴를 파괴하고 해안매립에 의한 생태계의 파괴를 비판하는 환경운동을 전개하였다. 이 와중에 1991년 발생한 페놀 유출 사건은 환경 문제에 대한 시민들의 경각심을 불러일으킨 사건이었으며, 공추련과 경실련 등 환경 및 시민단체들은 이 문제를 대대적으로 다루었다(이시재, 1998b: 203). 환경운동은 1992년 리우 유엔 환경 개발회의를 전후하여 커다란 전환점을 맞이하게 되었고, 환경운동이 전문 환경단체 중심에서 소비자운동단체, 여성운동단체, 청소년운동단체, 민족운동단체들까지도 환경운동에 참여하게 되었을 정도로 운동의 폭이 넓어졌다.

활동영역	대표적인 시민운동단체
환경	환경운동연합(1993), 배달녹색연합(1994), 교회환경연구소(1982), 한국 불교환경교육원(1988), 한살림공동체(1986), 정농생협(1992)
경제정의	경제정의실천시민연합(1989), 경제정의실천불교시민연합(1991), 바른경제동호인회(1993)
교육	교육개혁과 교육자치를 위한 시민회의(1994), 인간교육실현 학부모 연대(1990), 참교육을 위한 학부모운동(1989)

여성	한국 여성단체연합(1987), 한국 가정법률상담소(1956), 전문직여성클럽 한국연맹(1969), 한국 여성의 전화(1983), 한국 여성정치연구소(1990)
지역자치	전국 지방의정연구회(1991), 지방자치실무연구소(1993)
장애자	장애우권익문제연구소(1987), 교통장애협회(1987)
교통	녹색교통운동(1993), 시민교통환경센터(1995), 어린이교통안전협회(1995)
소비자	소비자문제를 연구하는 시민의 모임(1983), 한국 소비자연맹(1970)
의식개혁	흥사단(1913), 기독교윤리실천운동(1987), 신사회공동선연합(1994)
의료보건	기독교청년의료협회(1987), 의료보험통합일원화와 보험적용 확대를 위한 범국민연대회의(1994)
언론감시	바른언론을 위한 시민연합(1994)
통일	우리민족하나운동(1994)
기독교청년	YMCA(1914), YWCA(1922)
인권과 사법개혁	참여민주사회 시민연대(1994)

〈표 7〉 활동영역에 따른 시민운동단체[18]

그러나 엄밀한 의미에서 한국의 시민사회의 성장은 1993년 김영삼 정부의 출범과 함께 본격적으로 발전하였다고 할 수 있다. 김영삼 정부 이전의 시민운동 전체 지형을 보면 시민의식이 대단히 빠르게 변화하고 또 분화한 데 비해 시민운동은 이에 미치지 못하는 더딘 성장을 보였다(조대엽,

---

18 자료출처: 정수복, 1996, 『참여민주주의를 위한 시민단체의 역할과 정책 과제』, 서울: 박영출판사, 33쪽의 것을 김호기, 1997: 240에서 재인용하였다.

1997: 190). 그런데 김영삼 정부에 들어와서는 정부에 의해 추진된 위로
부터의 개혁의 한계가 갖는 문제점들을 통해 시민운동이 확장될 수 있는
여건이 조성되었고, 또한 시민적 관심의 변화에도 불구하고 이를 반영하
지 못하는 대의체에 대한 불신이 커지면서 시민운동단체의 확대 및 성장
을 자극하였으며, 시민단체의 활동에 변화된 시민의식이 적극 반영되기
시작하였던 것이다.[19]

'정의로운 사회를 위한 시민운동협의회'의 발족에 이어, 1994년 1월
에 논의가 시작된 이래 9월에 창립을 맞은 '한국 시민단체협의회(시민
협)'의 결성은 그 대표적인 예다. 경실련, 기독교윤리실천운동, 여성단체
연합, YMCA, YWCA, 환경운동연합, 흥사단, 참여연대 등 36개 시민단체
가 참여해 결성된 '시민협'은 산하 참여단체의 교통, 노사, 복지, 보건의
료, 언론개혁, 문화운동, 외국인 노동자 문제, 장애자, 청소년운동, 의식
개혁, 지방자치, 환경운동, 교육개혁, 통일운동, 정치행정, 경제개혁, 여
성, 소비자운동 등을 통해 시민사회 모든 분야의 활동을 망라하게 되었던

---

19 한국 시민사회의 성장은 1980년 한국 자본주의의 구조변화라는 경제적 요인, 정당정치의 빈곤
이라는 정치적 요인, 그리고 시민사회와 사회운동의 분화 및 민중운동의 역할 방기라는 시민사
회 내부적 요인 속에서 성장하였다고 할 수 있다. 이것을 자세히 살펴보면 첫째, 1980년대 중후
반 한국 자본주의의 구조변화는 곧 불완전한 형태지만 대량생산과 대량소비가 유기적으로 결
합된 '주변부 포드주의'의 확립으로 이어져 경제적으로 실질임금의 상승에 따라 중간 계급과
노동 계급 상층의 물질적 기반을 향상시켰던 것이다. 그리고 이러한 물질적 기반의 향상은 이
제까지 사회운동에서 간과되어 온 환경, 여성, 교육, 지방자치, 의료, 교통, 인권 등 새로운 이슈
들에 대한 일반 시민의 관심을 제고시키는 데 일조했으며, 이러한 이슈들을 담당하는 시민단체
들이 대거 결성되는 배경을 이루었다. 둘째, 시민운동의 부상에 보다 직접적인 원인을 제공했
던 것으로 국가와 시민사회 관계의 한국적 특수성이다. 즉 국민투표제적 민주주의(plebiscitary
democracy)의 성격, 6월 항쟁에도 불구하고 정치적 민주화의 지체, 그에 따른 시민단체의 준정
당적 역할 등이 그것이다. 셋째, 현재의 시민운동이 활동하고 있는 시민적인 자율 활동공간은
바로 민중운동의 희생과 투쟁을 통해서 주어진 것인데, 민중운동이 획득한 이 공간에 자신들이
주체적으로 개입하지 못함으로써 이러한 운동영역이 비민중운동적 · 반민중운동적 운동영역
으로 나아가 시민운동의 독점영역이 되었다는 점이다. 또한 민중운동과 시민운동 또는 급진 노
선과 온건 노선 간의 차이가 명확하게 나타나는 시민사회의 분화가 진행됨으로써 시민사회가
성장하였다는 것이다(조현연 · 조희연, 2001b: 376-378).

것이다(조대엽, 1999: 191).

이런 운동지형의 확대와 다변화, 계급 중심성의 약화에도 불구하고 계급운동의 중심이라 볼 수 있는 노동운동 역시 변화와 성장을 거듭해왔다. 이미 앞서 살펴본 1987년 노동자 대투쟁 이후 계속된 국가·자본의 이데올로기 공세와 직접적인 물리적 탄압에도 불구하고, 노동 계급은 1990년 1월 전국 노동조합협의회(전노협)를 결성했으며, 1993년 6월 1일에는 전국 노조 대표자회의를 발족했고, 1995년에는 민주노총을 결성해 단일한 조직적 대오를 갖추게 되었다(강정구, 2000: 342). 그리고 시민사회의 분화 속에서 국가·독점자본 대 시민사회의 갈등이 전면적으로 표출된 1997년 1월 전개된 노동법 투쟁은 노동운동뿐만 아니라 많은 시민사회 세력들과 연합하여 국가를 굴복시킬 수 있었다. 이것은 1987년 이후 한국의 시민사회가 분화하였고, 그 과정 속에서 노동운동을 포함한 사회운동이 꾸준히 성장하였음을 의미한다(김호기, 1997: 239).

제3절_ 민주화와 천주교회의 변화

1. 민주화 이행시기의 천주교회

6·29 선언을 통하여 민주적 절차를 수용한 정부가 실질적인 민주화 조치를 내어 놓지 않고 있던 상황에서 노동자들의 광범위한 대중 투쟁이 전국적·전산업적으로 전개되었다. 뿐만 아니라 농민과 도시 빈민 등 기층 민중들이 생존권 보장을 위한 투쟁에 가담함으로써 6월 민주화 대투쟁에서 형성된 반군부 독재전선을 기층 민중에까지 확대하고 개헌논의의

지평을 확대할 계기를 맞게 되었다. 그러나 이러한 기층 민중 세력의 투쟁은 정부의 이데올로기 공세와 중간 계급의 외면 등으로, 그리고 민중운동 세력의 불명확한 정세인식 속에서 실질적 민주주의를 위한 투쟁으로 연결되지 못하고 좌초하고 말았다. 더욱이 자신들의 이해에 얽매인 제도 야당은 정치사회를 중심으로 군종 종식과 자유민주주의 수립을 원하고 있었던 까닭에 보다 근본적인 사회개혁을 원하는 민중 세력들의 바람을 외면하였던 것이다. 이에 따라 민주화 세력은 바람직한 민주화의 방향에 대한 이념적 차이가 점점 더 두드러졌고 선거 국면에 와서는 분열되는 결과를 초래하였다. 반면에 지배블럭은 이러한 민주화 세력의 분열과 지역주의 이데올로기를 활용하여 양 김 씨의 분열을 끌어내고 선거 국면을 유리한 상황으로 이끌어 나갔다.

이렇듯 민주화 연합 세력이 분열되는 상황 속에서, 또 지배블럭의 이데올로기 공세 속에서 민주 대 반민주 구도가 보수 대 급진의 경쟁으로 전화하는 속에서 천주교회는 실질적 민주주의 실현을 위한 활동을 중점적으로 전개하였다. 특히 노동자·농민·도시 빈민 등 기층 민중 좌경용공 세력으로 매도하고 억압하는 상황 속에서 진정한 민주화를 위해서는 기층 민중 포함한 다수 국민의 목소리를 정당하게 조직하고 반영할 수 있는 권리와 통로가 보장되어야 한다는 것을 강조하였다.[20] 또한 민주화를 위해서는 직선제 개헌이나 선거법의 개폐보다도 그 선행조건이라 할 수 있는 언론의 자유, 표현의 자유가 무엇보다도 먼저 실천되어야 한다는 것을 주장하였다.

실질적 민주화를 위한 천주교회의 활동은 10월 29일 '민주쟁취 천주교 공동위원회(천주교 공동위)'를 발족하면서 더욱 강화되었다. 천주교 사제 259명, 수도자 18명, 평신도 987명 등 총 1,264명이 서명한 천주교 공동위는 노동 3권을 비롯한 기본권적 인권을 보장할 법령 제정, 양심수의 석방, 해직노동자와 교사, 기자들의 복직 등 지체되고 있는 민주화 조치들에 대한 요구와 함께 군부 독재를 종식시키고 민간·민선정부 수립을 위해 노력할 것을 천명하였다. 이와 함께 천주교회는 올바른 민주의식의 고취를 위한 국민계몽운동을 함께 전개하였는데, 이것은 선거를 통한 군부 독재의 종식이라는 선거혁명의 환상과 단일화 문제의 난항으로 인한 국민들의 정치혐오를 경계해야 한다는 것을 의미하는 것이었다. 즉 다시 말해 누구라도 대통령이 되면 민주사회가 될 것이라는 집단적 착각에서 벗어나 국민들이 주체적으로 군부 독재의 종식을 위한 노력에 조직적으로 참여하도록 권고하는 것이었다. 그러므로 천주교회의 이 같은 활동은 민주화 세력을 분열하고 국민을 분열시켜 권력을 재창출하려는 지배블럭의 두 국민전략에 대한 저항이며, 의식운동이었다고 할 수 있다.

천주교회의 민주화를 위한 활동은 또한 야당 후보단일화 운동[21]에 동참하는 것으로 이어졌다. 지배블럭의 야당 분열전략과 지역주의 이데올로기에 기초한 양 김 씨의 동시 출마는 군부 독재 종식을 가로막고 군부

---

20 1987년 9월 6일 김수환 추기경은 "노사분규는 물질만능주의의 무리한 정책과 시책 속에서 인간적 대접을 받지 못한 노동자의 한이 그 근본 원인"이라고 전제한 후 기업주와 정치인들, 이 사회의 이른바 가진 모든 사람들이 노동의 신성함을 마음속 깊이 깨달을 때만이 이 문제가 해결될 것이라고 강조하면서 "오늘의 언론은 왜 노동자의 아픔과 상처는 말하지 않고 폭력행위나 파괴행위만을 보도하는지 알 수 없다"며 언론의 시각을 질책하였다. 9월 7일에는 가톨릭문화운동협의회와 명동성당 청년단체연합회가 공동으로 '좌경 용공 조작 중단과 모든 양심수의 석방'을 촉구하는 성명서를 발표하였고, 9월 25일에는 천주교 정평위가 6·29 선언 이후 3개월이 지나도 민주화 조치가 하나도 실천되지 않고 오히려 교묘히 탈색, 위장되고 있는 현실을 우려하는 건의문에서 모든 정치범과 노동자의 석방을 촉구하였다. 9월 28일 천주교 정의구현 사제단은 현실에 대한 장문의 강론자료를 통해 6·29 선언 이후에도 계속되고 있는 민중에 대한 외면과 폭력적 탄압, 용공조작 등은 6·29 선언이 6월의 위기적 상황을 잠시 모면하려는 기만적 조치, 민주화를 향한 국민의 열망을 일시 무마시키려는 수단에 불과하다고 6·29 선언의 기만성과 허구성을 고발하였고, "현 정권은 용공척결이라는 이데올로기 공세로 국민 내부를 분열시키고 있다"는 지적과 함께 진정한 민주화를 위해서 "기층 민중에 대한 관심과 배려의 실현, 모든 양심수의 전원 석방, 수배해제, 사면복권 등이 조속히 실현되어야 함"을 강조하였다. 또한 공정한 선거를 위해 거국중립내각을 구성하고 소외계층을 포함한 각계각층의 대표들로 구성되어 온 국민이 납득할 수 있는 자유선거 감시기구를 합법화하여 투·개표에 참여할 수 있도록 하여야 한다고 주장하였다(기쁨과 희망 사목연구원 편, 『암흑속의 햇불』 8권, 249-271).

독재의 집권연장에 결과적으로 정당성을 제공하는 것임을 지적하고, 모든 민주 세력이 동참하여 야권의 재통합과 후보단일화를 이루어야 한다고 역설하였던 것이다. 그러나 이러한 노력에도 불구하고 선거에 임박해서까지 단일화가 이루어지지 않게 되자, 천주교회의 정의구현 사제단은 12월 11일 대다수 재야·학생단체와 함께 김대중에 대한 비판적 지지를 결정하게 되었다.[22] 그런데 정의구현 사제단의 이 같은 결정은 엄격한 의미에서의 교회의 예언자 역할에서 벗어나 파당정치(partisan politics)에 개입한 것으로 여겨졌고, 정부와 사회, 그리고 교회 자체로부터 커다란 논란 및 비난을 야기함으로써 사제단이 그동안 받았던 국민들의 지지와 존경을 깎아내리게 되었다(김녕, 1997: 696).

대통령 선거 이후에는 천주교 공동위를 중심으로 대선 무효 투쟁이 전개되었고, 천주교 공동위는 "금번 대통령 선거는 온갖 부정한 방법을 동원해 실시된 원천적인 부정 선거로 현 집권 세력의 폭력성과 부도덕성을 다시 한 번 드러낸 것"이라는 성명을 발표하였으며, 국민운동본부와 민주정당, 그리고 모든 민주 세력이 참여하는 '부정 선거 무효화 투쟁 범국민회의'에 동참하여 선거 무효화 투쟁을 전개하였다. 1988년 1월 15일 정의구현 사제단 대표 김승훈 신부와 공정선거 감시단 단장 오태순 신부는 중앙선거관리위원회 위원장을 상대로 '대통령 선거 무효확인 청구소송'을 제기하였고, 이밖에도 천주교 공동위는 '대통령 선거 현장과 증언'

---

21 박형규 목사, 송건호 민언협 의장, 홍성우 변호사, 안병직 서울대 교수 등 각계인사 18명이 87년 10월 31일 YMCA에서 기자회견을 갖고 123명이 서명한 대통령 후보단일화 촉구 성명서를 발표하였다. 이 성명서에서 "이 시점에서의 가장 시급한 민주화 운동은 후보단일화 운동"이라고 강조하였다. 이로써 재야의 후보단일화 운동이 더욱 강하게 전개되었던 것이다.

22 정의구현 사제단이 김대중에 대한 비판적 지지를 천명한 배경에는 김대중 후보가 광주사태, 민중생존권, 통일문제, 사회 제분야의 민주화, 자주외교 등 차기 민간·민선 정부의 과제를 해결하는 데에 있어서 적합한 인물이라는 판단에 근거하는 것이었다. 즉 정의구현 사제단의 범국민 단일후보 선정은 이 나라의 실질적 민주화에 적합한 인물이 누구인가 하는 것이 기준으로 작용하였던 것이다(기쁨과 희망 사목연구원 편, 『암흑속의 횃불』 8권, 309-310).

이라는 부정 선거 사례 백서를 발간하여 배포하는 등 선거 무효화 운동을 주도하였지만 별다른 실효를 거두지는 못하였다.

노태우 정권 출범 이후의 천주교회 사회 참여 활동은 5공 청산운동과 더불어 통일운동을 중심으로 전개되었다. 정의구현 사제단을 비롯한 천주교 사회운동 단체들은 광주 학살 진상규명과 5공 비리 척결을 위한 투쟁에 시민사회 단체들과 연대하여 5공 청산운동을 펼쳤다. 또한 5공 청산운동과 더불어 통일운동도 이 시기의 천주교회의 중요한 활동으로 설정되었다. 주로 정의구현 사제단과 천주교 사회운동협의회와 같은 진보적인 천주교회 단체들이 중심이 되어 조성만의 투신자살 이후 본격적으로 통일운동에 참여하였던 것이다. 이들은 통일의 중요성과 통일운동의 정당성을 사목자료집 발간을 통하여 홍보하였고, 기도회와 심포지엄을 개최하여 조국의 자주 · 민주 · 통일을 주요한 과제로 상정하였다. 그런데 천주교회가 활발하게 통일운동을 전개하고 있던 상황에 1989년 3월 문익환 목사의 방북 사건이 발생하였고, 노태우 정부는 이 방북 사건을 계기로 반공 이데올로기 · 반북 이데올로기 공세를 강화하면서 여타 사회운동에 대해서도 전면적인 탄압을 가하는 공안정국을 주도한다.

천주교회는 이 같은 공안정국에 대항하여 89년 4월 23일 사제 등 각계인사 89명이 민주 세력 탄압중지를 촉구하는 시국성명을 발표하였고, 천주교 정평위에서도 '현 시국을 우려하는 우리의 호소' 성명에서 대량 구속사태에 대한 유감 표명 및 폭력행위에 대한 단죄와 정부의 도덕성 회복을 촉구하였다. 그러나 89년 6월에 전대협 대표로 임수경이 '평양축전'에 참가하기 위해 방북하는 사건으로 공안정국은 더욱 강화되었고, 정의구현 사제단은 공안정국에 저항하는 차원에서 국가보안법의 폐지와 통일논의의 확산을 위해, 그리고 사목적인 차원에서 천주교 신자인 임수경을 보호하기 위해 7월 5일 문규현 신부를 북한에 파견하기로 결정하게 된다. 정의구현 사제단의 문규현 신부 파견 결정은 노태우 정권이 광주사태를 포함한 5공 청산 문제들을 해결할 성실한 욕구나 의도가 부족하며 민주화나 통일의 달성을 진정으로 원하지 않는다는 인식하에서 민족의 화해와 일치를 위해 교회가 헌신해야 한다는 사명감으로부터 비롯되었다(김녕, 1996: 322). 그러나 국가보안법과 공안정국에 정면 도전한 이 사건은 사회 및 교회 내부에 큰 파문을 일으켰고, 이데올로기 공세와 더불어 대중매체에 의한 혹독한 여론재판을 받아야 했다.[23] 주교회의는 사제단의 행동에 대해 "통일에 대한 의지는 이해하지만 행동은 유감이다"라는 유감을 표명하였고, 평신도들의 단체인 전국 천주교 평신도사도직협의회 회장단도 주교회의의 입장을 지지하는 성명을 발표하였다. 이런 상황하에서 언론은 정의구현 사제단의 이번 사건 때문에 "가톨릭교회의 일치가 흔들리고 있다", "가톨릭교회의 보혁 갈등이 표면화되었다"고 불협화를 강조하였다.[24] 그러므로 이 사건은 교회의 사회 참여가 북한 정권이나 북한 사회와의 여하한 형태의 긴밀한 접촉이나 동조를 보일 경우 한국 사회 대다수의 대중에 의해 비판받는다는 것을 보여주는 것이라 할 수 있다. 그런데 이 사건으로 말미암아 교회 내에서, 그리고 교회를 바라보는 사회의 시각에서 보수적 입장의 입지를 강화시키고 진보적 입장의 입지를 약화시키는 결과가 초래되었다(김녕, 1997: 701).

---

23 대부분의 일간지들은 사설을 통해 문 신부의 북한에서의 활동과 발언에 대해 집중적으로 규탄하였는데, '사제복을 벗어라'와 심지어는 '신부로 위장한 공작원' 등의 격렬한 표현도 서슴지 않았다. 정부는 당연히 이 사건에 대해 강력하게 대처하였다. 김기춘 검찰총장은 '사제단의 행동은 우리 사회 각 분야에 침투, 상호 연계되어 있는 좌익 세력 준동의 일환'이라고 단정 짓고, '체제수호를 위해 척결해야 할 대상에는 성역이 없다'고 주장하였다. 이 사건으로 정의구현 사제단의 3명의 신부(남국현, 구일모, 박병준 신부)가 국가보안법 위반 혐의로 구속되었고, 문규현 신부와 임수경은 판문점을 거쳐 8월 15일 남한으로 돌아온 직후 체포, 수감되었다.

24 안기석, "공안정국에 정면도전한 가톨릭교회", 『신동아』, 1989년 9월 호, 382-383.

2. 천주교회의 보수화

문규현 신부 방북을 계기로 천주교회는 크게 두 가지 입장으로 분명하게 갈라졌다고 할 수 있다. 즉 천주교회의 사회 참여를 적극 지지하는 입장과 정교분리 원칙을 내세워 교회의 과잉정치화를 우려하는 보수적인 입장의 강화로 분화되었던 것이다.[25] 1987년 6월 민주화 대투쟁 이후 형식적이나마 민주화가 진전되어 국가에 의한 억압이 줄어들게 되고 시민사회가 활성화되자, 교회는 정교분리의 원칙에 따라 고유의 종교적 역할로 되돌아가야 한다는 보수적인 입장이 크게 강화되기 시작하였다.[26] 이러한 보수화는 주교회의를 통해 진행되었는데, 87년 11월 19일 추계 주교회의에서는 과거와는 다르게 이례적인 대국민 담화문을 발표하였다. 그런데 그 내용이 '교회는 정치단체가 아니기에 교회의 직분을 가진 사람들은 초연한 자세를 가져야 하고, 또한 선거결과에 승복해야한다'는 것이었다. 주교단의 이러한 담화문은 교회의 사회 참여 활동에 대해 제약을 가하기 위한 것이었고, 따라서 교회 내부로부터 반발을 불러왔다.

---

25 천주교회 내의 보수주의적 입장은 천주교회의 사회 참여 활동 초기부터 이미 자리하고 있었다. 전통적인 신학 안에서 교회의 사회 참여가 교회 안의 일치(unity within the Church)를 깨뜨릴 수 있음을 우려하는 일부 주교들과 원로 성직자들은 교회의 사회 참여에 대한 반대 입장을 분명히 하였고, 이는 교회의 사회 참여를 제한하는 구조적 제약 요인이 되었다. 그런데 이러한 보수주의적 입장이 강화되어 나타난 것은 1987년 초부터였다. 이에 관한 자세한 설명은 김녕, 1996: 282-293쪽을 참고할 것.

26 그런데 엄밀히 말하면, 이 같은 교회의 보수화는 이미 87년 초부터 나타나기 시작하였던 것이라 할 수 있다. 87년 3월 23일 춘계 주교회의에서는 교회 내 단체들과 조직들이 지나치게 정치적이라는 이유에서 다음과 같은 결정을 내렸다. 첫째, 비록 전국기구일지라도 해당 교구장이 명확히 승인하지 않는 한 그 기구는 그 교구 내에서 활동할 수 없다. 둘째, 평신도사도직단체는 가톨릭 신자들로 구성되어야 한다. 따라서 가톨릭 농민회의 회칙은 더 이상 존속할 수 없고 전국 본부는 활동을 중지하고 교구 단위 농민회는 주교단의 방침과 교구장의 지시에 따라 교구별로 정비하고 새로운 규정을 제정하여 활동을 재개한다. 셋째, 가톨릭 학생회는 각 단위의 회가 모여 협의하는 체제로 조직되어야 한다. '가톨릭 학생총연맹'이라는 단체는 한국 천주교회가 인정한 바 없는 단체이다. 넷째, 한국 평신도사도직협의회는 새 회칙이 주교회의의 승인을 얻을 때까지 각 교구 평신도사도직협의회만 활동을 유지한다(박재정, 1995: 325).

평신도사도직협의회는 12월 7일 호소문에서 '주교단의 담화가 외견상 교회의 정치적 중립을 지키는 것처럼 보이나 오히려 정의를 구현하고 민주화를 원하며, 군정종식을 바라는 국민들의 갈망을 외면하는 것'이라고 주장하면서 '주교단의 담화가 시기와 내용이 적절치 못하였다'고 호소하였다(기쁨과 희망 사목연구원 편, 『암흑속의 횃불』 8권, 307).

천주교회 단체와 조직들의 사회 참여에 대한 보수적인 주교단의 우려는 88년 주교회의 산하의 천주교 정평위 개편 과정에서 보다 구체화되었다. 천주교 정평위는 천주교 공식기구로서 70-80년대 천주교회의 민주화 운동을 주도하였던 단체인데 위원장을 평신도에서 주교로 교체하였고, 그동안 천주교 사회 참여 활동을 활발하게 전개하여 왔던 교회 내 민주인사들을 위원에서 배제하였던 것이다. 뿐만 아니라 진보적인 한국 평신도사도직협의회도 임원 개편을 실시하여 보수적인 인사들로 교체하여 이전의 시청료 거부운동과 시국에 대한 입장발표 등을 일체 중지하고, 신뢰 회복운동과 같은 종교적인 목적을 위해 활동하도록 만들었던 것이다. 이 같은 교회의 보수적인 흐름은 89년 문규현 신부 방북 사건으로 말미암아 더욱 강화되었고, 정치적인 쟁점보다는 종교적이고 교회적인 현안으로 관심을 돌리게 만들었다.

그런데 천주교회 주교단이 이처럼 보수적인 경향으로 흐르게 된 이면에는 1989년에 열렸던 제 44차 세계성체대회가 중요한 원인이 되었다고 할 수 있다. 범세계적인 천주교 행사를 앞두고 천주교 주교단은 국가 차원의 협조를 구할 수밖에 없는 실정이어서 국가 권력과의 갈등이 발생하는 것을 원치 않았고, 따라서 국가 권력과 첨예하게 대립하는 정의구현사제단의 파북 결정과 같은 진보적인 행동은 커다란 부담일 수밖에 없었던 것이다. 이런 이유에서 제 44차 세계성체대회는 또한 교회 내 보수적인 신앙인들이 교회 내에서 주도권을 잡는 계기가 되었다고 할 수 있다.

천주교회의 보수화는 신자 구성이 점점 더 중산층화되어 가고 있다는 점에서도 그 원인을 찾을 수 있다. 서울대학교 인구 및 발전 문제 연구소가 1992년에 시행한 조사 연구 결과를 볼 때, 천주교회 신자 중 중간 계급과 중상 계급 성원의 비율을 보면 76.1%를 보여주고 있다. 이는 개신교의 66.6%, 불교의 50.7%에 비해 높게 나타났고, 전체 평균 57.0%를 크게 상회하는 것으로 드러났다(〈표 8〉 참고).

천주교회의 중산층화는 한편으로는 교회 조직안의 지도력 구조면에서 중류 계급과 상류 계급의 중심화와 하류 계급의 주변화 경향을 가져왔고, 다른 한편으로는 시민사회 내의 중산층이 형식적 민주화가 이루어진 이후 급속히 탈정치화되고 보수화되는 경향과 마찬가지로 천주교회에서도 보수화를 가져오는 중요한 원인이 되었다고 할 수 있다. 특히 지배블럭의 이데올로기 공세에 매우 취약하고 안정을 희구하는 중산층의 성장은 교회 내에서 교회의 사회 참여 활동을 제약하는 구조적 원인이 되었던 것이다.

(단위 %)

구 분	개신교	천주교	불교	무종교	전체
중상 계급	3.5	11.3	2.4	3.3	3.6
신 중간	32.7	39.4	13.4	27.5	24.9
구 중간 계급	30.4	25.4	34.9	23.5	28.5
근로 계급	15.2	9.9	11.3	13.5	12.8
도시 하류 계급	5.8	5.6	7.9	4.3	5.8
농업 계급	12.3	8.5	30.1	28.0	24.3
계	99.9	100.1	100.0	100.1	99.9

〈표 8〉 각 종교 신자들의 계급적 지위 비교(1992)[27]

---

27 자료출처: 강인철, 1996b: 263.

천주교회의 중산층화는 교회의 제도적 장치와 운영이 교회를 구성하는 주된 계층인 중산 계층과 상층 계층의 종교적 수요(religious demand)에 따라 이루어지게 되며, 저 계급 근로 노동층 및 주변 계층이 소외당하게 되고 그들의 권익보호 및 인권실현 등을 위한 사회·정치적 개입과는 멀어지게 되는 것을 의미하였다(김녕, 1998: 155). 이것은 앞서 문규현 신부 파북 결정에 대한 정의구현 사제단 입장에 대한 평신도사도직협의회의 유감표명에서도 확인할 수 있다. 이처럼 천주교회의 중산층화는 교회의 활동을 종교적인 목적에 충실하도록 요구함으로써, 교회의 사회 참여 활동을 제한하고 탈정치화하도록 하여 사회 정의의 실현과 같은 교회의 예언자적 사명을 제약하는 요인이 되었던 것이다.[28]

3. 천주교회의 다중 구도

민주화 이행기의 천주교회는 하나의 조직이면서, 내부에 서로 다른 두 개의 범주가 존재하고 있었다고 할 수 있다. 즉 제도로서의 교회와 공동체로서의 교회라는 두 가지 면을 동시에 가지고 있었던 것이다. 제도교회는 계층 조직과 성스러운 권리를 가지는 신도공동체의 조직으로서

---

28 가톨릭신문사가 1987년의 조사와 비교하기 위해 1997년 조사한 〈가톨릭 신자의 종교의식과 신앙생활〉의 변화를 살펴보면, 10년 동안의 기간에 천주교회 신자들의 사회 참여에 대한 지지여부는 1980년대 후반까지는 꾸준히 증가하였지만 1997년까지의 10년 동안에는 그 강도가 크게 약화된 것으로 나타난다. 이런 태도 변화는 사회 참여 지지도를 사회운동 영역별로 살펴보았을 때 명확하게 재확인된다. 즉 노동운동과 도시 빈민운동 등 계급 혹은 민중운동의 성격이 강한 이른바 '구 사회운동' 영역들에 대한 지지도가 비교적 낮은 반면, 환경운동, 도·농 직거래운동, 소비자운동 등 초계급 혹은 시민운동의 성격이 강한 이른바 '신 사회운동' 영역들에 대한 지지도가 상대적으로 높게 나타나고 있음을 알 수 있다. 이런 사실들은 신자들의 계층적 구성이 신 사회운동의 기반인 중간층 중심으로 재편된 데서 일차적인 원인이 있다고 밝히고 있다(〈가톨릭신문사〉, 『가톨릭 신자의 종교의식과 신앙생활』, 대구: 가톨릭신문사, 2000, 157).

공동체의 안정, 고유의 주체성 보존, 복음의 전파 등의 필요에 부응한다. 그러므로 제도로서의 교회는 때때로 창의력과 비판을 차단하는 권력 체계 또는 억압의 체계로 변화되는 경향을 갖는다. 반면에 공동체로서의 교회는 상호모순되는 이해와 다양한 종교적 표현에 의해 특징지어지며 정치적, 도덕적, 이데올로기적 갈등을 통하여 제도로서의 교회에 대한 새로운 대항관계를 형성해 나간다(박재정, 1995: 301). 즉 사회의 계급갈등이 교회 내에까지 파급되어, 성사와 교리해석권의 독점에 기초한 제도교회에 대한 민중교회의 대항으로 표현되는 것이다. 그러나 천주교회의 경우 민중교회적 성격이 강하다 하더라도 공식적인 제도교회에 항상 연결되어 있는 전체교회의 일부라는 것이다. 천주교회는 '다양성 안의 일치와 상호보완'이라는 신조 속에서 개별 교회들의 고유한 속성을 인정하면서도 일체성을 이루고 있기 때문이다. 즉 민중교회는 제도교회를 새롭게 하는 반면 제도교회는 분열되어 있고 애매모한 종교성을 가지는 민중교회를 인도하는 변증법적 관계 속에서 일체성을 이루는 것이다.

70-80년대부터 활발한 사회 참여 활동을 전개해 온 한국 천주교회에서도 교회의 이러한 두 가지 범주가 점차 교회 내에 자리 잡게 되었다. 군부 권위주의 체제하에서 사회 문제에 적극적으로 개입하기 시작하여 교회는 정치질서에 대한 윤리적 판단과 비판을 가하면서 사회 참여 활동을 전개하였고, 민주화를 위한 활동을 전개하였다. 그러나 1987년 6월 민주화 대투쟁을 통하여 형식적 민주화가 도입된 이후에는, 정치적인 입장에 따라 점차 보수적인 입장을 견지하는 제도로서의 교회와 진보적이고 개혁적인 주장이 강한 민중교회의 모습으로 구분되었다. 민주화가 시급한 과제였던 시기에는 이러한 두 가지 범주의 교회의 모습은 두드러지지 않았지만, 민주화 이후에는 민주 대 반민주의 구도가 보수 대 진보의 구도로 바뀌면서 천주교회도 시민사회의 분화와 같이 두 가지 모습을 드러내는 교회로 변화하였던 것이다. 이 같은 교회의 모습을 주요 쟁점별로

비교하여 살펴보면 다음과 같다(〈표 9〉 참고).

한국 천주교회에서 제도로서의 교회는 교회의 목적과 사명을 교회의 유지와 성장에 우선적인 관심을 두었고, 정교분리의 원칙 속에서 정치적인 문제에 관심을 갖지 않고자 하는 특성을 보였다. 또 국가와의 관계에서도 갈등보다는 협력적인 관계를 유지하기 원하여 불필요한 충돌을 피하고자 하는 모습을 보였다. 이 같은 제도로서의 교회는 전통적인 스콜라 신학에 신학적 기반을 두며, 중간 계급 이상의 계층이 중심을 이루는 것이었다. 반면에 민중교회는 정치적인 민주화와 사회 정의를 우선적인 관심으로 표명하고 교회의 사명에서도 사회복음화에 중요성을 부여하였다. 또 정치적인 입장에서는 진보적인 입장을 견지하고, 적극적인 사회 참여 활동을 통해 국가와 갈등을 초래하기도 하는 특성을 보였다. 이와 함께 민중교회는 전통적인 신학보다는 해방신학과 같은 급진적이고 개혁적인 신학적 기반위에서 민중 중심의 교회를 지향하였다.

	제도교회	민중교회
교회의 사명	교회의 유지와 성장	사회 정의, 민주화
정치적 입장	보수적 입장	진보적 입장
중심 이념	정교분리원칙 (영신적, 도덕적 가치중심)	사회의 복음화, 개혁
신학적 기반	전통적 스콜라 신학	해방신학, 급진적 신학
대국가 관계	협력적 관계	갈등적 관계
행동방식	설교적	투쟁적
중심 계층	중산 계층	기층 민중

〈표 9〉 제도교회와 민중교회의 비교

민주화 이후의 천주교회를 살펴보면, 민주 대 반민주의 구도가 보수 대

급진의 구도로 변화하였던 것과 마찬가지로 국가와 시민사회에 대한 정치적인 입장의 차이에 따라 보수와 진보의 구도로 나뉘게 되었던 것이다. 천주교회의 진보와 보수를 구분하는 엄밀한 기준은 없지만, 사회·정치현안에 대한 태도표명에 있어 체제 옹호적인가 비판적인가, 개인구원과 사회구원 중 어느 것을 더 중시하는가, 그리고 전통적인 신학과 해방신학 중 어느 관점을 더 중시하는가 하는 점을 통해 보수적인 입장과 진보적인 입장으로 구분할 수 있다. 보수적인 입장을 견지하는 소리는 주로 제도교회를 구성하는 주교단과 평신도사도직협의회를 중심으로 형성되었고, 제도교회를 구성하면서도 온건한 개혁을 강조하는 개별 주교들의 모습은 강경한 보수의 흐름과는 또한 구별되는 모습을 드러내 보였다고 할 수 있다. 반면에 진보적인 입장을 견지하는 세력은 주로 민중교회의 흐름을 따르는 세력들이 주류를 이루었다고 할 수 있다. 천주교 사회운동협의회(천사협)[29] 혹은 천주교 정의구현 전국연합(천정연)[30]과 같은 민중운동 단체의 성격이 강한 단체들이 중심이 되어 기층 민중 위한 직접적인 활동에 전념하였고, 정의구현 사제단 또는 천주교 정평위 같은 단체들은 진보적이면서도 온건한 개혁을 지향하는 단체로서 정치현실에 대한 윤리적

---

29 1984년 4월에 발족된 천사협은 한국 가톨릭 노동청년회(J.O.C.), 한국 가톨릭 농민회, 천주교 도시 빈민협의회, 가톨릭 대학생 전국협의회, 일부 가톨릭 청년단체(인천교구 청년회, 명동천주교회 청년단체연합)를 중심으로 구성된 천주교 사회운동단체들의 협의체로서 비공인 천주교 단체이다. 천사협은 출범 초기 주교회의에 공인을 요청하였으나 정평위의 활동과 중복된다는 이유로 거부당하였다. 그런데 가노청과 한가농, 천도빈은 공인단체로서 천사협의 활동에도 적극적인 단체들이라고 할 수 있다. 천사협은 재야 단체인 전민련의 회원단체로 가입하여 재야와의 연대에서도 활발하게 활동하였다.
30 천주교 정의구현 전국연합은 1988년에 발족하였다. 이 단체는 사회현실에 평신도의 적극적인 참여를 도모하기 위한 진보적인 평신도 대중운동 조직이라고 할 수 있다. 주교단 산하의 천주교 정평위와 평신도사도직협의회가 개편되면서 70-80년대 정평위 활동과 평신도사도직협의회 활동을 주도하였던 교회 내 진보적 성향의 인사들이 재결집하여 만든 천주교 연합운동단체다. 이 단체는 천주교의 전반적인 분위기가 보수화되고 정평위와 평협의 활동이 이전처럼 진보적인 활동을 보이지 않게 되자 보다 적극적인 사회 참여를 위해 결성되었다고 할 수 있다.

판단을 중심으로 하는 특성을 나타내 보였던 것이다(〈표 10〉 참고).

	강건	온건
보수	주교단, 평신도사도직협의회	김수환 추기경, 개혁적인 개별 주교들
진보	천주교 사회운동협의회 천주교 정의구현 전국연합	정의구현 사제단, 천주교 정평위

〈표 10〉 정치적 입장에 따른 천주교회의 다중 구도

그런데 천주교회 내의 진보와 보수의 이 같은 구별은 상반되는 이념의 대립에서 비롯되는 것이 아니라 성경과 교회법의 원칙을 어떻게 적용하고 실천하는가에 따라 드러나는 것이라고 할 수 있다. 제도교회는 교회 내의 진보적인 입장을 끊임없이 제도 속으로 흡수하려는 '제도화의 전략'과 교도권을 통한 통제를 시도하였는데, 주로 사회운동단체들의 전국적 중앙 조직을 해체 혹은 약화시켜 역량을 분산하거나 급진화하는 부문에 대한 공인을 철회함으로써 종교적 유대와 보호, 재정적 지원을 단절해버리는 방식으로 나타났다.[31] 이러한 제도교회의 통제에 대해 진보적인 교회 내 사회운동단체들은 '다양성 안에서의 일치'라는 원칙을 주장

---

31 교회법 제 300조에 따라 '천주교'라는 명칭을 허가 없이 사용하는 것은 명백히 위법이기 때문에 비공인단체들은 '천주교'라는 명칭을 사용할 수 없다고 규정하고 있다. 따라서 천주교 내에서 활동하는 단체들은 주교단의 재가를 반드시 얻어야 한다. 주교단은 이렇게 교도권을 통하여 천주교 사회운동단체들의 활동을 제도권 안으로 끌어 들이고자 하였던 것이다. 그러나 주교단의 재가를 얻고 활동하기에는 한국 사회의 변화가 급변하였던 까닭에, 천주교 사회운동단체들은 한국 사회 변화의 흐름에 맞는 대응을 위해 비공인단체로서 활동을 전개하였다. 즉 교회 내에서는 비공인단체지만 대외적으로 관련된 단체의 입장을 표명해야할 필요성이 제기될 때에는 천주교라는 명칭을 사용하였던 것이다. 공인과 비공인단체라는 구분은 천주교회 전체의 대표성에 대한 무게감을 떨어뜨리기도 하였지만, 각 부문별로 전개되었던 천주교회의 사회 참여 활동을 파악하는 데에는 중요한 자료가 된다고 할 수 있다.

하며 교회의 쇄신운동을 전개하였으나, 상당부분 교회 내에서의 입지를 잃어버리는 결과를 맞게 된다.

4. 천주교 사회 참여 활동의 분화

한국 사회가 권위주의 체제에서 민주화로 이행하는 시기의 천주교회는 다양한 입장이 교차하는 모습을 보였으며, 이후의 천주교회의 사회 참여 활동은 교회 내의 보수적인 입장과 진보적 입장이 각각 고유한 사회 참여 활동을 전개하는 것으로 변화하였다. 제도교회의 보수적 입장의 입지가 강화되는 속에서 민중교회의 진보적인 활동이 공존하게 된 것이다. 여기서는 천주교회의 다중적인 구도 속에서 전개되었던 사회 참여 활동에 대해 간략하게나마 살펴보고자 한다.

교회의 보수화는 급속도로 탈정치화하여 사회·정치적 개입보다는 영신적이고 종교적인 가르침을 강화하는 것으로 나타났다. 즉 인간생명수호운동과 그에 따른 낙태법의 강화, 모자보건법의 폐지, 반생명적 사회 풍토 쇄신을 위한 도덕성 회복운동 등과 같은 종교적 목적의 운동이 강화되었고, 한마음한몸운동, 소공동체운동과 같은 교회적인 목적을 가진 영신적인 흐름들에 관심이 집중되었다. 따라서 한국 사회의 실질적 민주화 실현을 위해 천주교회의 역할이 중요하게 대두되었음에도 제도교회의 급격한 보수화는 사회 개혁적 과제들에 대해 소극적으로 반응하였다. 제도교회의 이러한 변화는 한국적 현실 속에서 그동안 불가피하게 담당하였던 교회의 사회 참여 활동이 과잉정치화되었다고 판단하였던 것이고, 따라서 민주화의 시기에 교회는 정치적 현안들로부터 벗어나 교회 고유의 목적으로 복귀해야 함을 함축하는 것이었다. 제도교회의 이 같은 보수화 경향 속에서도 개혁적 성향의 개별 주교들은 한국 사회 문제들에 대한 자신들의 입장을 표명하며 개혁적인 모습을 나타내 보였는데 김수환 추기경, 윤공희 대주교 등은 5공 청산 문제, 광주 민주화 항쟁의 진상규명과 명예회복을 위해, 또 기층 민중들에 대한 국가적인 정책을 요구하면서 지속적으로 한국 사회의 현실에 대한 입장을 표명하며 개혁을 요구하였다.

주교회의 공식기구인 천주교 정평위의 활동도 1988년 개편된 이후에는 대폭 축소되어 5공 청산과 공안정국에 대한 우려, 정부의 도덕성 회복을 촉구하는 것 등 비교적 온건한 내용의 성명서들을 발표하였다. 1990년 9월 7일 성명에서는 통일을 막는 보안법 개폐와 금융실명제, 토지공개념, 농어민, 도시 빈민을 위한 대책 등과 같은 경제정의의 실현 등을 요구하였지만, 이 같은 내용들을 구체적인 활동으로 발전시키지는 못하였다. 더구나 이후에는 주교단의 보수적 흐름에 따라 생명문화운동, 낙태법안 반대 등을 통해 인간생명의 존엄성을 회복하고자 하는 종교적 입장을 제시함으로써 한국 사회 현안들에서 다소 비켜섰다.

87년 대선에서 김대중에 대한 비판적 지지로 교회 내외의 비판에 직면했던 정의구현 사제단은 이후에는 통일운동에 몰두함으로써 실질적 민주화를 위한 역할에서 다소 멀어져 있었다. 특히 문규현 신부의 파북 결정으로 정의구현 사제단의 입지는 교회 내외에서 더욱 위축되었고, 진보적인 입장을 견지하면서도 구조적으로 제도교회의 통제에 순응할 수밖에 없는 한계 역시 정의구현 사제단의 활동을 제약하는 요인이 되었다. 그런데 이러한 상황 속에서도 정의구현 사제단은 보안법철폐 범국민 서명운동을 전개하였고, 이를 위해 천주교 사회운동단체들과 연대하여 보안법철폐를 위한 천주교 전국공동위원회를 발족하였다. 또 공안정국에 대해서는 그 폭력성을 고발하고 강력한 저항운동을 전개하였다. 그러나 전체적으로 민주화 이행 시기의 정의구현 사제단의 활동은 한국 사회의 개혁과 실질적 민주화를 위해 대안을 제시하는 것과는 다소 거리가 있었다고 할 수 있다.

천주교회 내에서 진보적인 활동은 천사협과 천정연과 같은 비공인단체들을 중심으로 전개되었는데, 이들은 정치 민주화와 사회 정의의 실현, 그리고 민족 분단이라는 문제의식 속에서 평화와 통일에 대한 활동에 관심을 표명하였다. 민주화 이후에도 여전히 계속되는 국가 권력에 의한 인권탄압에 맞서 사회 문제화하며, 약하고 가난한 민중들의 편에 서서 정의의 실현을 외치고 겨레의 하나됨을 위한 활동 속에서 천주교회의 사회참여 활동의 맥을 이어 나갔다. 천주교회의 진보적인 이 두 단체는 1991년 12월 15일 변화된 사회와 교회에 적절하고 능동적으로 대응하기 위해 통합하여 천주교 정의구현 전국연합(천정연)으로 재창립하였다.[32]

천정연은 교회쇄신과 사회복음화를 목적으로 하는 평신도단체의 연합조직으로 기존의 정치 투쟁 중심에서 교회쇄신운동 중심으로, 이슈 중심에서 신자 대중 중심으로 전환하고자 하였고, 중산층을 주요 대상으로 하는 생활공동체운동과 같은 새로운 천주교 사회운동을 전개하였다. 시민사회 내의 시민운동적 방식에 따라 1990년 빛두레 신앙학교를 필두로 하여 본격적인 시민강좌의 실시를 하였고, 천주교회의 보수화와 관련하여 1993년 진보적인 평신도 학술운동을 지향하는 '우리신학연구소', 여성들의 의식화와 권익향상을 위한 '새 세상을 여는 천주교 여성공동체', '인권위원회' 등이 실질적으로 천주교회의 사회 참여 활동을 유지하였다.

---

32 1991년 천사협과 천정연의 통합으로 새롭게 출발한 천주교 정의구현 전국연합은 현재에도 가톨릭 노동사목전국협의회, 새 세상을 여는 천주교 여성공동체, 열린 신앙인 사회학교, 전국 가톨릭 대학생 대표자협의회, 천주교 도시 빈민회, 천주교 인권위원회, 천주교 정의구현 목표연합, 장기수 가족후원회, 정년운동, 가톨릭 인천청년연대, 평화를 여는 가톨릭청년, 본당 청년운동과 공동체, 한국 가톨릭 농민회, 우리신학연구소가 참가하여 새로운 가톨릭 사회운동을 전개하고 있다. 천정연 소속 단체들의 구체적인 활동에 대해서는 천주교 정의구현 전국연합 편, 10주년 기념 자료집 『이미 싹이 돋았는데 그것이 보이지 않느냐』를 참고할 것.

천정연의 활동은 또한 다양한 부문에서 공동체 운동을 모델로 하여 생활
운동을 전개하는 것으로 이해될 수 있다. 즉 우리밀 살리기 운동, 유기농
업, 주민자치운동, 지역공동체운동을 통하여 현장을 토대로 한 대안적인
생활공동체운동을 전개하였고, 시민사회 내의 시민운동 조직들과 연대
하여 민중운동적 입장에서 시민운동적 요구를 수용하고자 하였던 것이
다. 그러나 시민사회의 경실련과 같은 시민운동단체들의 활동에 비추어
볼 때, 천정연의 활동의 대중적 영향력은 현저하게 약화되었다고 할 수
있다.

따라서 천주교회의 다양한 부문별 사회 참여 활동에도 불구하고 민주
화 이행기의 한국 천주교회 사회 참여 활동은 다른 시민운동단체들에 비
해 전반적으로 분산되고 침체되는 추세를 보였다. 그것은 천주교회의 사
회 참여 활동이 한국 시민사회 내의 요구를 제대로 수용하지 못함으로써
대중적 토대를 구축하지 못하였던 데에 원인이 있다고 할 수 있다. 다시
말해 천주교회가 사회 참여의 이론적 기반을 갖추지 못하여 실질적 민주
화를 위한 대안을 제시하지 못했다는 것이다. 실제로 민주화 이후의 각
부문별 천주교회의 사회 참여 활동은 신학적 체계나 방법론적 기반 없이
참여만이 중시되고 이슈만을 쫓아가는 방식이었던 관계로 한국 사회의
변화와 시민사회의 요구를 제대로 읽어내지 못하였다고 할 수 있다. 이
는 결국 천주교회의 활동이 대중적인 지지를 이끌어내지 못하고 시민사
회 내에 고립되며, 침체되는 결과를 가져왔던 것이다.

제 4절_ 민주화 이후의 천주교회 도덕적 권위

1. 도덕적 권위의 성격변화

한국 사회의 민주화로의 이행은 천주교회의 도덕적 권위에도 커다란 영향을 미치게 되었는데, 가장 두드러지는 변화는 천주교회 도덕적 권위가 정치사회적 영향력에서 종교적인 영향력으로 환원되었다는 점을 들 수 있다. 지난 70-80년대 한국 사회의 민주화를 위해 국가 권력에 저항하고 정치적 동원에 있어서 고유의 역할을 수행하였던 천주교회는 민주화로 인해 시민사회가 활성화되어 국가의 권력에 대해 감시와 비판을 담당할 수 있게 되자, 종교 고유의 영역으로 돌아가고자 하는 움직임이 교회 내부로부터 강하게 일어났다. 이러한 천주교회의 탈정치화 움직임은 한국 사회에 도덕적 영향력을 행사하며 민주화 운동의 정당성을 제공하던 천주교회의 도덕적 권위의 성격을 변화시키는 것이었다.

천주교회는 정교분리 원칙 속에서 종교적인 사명을 강조하는 것에 중심을 두고, 점차 직접적인 행동보다는 온유한 설득과 종교적 원칙을 제시하는 것으로 변하였다. 이 시기의 천주교회의 주요한 종교적 가르침들을 살펴보면, 모든 폭력행위에 대한 거부와 공동선의 원칙 제시, 도덕성 회복 운동, 화해와 일치를 위한 원칙, 생명존엄성회복을 위한 성명 발표, 낙태와 공해 문제 등에 대한 입장표명, 인명존중의 새 문화 창조 당부, 사형폐지운동 등과 같은 문제들이 중심적인 내용이었다.

천주교회의 도덕적 권위의 변화 가운데 두드러진 변화 중의 다른 하나는 도덕적 권위의 주체가 전체 천주교회(the Church as a whole)에서 김수환 추기경과 같은 개별 지도자로 이동하게 되었다는 점을 들 수 있다.

민주화 이후 천주교회는 정치적 입장에 따라 다중적인 구도를 보였고, 이로 인해 교회 내에서 교회 전체의 합의를 통한 입장표명이 어려워졌다. 뿐만 아니라 교회의 전반적인 보수화 경향과 맞물려 천주교회 내부에는 다양한 정치적 입장이 갈등하고 있었다고 할 수 있다. 따라서 민주화 이후의 천주교회에서는 정치적인 쟁점에 대한 전체 교회의 입장표명이 현저하게 줄어들게 되었다. 그럼에도 김수환 추기경의 도덕적 영향력은 천주교회 전체적으로는 대중적인 영향력이 감소하는 가운데에서도 여전히 높게 나타나 도덕적 권위의 주체가 개별 지도자에게로 이동되어 나타나고 있음을 알려준다.[33]

이와 함께 천주교회 도덕적 권위가 이 같은 변화들과 함께 상징화되었다는 점도 중요한 변화라고 할 수 있다. 천주교회의 도덕적 권위가 상징화되었다는 것은 한국 사회 구성원들의 가치와 신념 안에 천주교회는 '사회 정의와 인권수호의 보루, 도덕적인 집단'이라는 의식이 깊이 뿌리를 내려 작용하는 것을 말한다. 이것은 천주교회에 관한 사회적 상징성은 매우 주관적인 요소이지만 상징작용을 통해 객관적 요소로 전이되어 (이신행, 1997: 32) 한국 사회의 객관적 의식으로 자리하고 있음을 보여주는 것이라고 할 수 있다. 즉 천주교회가 하나의 사회제도로서 지니는 영향력을 넘어서 한국 사회 구성원들의 가치와 신념에 상징적 권위 (symbolic authority)로서 영향력을 행사하고 있다는 것을 의미하는 것이다. 사회적 약자와 인권의 보루라는 천주교회의 상징성은 70–80년대부터 한국 사회의 소외된 이들과 억울한 이들을 보호하고, 그들의 존엄성을 수호하는 데 노력해 왔던 천주교회에 대한 객관적인 사회의식이다. 이 같은 천주교회의 상징성으로 인해 민주화 이후 한국 사회 안에서 다양한

---

33 이에 관해서는 제 1장의 각주 7과 8을 참고할 것.

갈등과 대립이 발생할 때, 사회적 약자들과 억울한 이들은 자신들의 문제를 천주교회에 호소하여 해결하고자 하였던 것이다. 1987년 상계동·양평동 강제철거로 갈 곳을 잃은 철거민 400여 명이 명동성당에서 장기농성을 벌이며 천주교회에 도움을 호소한 것을 비롯하여, 해마다 한국사회의 여러 가지 모순과 갈등으로 야기되는 쟁점들을 해결하기 위해 천주교회의 도움과 중재를 요청하였다. 1991년부터 1997년까지 명동성당에서는 총 445건의 집회 및 시위가 발생했고, 이 같은 명동성당에서의 시위 및 집회는 천주교회의 보호 아래 여론을 형성하고, 문제해결을 위한 도움을 천주교회에 호소하기 위함이었다. 이를 다시 쟁점별로 분류하면 아래와 같다(〈표 11〉 참조).

년도	정치	경제	노동	사회	통일	계
1991	11	0	4	5	1	21
1992	16	2	8	7	0	33
1993	19	8	14	21	1	63
1994	14	8	19	28	1	70
1995	34	3	14	38	2	91
1996	36	2	30	24	2	94
1997	27	7	23	12	4	73
계	157	30	112	135	11	445

〈표 11〉 명동성당 시위 유형 분류[34]

천주교회에 도덕적 영향력의 개입을 요청하면서 명동성당에서 행해졌던 시위 및 집회의 내용을 살펴보면 정치적인 면에서는, 민주화 촉구를

---

34 자료출처: 추교윤, 2001: 292.

위한 시위, 보안법과 안기부법 폐지, 정권 퇴진운동, 양심수 석방, 지자제 실시 촉구, 정치비리 수사 촉구, 광주 민주화 항쟁 진상규명과 책임자 처벌, 공권력의 폭력 고발, 반미 구국운동, 인권보장 요구 등이 주요 쟁점이었다. 경제면에서는, 수입개방에 맞서는 농민운동과 재벌 비리에 대한 고발, 재벌의 고통분담 요구, 금융실명제 실시 촉구, 우루과이 라운드 반대, 수입식품 안전성 확보를 위한 소비자농민연대, 건전 증시 정착 요구, 정경유착 규탄 등이 주된 내용이었고, 노동 문제에 있어서는 임금인상과 근로복지를 위한 각종 노조의 파업, 구속 노동자 석방 촉구, 체불 임금 요구, 전교조 해직교사 원상 복직 촉구, 노동 악법 폐지, 산업재해 추방결의, 해고노동자 수배해제와 원상 복직 요구, 외국인 노동자 강제 노동 반대, 중국 동포 노동자 탄압 규탄, 정리해고 반대, 노동법과 안기부법 개악 강행 저지운동 등이 중심을 이루었다. 이와 함께 장애인 처우 개선 문제, 원호금 인상, 도시 빈민 및 철거민 주거 쟁취운동, 노점상 철거 반대와 같은 기층 민중들의 민생 문제와 연관된 사회적인 쟁점들뿐 아니라 교육 개혁에 관계되는 문제들, 환경운동과 관련된 다양한 시위들이 천주교회의 도덕적 권위에 호소하는 것들이었다(추교윤, 2001: 292-293).

2. 도덕적 권위의 상대적 약화

민주화 이후에 천주교회 도덕적 권위는 민주화 이전의 시기와 비교할 때 사회적 영향력이 크게 약화되었다고 할 수 있다. 물론 민주화 이후 시기에도 천주교회는 여전히 한국 사회 내의 다양한 갈등을 넘어 화해와 일치로 이끌고자 활동하였지만, 과거 유신시대와 권위주의 시대에서처럼 대중들의 양심을 움직여 도덕적 공감을 불러일으키며 저항운동에 동원하는 것과 같은 강력한 영향력을 행사하지는 못하였다는 말이다.

이와 같은 천주교회의 도덕적 권위의 영향력 약화에는 여러 가지 원인들이 있다. 첫 번째 천주교회 내적 원인으로 민주화 이후 천주교회의 보수화를 들 수 있다. 보수화는 천주교회의 관심을 종교적인 영역으로 제한함으로써 실질적 민주화를 과제를 안고 있던 한국 사회 현실과 유리되게 만들었다. 민주화 이후에도 천주교회는 한국 사회의 갈등과 대립을 극복하고 통합으로 나아가기 위한 원칙들을 제시하였지만, 천주교회가 제시하는 종교적인 원칙들은 지나치게 원론적이고 이상적이라는 점에서 설득력이 약했던 것이다. 뿐만 아니라 교회 내에서 진행된 보수화는 진보적인 단체들의 직접적인 정치행위들을 구조적으로 제약하는 요인이 되었다. 이로 인해 정치사회적 입장에 따라 천주교회 내부에서 다중구도로의 분화가 이루어지게 되었고, 이는 결국 전체 천주교회의 영향력을 분산시키는 결과를 초래하였던 것이다. 특히나 정의구현 사제단의 김대중 후보에 대한 비판적 지지나 문규현 신부의 파북 결정 등과 같은 급진적인 정치행위들은 교회 내부에서 대립적인 입장에 있는 구성원들의 비판을 불러왔고, 이것이 교회 밖에는 교회의 분열로 비쳐지게 됨으로써 교회 밖에서 결국 천주교회의 도덕적 영향력을 위축시키는 요인으로 작용하였다.

천주교회의 영향력 약화의 두 번째 원인으로는 대안적 시민사회의 활성화를 들 수 있다. 민주화 이후 정치적 민주화에 집중된 사회적 열망이 다양한 경제적, 사회적 관심으로 분화되어 갔다. 이에 따라 국민들의 현실적 삶과 직결된 현실적 과제 해결을 위한 다양한 수준의 시민운동단체들이 조직되기에 이르렀고, 이들은 강력한 정치적 행위자이자 여론의 주도자로 부각되었다. 그것은 경실련이나 참여연대와 같이 한국 사회의 실질적 민주화를 위한 구체적인 대안을 제시하는 시민운동단체들이 단순히 문제제기와 비판에서 그치는 것이 아니라 구체적인 조사에 기초를 두고 대안을 연구하여 제시함으로써 사회적 정당성을 확보하였기 때문이다.[35] 이들은 사회적 정당성을 기반으로 날로 성장해 갔으며, 점차 과거 천주교회 도덕적 권위가 수행하였던 역할을 대체해갔다. 더구나 천주교회는 보수화로 인해 종교적 권위로 환원하고자 함으로써 시민운동단체들의 도덕적 정당성이 대조적으로 강화되었던 것이다.

세 번째 주요한 원인으로 민주화에 따른 한국 사회의 변화를 들 수 있다. 민주화로 인해 한국 사회는 새로운 삶의 방식들에 의한 일상적 의식과 행동이 빠르게 변화하고, 이전처럼 단선적인 경제 논리나 정치 이데올로기에 의해 규정되지 않는다. 더구나 시민사회가 활성화되어 각자의 이해를 관철시킬 수 있는 사회적인 여건이 조성됨으로써, 정치 체제의 변혁 욕구나 경제적 불평등을 해소하려는 집단적 열망이 식어가는 반면 개인적 차원의 다양한 욕구들이 분출하였다(백욱인, 1998: 46). 이러한 변화에 천주교회는 종교적 원칙으로 대응하여 한국 사회 현실과 유리되었던 것이다. 따라서 천주교회 도덕적 권위의 약화는 민주화 이후 한국 사회의 변화와 맞물려 있는 것이라고 할 수 있다.

천주교회 도덕적 권위의 영향력을 약화시켰던 네 번째 원인으로 지나치게 성직자 중심이었다는 점을 들 수 있다. 권위주의 체제하에서 인권과 사회 정의실현을 위한 투신적인 성직자들의 활동은 존경과 인정을 받았고, 성직자들의 권위로부터 나오는 도덕적인 영향력은 대중들의 참여를 이끌어 내는 데 중요하게 작용하였다. 그러나 민주화 이후의 시기에는 성직자 중심으로 인해 천주교회의 사회 참여 활동이 시민운동으로

---

35 일례로 '참여연대'의 활동을 살펴보면, 첫째로 민주사회를 바르게 세우며 구체적으로 실현하기 위한 정책과 방법에 대한 연구 및 토론과 시민들의 의사형성을 위한 사업, 둘째로 입법, 사법, 행정 등 국가기관의 활동에 대한 시민들의 감시와 참여, 셋째로 인권을 옹호하고 향상시키기 위한 사회적, 제도적 노력, 넷째로 정치, 경제, 사회, 문화 등 사회 각 분야의 비리와 부정을 고발하여 사회 정의와 공익을 실현하기 위한 시민행동, 다섯째로 기타 참여연대의 목적에 부합하는 국내의 연대 활동과 필요한 사업을 전개하였다(『참여연대 제5차 정기총회 자료집』 참고).

226

발전하는 데 있어서 오히려 걸림돌이 되었던 것이다. 천주교회의 성직자 중심은 천주교회의 사회 참여 활동을 전적으로 성직자들의 현실 인식에 바탕을 두게 함으로써 대중과 유리될 수 있는 약점이 되었다. 성직자들의 활동이 진보적인 경우에는 중산층과 같은 계층들의 반발과 이탈을 불러 일으켰고, 반대로 온건하고 보수적인 경우에는 사회운동 세력들의 비판과 비난을 가져왔던 것이다. 또한 대중적인 활동을 전개하고자 하는 천주교 사회 단체들과의 관계에서 수직적 상하관계의 문제로 자율적인 활동을 침해할 수 있었다. 다시 말해 성직자 중심은 대중적인 활동을 목적으로 하는 천주교 사회운동단체들과의 관계에서 노선과 방법의 문제로 갈등하였으며, 또한 역으로 사회운동단체들이 성직자들의 영향력에 지나치게 의존하여 자율적으로 존립하지 못하고 종속되는 모습을 보였던 것이다.

따라서 전체적인 관점에서 볼 때, 민주화 이후의 천주교회는 분명 '종교에 대한 긍정적인 사회적 인식과 평가'를 의미하는 사회적 공신력(social credibility)에서는 여전히 높은 평가를 받고 있었지만, '다른 사회 부문에 변화를 초래하거나 변화를 저지할 능력'으로 정의되는 사회적 영향력(social influence)에서는 약화된 모습을 보였다고 할 수 있다(강인철, 2001: 146).

3. 도덕적 권위의 한계

이미 앞에서 살펴보았듯이 한국 천주교회의 도덕적 권위는 천주교회의 사회 참여 활동 속에서 인간존엄성과 인권에 기반을 둔 보편적 가치들을 수호하는 가운데, 또 천주교회 지도자들의 도덕적 특질로 인해 사회적 정당성을 인정받게 됨으로써 형성된 것이다. 그러므로 천주교회의 도덕적 권위는 종교적 권위의 형태를 띠고 있으면서도 사회 구성원들에 의해 부여된 사회적 성격의 권위라고 할 수 있다. 즉 신적인 기반이 아니라 사회적인 정당성에 기반을 두고 사회적인 지지 속에서 영향력을 갖는 권위인 것이다. 그런데 바로 이러한 이유에서 도덕적 권위는 한계 또한 내포하고 있다고 할 수 있다. 종교적인 형태로서 사회적인 성격을 가지는 도덕적 권위는 사회의 변화에 따라 커다란 차이를 드러내기 때문이다.

권위주의 체제하에서 천주교회의 도덕적 권위는 권위주의 체제 국가권력과 지배 이데올로기를 탈정당화하고, 다양한 사회 계층들의 체제 저항을 활성화하는 영향력을 행사할 수 있었다. 천주교회는 인권의 수호자로서, 가난한 이들을 위한 교회로서 사회적인 지지를 얻게 되었고, 따라서 상대적으로 소수인 한국 사회에서 천주교회의 도덕적 영향력은 민주화로의 체제전환에 이르기까지 고유한 역할을 수행할 수 있었던 것이다. 그러나 민주화 이후 권위주의 체제가 해체되어 가고, 사회적 요구가 다양하게 분산되는 시기에는 천주교회의 도덕적 권위가 행사하는 영향력은 점차 약화된 모습을 보인다. 그리고 그에 따라 도덕적 권위의 규범적 성격도 약화된다. 이러한 차이를 통해 알 수 있는 것은 도덕적 권위의 영향력이 사회적 상황의 변화와 사회적 요구에 따라 크게 변한다는 것이다.

실제로 한국 천주교회는 형식적인 민주화를 계기로 천주교회 내 진보적인 단체들의 직접적인 정치행위를 교도권을 통하여 엄격히 통제하였고, 천주교회의 사회 참여 활동을 종교적인 영역으로 제한하여 천주교회의 규범적 성격을 강화하고자 하였다. 그럼에도 이러한 천주교회의 활동은 효과적인 지지를 얻지 못하였다. 왜냐하면 천주교회가 제시하는 규범들은 지나치게 원론적이고 이상적이었던 것이다. 이것은 천주교회가 실질적인 민주화의 과제를 안고 있던 한국 사회의 현실과 유리되어 한국 사회의 사회적 요구를 충분히 이해하지 못한 결과라고 할 수 있다. 따라서 도덕적 권위는 천주교회가 사회적 요구에 부응하였을 때에는 그 영향력이 강하고 규범적 성격도 증대하지만, 사회변동에 따라 사회적 요구가 다양하게 분산되거나 천주교회가 사회적 요구에 부응하지 못하였을 때에는 도덕적 권위가 가지는 영향력이 감소되고 규범적 특성도 약화되는 것임을 알 수 있다.

이렇게 볼 때, 천주교회의 도덕적 권위는 시대적 공간 안에서 사회적 요구와 연관될 때 강력한 영향력을 행사하는 사회적 성격의 권위로서 내재적인 한계를 가지고 있음이 분명하다. 즉 천주교회의 도덕적 권위는 천주교회 스스로가 확보하고 있고 지속적으로 한국 사회에 영향력을 미칠 수 있는 권위가 아니라, 한국 사회의 현실 속에서 사회적 요구에 부합할 때에 비로소 사회적으로 정당성을 얻을 수 있는 권위인 것이다. 그리고 사회적 정당성의 기반이 강할 때, 이 도덕적 권위는 한국 사회에서 규범적으로 작용할 수 있는 것이다. 그러므로 천주교회가 도덕적 권위의 영향력 속에서 한국 사회의 규범으로 역할하기 위해서는 한국 사회 현실에 대한 올바른 분석을 통해 한국 사회의 전체적인 관점에서 사회적 요구가 무엇인지를 먼저 찾아야 한다. 민주화 이후 한국 천주교회는 이러한 점에 소홀하였고, 국민 대중들이 바라는 사회적 요구로부터 유리됨으로써 도덕적 권위의 영향력 변화를 초래하였기 때문이다.

제 5 장

천주교회 도덕적 권위의 사회학적 함의

제1절_ 도덕적 권위의 정치사회학적 의의

1. 도덕적 권위의 정치사회학적 기능

1) 국가 권력의 탈정당화

한국 사회는 국가 권력의 정당성을 종교의 신적인 권위에 기반하고 있지 않는 세속적인 사회이고, 따라서 한국 사회에서의 종교는 정치적으로 중립적이라고 할 수 있다. 더구나 군부 권위주의 체제하에서의 한국의 국가는 국가주도의 경제성장과 안보 이데올로기를 통하여 교회나 종교의 도움 없이 스스로 정당성을 부여하고 있었다는 점에서 종교의 정치적 정당화와는 무관하였다. 일반적으로 집권 세력의 정당성의 수준이 낮으면 종교에 접근하여 정치적 정당성을 확보하고자 하고, 종교 지도자집단을 지배구조 안으로 끌어들이고자 노력을 기울일 가능성이 크다고 할 수 있지만, 군부 권위주의 체제의 국가는 어떤 종교의 도움도 필요치 않았다.

　　70년대 초반까지 한국 천주교회 역시도 전체적으로 정교분리의 원칙이 강하여서 되도록이면 정치적인 문제에 개입하지 않고자 하였다. 그러나 10월 유신과 더불어 국가 권력의 폭력성이 전면화되면서 천주교회는 중립적인 입장을 버리고 국가 권력의 억압에 대한 저항으로 변화하게 되었던 것이다. 10월 유신은 국가의 폭력적 지배를 안보와 경제성장을 이유로 정당화하며 군대와 경찰, 정보기관과 같은 폭력적 국가 기구에 의존하여 집권자의 권력 남용에 형식적인 합법성을 부여하는 유신헌법과 긴급 조치를 통하여 국민을 억압하는 체제라고 판단하였기 때문이다. 한국 천주교회는 정당한 법 절차 없이 체포, 투옥, 고문함으로써 고귀한 인권의 존엄성과 기본권을 유린하는 국가의 행위는 범죄행위로 규정하였다. 따라서 유신헌법의 불법성, 국가 권력의 남용, 인권침해에 대한 구체적인 사례들을 통하여 유신 체제 국가의 폭력성을 고발하였다. 일인 독재 체제를 위해 국민의 기본권을 유린하고 국민을 위협하는 정부는 이미 국민의, 국민에 의한, 국민을 위한 정부가 아님을 천명하면서 유신 체제의 정당성에 대해 문제를 제기하였던 것이다. 그뿐 아니라 교회는 불가침적이고 불가변적인 인권을 침해하는 일체의 개인적 폭력이나 공권력의 횡포에서 이를 보호할 의무가 있음을 천명하였던 것이다.

　　천주교회는 지속적인 기도회 모임과 성명서 등을 통하여 국가의 본질과 역할, 인권의 존엄한 가치를 제시하였고, 이를 통해 유신 체제의 억압적 성격에도 불구하고 높은 경제성장 때문에 묵인하고 지지하는 국민들에게 국가의 역할과 인권의 중요성을 일깨우며 불법적인 국가의 권력남용에 대해 윤리적 판단을 가능하게 하는 토대가 되어 주었다. 따라서 공권력이 국민의 개인적 자유와 공공적 자유를 부당하게 억압하고 탐욕과 부정부패 그리고 용공 조작 등을 통하여 집권층과 소수 특권층의 사욕을 위해 사용되는 현실을 비판하고 고발하는 천주교회와 국가 권력은 충돌할 수밖에 없었던 것이다.

민주화를 갈망하는 국민들은 어떤 체제 비판 세력도 존재할 수 없는 정치적 상황 속에서 천주교회의 활동에 지지를 보내고, 천주교회는 활동의 도덕적 정당성으로 인해 영향력을 행사할 수 있게 되었다. 또한 이 과정에서 국가는 상대적으로 통치 이데올로기와 폭력지배의 정당성을 상실하게 되었다. 국가의 정당성의 상실은 국가의 통제력을 약화시켜 또 다른 저항 세력의 출현을 가져오게 하고, 국가 권력 내부에도 균열을 가져오게 한다. 이런 이유에서 국가 권력은 천주교회가 당시 유력한 종교 집단이 아니었음에도 불구하고 천주교회 지도자들의 지지를 얻어내어 국가 권력의 정당성을 유지하고자 노력하였던 것이다. 즉 천주교회의 도덕적 권위와 영향력을 인정하고, 이를 국가 권력의 정당성 확보에 이용하고자 했던 것이다. 전체적으로 볼 때, 유신 체제하에서의 천주교회는 국가가 폭력적이고 억압적인 국가기구를 통하여 인간존엄성을 위협하고 인권을 유린할 때 이러한 폭압적 국가 권력을 탈정당화하고, 지배 이데올로기를 무력화하는 역할을 수행하였다고 할 수 있다.

천주교회의 국가 권력의 탈정당화 기능은 5공화국하에서도 더욱 강화되는 것으로 드러난다. 유신 체제를 계승한 신군부는 광주 민주화 항쟁을 무력으로 진압하고 정권을 장악하였고, 이후 폭압정치라고 불릴 수 있을 만큼 위압적인 통치를 통하여 인권을 유린하였다. 이에 천주교회는 광주항쟁의 진실을 홍보하고, 정권의 만행과 부도덕성을 폭로함으로써 집권의 정당성에 대해 문제를 제기하였던 것이다. 이러한 인권 활동은 이후에도 국가 권력에 의해 인간의 기본권과 존엄성이 침해당하는 사건들이 발생할 때마다 어김없이 계속되었다. 천주교회는 그 어떤 권력도 인간의 존엄성과 기본권을 짓밟을 수 없으며, 오히려 국가 통치에서 정당성의 근거가 인권존중과 보호에 있다는 신념 속에 있었기 때문이다.

천주교회는 한편으로는 국가 권력의 폭력성에 대항하며 정당성에 대해 문제를 제기하고, 다른 한편으로는 정치적 반대자들에 대한 탄압을 위해 국가 권력이 용공으로 조작한 양심수와 정치범들의 구호 활동을 지속적으로 전개하면서 폭력적 국가 권력의 부당성을 고발하였다. 특히 5공 말기에 정의구현 사제단은 '박종철 고문치사 사건'의 조작과 은폐를 폭로함으로써 정권의 부도덕성에 대한 국민들의 공분을 증폭시켰으며, 이러한 의미에서 천주교회는 폭력적 국가 권력에 대한 퇴진운동이 활발히 전개되도록 하는 데 있어서 결정적 기여를 하였다고 할 수 있다.

한국 민주화 과정에서 폭력적 국가 권력을 탈정당화하는 천주교회의 활동은 정치사회학적으로 중요한 의의를 보인다. 즉 인권수호 활동의 사회적 정당성을 통하여 국가 권력의 폭력적 지배와 지배 이데올로기를 탈정당화하고, 국가 권력의 부도덕성을 폭로함으로써 체제저항운동이 활성화되도록 만들었다는 점에서 정치사회학적으로 의의가 크다고 할 수 있는 것이다.

2) 체제저항적 동원

유신 체제의 긴급 조치로 인해 체제저항세력이 위축되고 강요된 사회적 침묵 속에서 이 같은 조치들이 부당함에도 어쩔 수 없이 용인되었던 시기에 천주교회의 인권수호 활동을 비롯한 사회 참여 활동은 체제저항 세력에게 새로운 활로를 열어 주었다. 실제로 천주교회의 사회 참여 이전에는 학생을 중심으로 한 체제저항운동과 소수의 사회 명망가들에 의한 체제비판만이 있었다. 그런데 천주교회가 체제저항에 가담함으로써 체제저항운동은 조직적이고 광범위한 연대의 틀을 마련할 수 있게 되었던 것이다. 이것은 1970년대 후반기에 가서야 학생이외의 지식인 계층에서 체제저항 조직이 결성되기 시작하였고, 지식인, 언론인, 교수, 문인 등과 같은 소규모 저항집단들이 조직되어 재야 정치인과 천주교회를 포함한 종교단체들과 연대하여 저항운동을 전개하였다는 점을 통해서 알 수 있다. 그러므로 한국 천주교회는 한국 사회의 체제저항운동이 성장할 수 있는 정치적 기회구조(structure of political opportunities)[1]를 확대하는 데에 중요한 기여를 하였다고 할 수 있다

천주교회의 이러한 역할이 가능하였던 것은 무엇보다도 천주교회의 조직적 특성에 있다. 천주교회는 다른 종교 조직보다도 조직이나 구성원, 연결망, 지도자의 수라는 측면에서 거대한 동원의 잠재력을 가진 조직이었고, 공식성 정도가 큰 사회 조직이라는 점에서 자원동원을 용이하게 만들었기 때문이었다. 그 가운데서도 정의구현 사제단은 저항운동을 교회의 이데올로기적, 물적, 인적 자원과 신속하게 연결시키고 사회의 다른 영역으로 파급시키는 가장 중요한 통로의 역할을 하는 데 중심이 되었다(강인철, 1997: 547-548). 지학순 주교의 구속으로 결성된 정의구현 사제단은 전국적인 연결망 속에서 미사와 기도회 모임을 통하여 국가 권력의 폭력성을 고발하고, 체제의 부당성을 비판하면서 대중들의 저항의식을 고취시켜 대중들이 체제저항운동에 참여하도록 만드는 역할을

---

1 사회운동을 개인들의 불만에서 비롯되는 것으로 파악하는 사회 심리적 설명이 이론적으로 비판을 받으면서 새롭게 제기된 이론적 경향은 사회운동의 생성과 유지, 발전에 관해 정치 과정론적으로 접근하는 것이라 할 수 있다. 사회운동에 관한 이른바 정치 과정론적 접근은 사회운동을 정치적 기회구조(structure of political opportunities)와 연관지어 설명하고 있다. 많은 연구들을 통해 볼 때 정치적 기회구조는, '사회운동의 형성을 위해 내적 자원의 이용을 촉발시키거나 제약하는 요소로서 사회적 혹은 정치적 행위자들에게 일정하게 주어지는, 그러나 반드시 공식적이거나 영속적인 혹은 전국적 규모일 필요는 없는 계기들'(Tarrow, 1996; 조대엽, 1999: 155에서 재인용)이라고 말할 수 있다. 각 학자들은 정치적 기회의 차원을 3-5가지로 세분하고 있다. 태로(Tarrow)는 권력에 대한 접근권의 개방성, 불안정한 정치적 제휴, 영향력 있는 동맹 세력의 이용 가능성, 엘리트 간의 그리고 엘리트 내부의 균열 등 네 가지 차원으로 설정한다. 브로켓(Brockett)은 의미 있는 접근점, 동맹의 존재, 엘리트의 분열과 갈등, 억압의 수준, 저항주기에서의 시기적 위치 등 5가지로 설정하였고, 루히트(Rucht)는 정당 체계에 대한 접근권, 정부의 정책실행능력, 도전자와 관련된 동맹의 구조, 도전자와 관련된 갈등 구조 등 4가지로 구분하였다. 이처럼 정치적 기회구조의 구성요소에 대한 학자들의 의견이 엇갈리고 있지만, 대체로 정치 체계의 개방성과 엘리트 제휴의 안정성, 그리고 저항 세력에 대한 엘리트 동맹의 유무, 정부의 억압능력 등 4가지로 요약될 수 있다(McAdam, McCarthy and Zald, 1996: 10).

수행하였다. 정부의 엄격한 검열 속에서 통제받고 집회의 자유가 제한을 받던 상황에서 천주교회 기도회 모임과 미사는 정권의 기만성을 폭로하고 반체제운동을 고취시키는 열린 공간으로서 기능하였던 것이다.

그리고 이 같은 활동은 시민사회 내의 저항운동을 활성화시키는 촉매로서 작용하였다. 즉 시민사회 내에 저항 조직이 형성되지 못하였던 상황에서 도덕적으로 대중적인 인정을 받고 있던 천주교회 성직자들의 사회적 참여 활동은 체제저항 세력 범위 외부에 머무르고 있던 지식인들을 저항 세력 안으로 끌어들이는 데에 있어서 영향을 미쳤던 것이다. 특히 지학순 주교의 구속과 같은 사항은 국가 권력의 부당함과 부도덕성을 드러내는 계기가 되어 천주교회뿐 아니라 전 세계에 걸쳐 체제저항의 당위성을 입증하는 것으로 작용하여 잠재적인 저항운동 참여자들의 두려움을 약화시킴으로써 체제저항운동이 대중화될 수 있게 만들었다.

천주교회가 이처럼 체제저항적 동원에 영향력을 미칠 수 있었던 또 다른 배경으로 천주교회의 도덕적 권위의 작용을 들 수 있다. 폭력적인 국가 권력에 대항하여 인간존엄성과 민주주의를 위해 투쟁하는 천주교회의 모습은 정치적 성향이 강한 학생운동과는 달리 도덕적 정당성을 확보할 수 있었고, 사회적으로 지지를 얻게 되었던 것이다. 그리고 천주교회는 민주화를 갈망하는 이들로부터 인권의 보루로서 인식될 수 있었고, 민주화를 위한 집단으로서 사회적 공신력을 확보할 수 있었던 것이다. 천주교회는 이 도덕적 권위를 통하여 시민사회의 분화로 촉발된 사회운동 세력 사이의 노선 갈등을 조정하고 이념적 급진화로 대중과 유리되었던 체제저항운동을 대중의 호응을 이끌어 낼 수 있는 온건 노선으로 향하게 하는 데 있어서도 영향을 미쳤다. 천주교회가 추구하는 온건 개혁 노선은 중간 계급 내의 지식인 그룹, 즉 재야 인사, 목사, 교수, 청년, 학생들의 호응을 얻었고, 범국민적인 저항을 이끌어 내는 데 있어서도 상당한 영향력을 미쳤던 것이다.

사회운동론에서 교회는 분명 거대한 동원의 잠재력을 가진 조직이라는 점에서 교회 자체를 미시동원 맥락으로 파악하고 있다(McAdam, 1988). 실제로 유신 시기에 천주교회는 그 조직적 특성을 이용하여 미시동원에 기여하였다. 그러나 5공 말기에 중산층을 비롯한 대중의 동원에 보다 중요하게 작용한 것은 천주교회의 도덕적 권위였다고 할 수 있다. 천주교회 사제들의 개인적 희생을 각오한 투쟁과 헌신은 대중들에게 존경심을 갖게 하고, 국가의 부도덕성에 대한 도덕적인 공분을 공유하게 하며 강력한 저항 행동으로 연결될 수 있게 하였다. 천주교회의 이 도덕적 권위의 영향력은 한국 사회와 같이 유교적이고 도덕주의적인 전통이 강한 사회에서 생산 대중의 조직력이나 금전 등에 비해 훨씬 영향력 있는 운동자원으로서 작용하였다고 할 수 있는 것이다(조대엽, 1999: 129).

3) 정치사회의 역할 대행

쿠데타로 정권을 장악한 군부 세력과 이에 결탁한 민간 관료들로써 구성된 군부 권위주의 정권은 효율적인 국가 주도의 경제발전과 안보를 이유로 유신 체제를 정당화하였고, 제도정치 내에서 경쟁적 반대 세력에 있는 야당을 배제함으로써 그들의 통치를 용이하게 만들었다. 따라서 군부 권위주의 정권하에서의 제도정치는 왜곡화·협애화 과정을 겪을 수밖에 없었다. 즉 정치사회의 재편을 통해 군부 권위주의 정권은 국가에 종속한 집권당으로 하여금 정치사회를 독점하게 하여 정당 및 의회정치를 무력화하였던 것이다. 그러므로 유신 체제에 들어서 정치사회는 전면적으로 부정되었고, 의회는 국가의 공식적인 부속기관으로 전락하게 되었다. 유신 체제는 군부 권위주의에 종속적인 정치만을 합법적 제도정치로 보장하는 한편, 그것에 반하는 민중적, 시민적 정치행위를 억압하면서 그것이 제도정치로 표출되는 것을 강력히 통제하였던 것이다(조희연·

238

정태석, 2001: 144). 제도 야당은 분열되어서 유신 체제를 기본적으로 인정하고 타협할 것을 주장하는 온건파와 유신철폐와 반정부 투쟁을 전개하고자 하는 강경파로 대립하였고, 권위주의 정권은 정보기관의 공작정치를 통해 이러한 야당의 분열을 더욱 조장하고 파벌간의 대립을 더욱 심화시켰다. 그러므로 정권의 초강압적 억압 속에서 국가의 정책과 조정능력을 시민사회에 전달하고 부과하며 시민사회의 요구와 갈등을 국가에 투영하면서 권력을 통제하는 정치사회는 명목상으로만 존재할 수밖에 없었다.

　이 같은 정권의 초강압적 억압 속에서 천주교회는 도덕적 권위의 영향력을 통하여 국가와 시민사회를 연결하고 권력을 통제하는 정치사회의 역할을 부분적으로 대행하였다고 할 수 있다. 정치사회는 스테판의 정의처럼 '국가와 시민사회를 연결하는 제도화한 정치적 매개구조로서 국가권력의 획득과 통제를 위해 정규화한 정치적 경쟁이 일어나는 영역'이다(A. Stepan, 1988: 3-12). 또한 최장집의 주장처럼, 정치사회는 선거와 정당 체제를 중심으로 구성되어 있으며 국가의 정책과 조정능력을 시민사회에 전달하고 부과하며 시민사회의 요구와 갈등을 국가에 투영한다(최장집, 1993: 393). 그러므로 엄밀한 의미에서 국가로부터 자율성을 가진 천주교회는 정권과 권력을 획득하기 위한 정치적 경쟁을 벌이지 않기 때문에 정치사회의 영역에 속하지 않는다고 할 수 있다. 그러나 군부 권위주의 체제에 의해 모든 정치사회영역의 기능이 정지되고, 유화 정책으로 정치사회가 복원되기 전까지는 어떠한 정치사회적 기구도 집권 세력의 일방적인 정치운영을 견제하거나 정책적 대안을 제시할 수 없었다.

　이러한 상황에서 천주교회는 국가 권력의 폭력성에 저항하면서, 동시에 국민의 기본권과 생존권, 언론과 보도의 자유, 집회 및 결사의 자유, 서민 대중의 복지를 위한 경제 정책을 요구하며 정치사회가 요구해야 할 것들을 대행하였다. 먼저 천주교회는 국가 주도의 배제정치에 대하여 민중의 생존권 보장을 위한 정치적 요구들을 국가에 요구하였다. 강력한 국가의 통제 아래에서 독립적인 각종 민주노조의 설립과 활동을 지원하면서 민중 세력이 강력한 정치 세력으로 성장할 수 있도록 협력하였던 것이다. 또한 농민운동에서도 '가톨릭 농민회'와 같은 전국적인 조직을 결성하여 국가의 경제 정책에 농민들을 위한 정책들이 반영되도록 정치적인 투쟁을 전개하였다. 뿐만 아니라 천주교회는 독재 권력을 무제한적으로 허용하면서 국민의 정당한 권리마저도 억압하는 유신 체제를 비판하고 민주주의의 회복을 위한 정치적 투쟁을 주도하였다. 다시 말해 천주교회는 한국 사회의 모순을 지적, 비판하고 이의 시정과 개선을 요구하는 정치적 행위와 더불어 국가의 체제 자체를 민주주의로 전환하고자 하는 정치 활동을 전개하였던 것이다. 이 같은 천주교회의 활동은 사회 속에서 국가에 대해 민중적, 사회적 요구를 매개할 어떠한 통로도 없었고, 국가 권력의 남용을 통제하고 계급의 이익을 반영하는 합법적 정치 기구로서의 야당마저도 분열된 상황을 고려할 때, 그 자체로 정치사회의 역할을 대행하는 것일 수밖에 없는 것이었다.

유신 체제 이후 새로이 권력을 장악한 신군부 세력 역시 국가의 통제력을 확고히 하고자 정당의 해체, 의회 기능의 정지, 정치인의 참정권 박탈 등의 조치를 취하여 정치사회에 대한 통제를 강화하였다. 헌법 규정에 따르면 국회가 대통령에 대한 탄핵소추 및 국정조사권을 발동할 수 있게 되어 있었지만, 실제로 이것을 행사할 수 있는 가능성은 거의 없었다고 할 수 있다. 그것은 유신 체제의 중선거구제를 존속시켜 강력한 지배 여당과 군소 야당의 체제를 만들어내었기 때문이다. 또한 지배 여당은 국가 기구의 관료나 군 출신들을 충원하여 처음부터 자율성을 봉쇄하였으며, 지배블럭의 한 분파로서 권위주의 체제의 지도자를 위한 정치적 도구로서 혹은 관료적 결정사항을 시행하고 정권을 홍보하는 도구로서 존재하였기 때문이다. 그리고 제도 야당이 존재하기는 하였지만, 이 제도 야당들은 안기부와 청와대가 창당 과정에 개입하여 체제 순응적인 인사들을 발탁함으로써 만들어 낸 이른바 '충성스러운 관제 야당'의 성격을 보였다. 따라서 계급이익을 반영하고 국민통합과 갈등관리를 수행해야 할 정당의 활동이란 기대하기가 어려웠다. 이처럼 신군부 정권에서도 모든 정치사회영역의 기능은 정지되었고, 정치사회 내부의 권력경쟁은 원천적으로 차단되었던 것이다. 전두환 정권하에서의 정치사회 강권적 해체와 재구성은 집권 중반기의 유화 정책으로 정치사회가 복원되기까지 계속되었고, 따라서 집권 세력의 일방적인 정치운영을 견제하거나 정책적 대안을 제시하는 어떠한 정치사회적 기구도 존재할 수가 없었다.[2]

그러므로 천주교회의 정치사회의 역할 대행은 유신 체제에서와 마찬가지로 5공화국에 들어서도 계속되었다고 할 수 있다. 그것은 전두환 정권에서도 노동자와 농민을 배제하는 불균등한 성장 정책이 계속되어 민중의 생활조건이 더욱 악화되었음에도 불구하고, 국가 권력에 의해 야당과 의회의 기능이 통제됨으로써 국가의 일방적인 통치를 견제할 수 없었기 때문이다. 천주교회는 앞의 〈표 5〉에서 제시하였던 것과 같이 대통령과의 면담을 통해서나 혹은 정치현안에 대한 의견을 교환하는 방식으로 정국운영에 대한 시민사회적 요구를 국가에 매개하였고, 정부 정책에 대한 문제점 해결을 위한 진정과 탄원, 건의하는 방식으로 계급적 이익을 대변하는 정치사회의 역할을 대행하였던 것이다. 집권에 대한 정당성이 결여된 국가 권력은 천주교회와 우호적인 관계를 통하여 통치행위에 대한 정당성을 인정받고자 하였으며, 천주교회는 이 점을 활용하여 정부 정책에 대한 문제점과 정치적 현실에 대한 개선을 건의하고 촉구하는 보당적 역할을 수행하였다.

---

2 5공화국에서의 정치적 대립구조의 변화가 일어난 것은 1985년 2월 12일 총선을 통해서였다. 이 총선의 결과로 선명한 야당이 제도 정치권에 진출하게 되었고, 그간 국가의 종속영역으로 존재하던 정치사회영역이 국가에 반하여 새로운 영역으로 분화되어 갔던 것이다(조희연, 1998b: 169).

천주교회의 정치사회 역할 대행은 1985년 2·12 총선으로 정치사회가 복원되면서 대안적인 정치 세력으로 선명한 야당이 나타나 의회 내에서 권력경쟁이 가능해지기까지 계속되었다. 그러나 이후에도 사안에 따라 제도 야당과 연대하여 지배 세력에 대한 정치적 저항을 전개하였고, 제도 야당이 1986년 12월 소위 '이민우 구상'과 같은 지배 세력의 전략에 포섭됨으로써 정치사회의 역할을 수행하지 못하였다고 판단될 때에는 시민사회 내의 저항 세력과 연대하여 정치사회영역에서의 제도 야당의 역할을 규정하여 정치사회가 그 기능을 다하도록 개입하기도 하였다.

4) 시민사회의 활성화

70년대 유신 체제는 강력한 억압의 통치를 통해 반대 세력의 도전을 허용하지 않았고, 사회적으로 다수의 국민들은 이 같은 억압에 대해 침묵, 방관 또는 암묵적 수용의 태도를 취하였다고 볼 수 있다. 그 결과 사회 속에서 국가에 대해 사회적 요구를 매개할 어떠한 통로도 확보할 수 없었고, 국가로부터 자율적인 시민사회의 성립은 기대할 수 없는 실정이었다. 노동운동을 탄압하기 위한 엄청난 억압과 민주화 운동을 봉쇄하기 위한 끊임없는 용공 조작은 당시의 대중의식을 크게 억압하였고, 가장 주도적인 위치에 있었던 학생운동의 지도부 역시 변혁적 전망을 거의 갖지 못한 상태였기 때문에 운동의 핵심 이슈는 무엇보다도 반유신 민주화가 지배적이었던 것이다. 그리고 이러한 이슈는 이념적 수준에서 자유민주주의적 정치절차를 확보하고자 하는 시민민주주의의 수준에 머물렀던 것이다(조대엽, 1999: 118). 따라서 70년대 중반에 이르기까지 한국 사회는 어떠한 시민사회적 체계나 조직을 가지지 못하고, 계급이나 계층이라는 공간적인 의미에서만 그 존재를 파악할 수 있는 '무정형의 시민사회'로 특징지어진다.

한국 사회의 국가지배적 국가–시민사회의 기본구도가 점차 변화를 갖기 시작한 것은 70년대 후반기부터라고 할 수 있다. 유신 체제의 억압이 더욱 강력해지면서, 그에 따른 저항도 각계각층으로 확산되기 시작하는데 그 과정에서 각 부문의 저항 조직들이 형성되기 시작하였고, 학생과 야당, 그리고 재야 지식인들이 반유신 민주화 투쟁을 효과적으로 전개하기 위해 민주화 운동단체들을 결성하였다. 이렇게 체제 도전 세력들이 조직화하고 연대하게 됨으로써 국가–사회의 대립적 관계가 설정되기 시작하였던 것이다. 국가지배의 비민주성과 정당성의 취약함은 시민사회 민주 세력의 활성화와 아래로부터의 저항을 가져왔고, 따라서 한국의 시민사회는 반유신 민주화 운동이라는 체제저항운동과 함께 아래로부터 형성되었다고 할 수 있다. 그러나 이 시기의 시민사회 민주 세력은 국가–사회관계의 기본구도를 위협할 수 있는 역량을 구축하고 있지는 못하였다.

이와 같이 폭력적인 국가의 과도한 억압으로 시민사회가 함몰되어 있던 시기에 천주교회는 국가 권력에 저항하면서 민주주의 회복을 위해 투쟁하였고, 이는 한국 사회에서 상대적으로 소수에 지나지 않는 천주교회가 인권수호와 민주화를 위해서는 가장 활발한 집단으로 한국 사회 구성원들에게 인정받게 하였다. 천주교회의 반유신 저항운동은 한편으로는 권위주의 체제에 대한 직접적인 저항운동을 전개함과 동시에 다른 한편으로는 저항운동 세력 범위 외부에 머무르던 지식인들과 중산층을 자극하여 민주화 운동 세력들이 조직화되고 활성화되는 데 영향력을 행사하였던 것이다. 뿐만 아니라 인간의 기본권과 생존권 보장을 요구하는 천주교회의 정치적 요구들은 민중부문의 저항운동이 조직화되고 활성화되는 데 이론적, 실천적 기반을 제공하여 주었다. 즉 천주교회는 사회 참여 활동과 그로부터 확보하게 된 도덕적 권위의 영향력을 통하여 정부의 부도덕성에 대한 분노와 저항의식을 사회 각 부문에 걸쳐 형성하게 만들었던 것이다. 그러므로 상대적 자율성을 가진 천주교회의 활동은 국가 권력이 상위질서로서 절대적으로 지배하고 있었던 시민사회의 분화와 활성화에 기여했다고 할 수 있다. 그리고 이는 곧 한국 사회의 민주화로의 이행에 기여한 것이라 할 수 있다. 왜냐하면 민주주의로의 이행은 국가에 반하는 시민사회·정치사회의 미분화 상태에서 국가에 반하는 시민사회의 분화와 그것을 반영하는 정치사회의 형성, 궁극적으로는 시민사회와 정치사회를 반영하는 국가로의 전환(국가에 대한 시민사회의 우위)이 확립되는 방향으로의 변화를 의미하는 것이기 때문이다(조희연, 1998b: 156).

유신 체제하에서의 반유신 민주화 운동과 더불어 분화되기 시작한 한국의 시민사회는 80년대에 들어 더욱 가속적으로 발전하였다. 특히 국가권력의 유화 조치로 말미암아 억눌려있던 반독재 투쟁이 활성화되었고, 운동주체나 운동방식에서 70년대와는 다르게 커다란 변화를 보이며 조직화되고 활성화되기 시작하였던 것이다. 전국적인 단위의 재야 정치 조직뿐만 아니라 지식인, 학생, 여성, 노동, 언론인 등 사회의 각 영역에서 다양한 조직들이 결성되었고, 새로운 사회 계층의 성장을 배경으로 새로운 부문운동이 활성화되면서 시민사회가 과거와는 비교할 수 없을 정도로 확대되었다. 더구나 1985년 민통련의 창립은 시민사회의 부문 운동을 통합하는 전국 수준의 통일적 구심체로서의 위상을 갖게 되었고, 민주화 이행 과정에서 시민사회의 정치적 요구를 담아내는 비제도권 정치사회로서 기능하게 되어 시민사회의 활성화는 더욱 가속화되었다. 그러나 이같은 활성화가 오래가지 못하고 이에 맞서는 국가 권력의 야당과 시민사회에 대한 분할지배전략과 이념적 공세, 운동권 내에서의 이념적 분화, 대중과 유리된 저항운동 세력에 대한 정부의 강경한 탄압 등으로 시민사회의 민주화 활동이 또한 위축되었던 것도 사실이다.

천주교회는 시민사회가 이념적 갈등과 대립으로 고립되고 위축될 때마다 새롭게 시민사회의 재활성화하는 데 있어서도 주도적인 역할을 담당하였다. 사제들의 단식 기도로 꺼져가던 직선제 개헌의 열기를 되살려 놓았고, 박종철 고문치사 사건의 폭로를 통해 정권에 대한 저항의식과 도덕적 공분을 증폭시켜 놓았다. 그러므로 이러한 일련의 활동을 통하여 천주교회는 극심한 탄압 속에서 교착국면에 있던 시민사회를 활성화하고, 저항 세력들이 최대 도전연합으로 연대하는 데 기여하였다. 다시 말해 천주교회는 국가지배적인 국가–사회의 권위주의 체제에서 국가에 반해 민주화를 추구하는 시민사회의 활성화에 중대한 영향을 미쳤다고 할 수 있다.

2. 도덕적 권위와 한국 민주화

1) 민주화 이행논의

그동안 민주화를 분석하는 이론적 연구는 대체로 구조결정론적 시각과 발생론적(genetic) 시각으로 나누어져 왔다. 구조결정론적 입장은 민주화의 선행조건이라고 할 수 있는 일인당 소득, 교육, 도시화 수준, 정치문화, 역사적 배경 등과 같은 사회, 경제, 문화적 전제조건이 성숙되면 정치 체제의 민주화가 일어난다는 결정론적 입장을 말한다.[3] 그러나 이같은 구조결정론적 입장의 가장 큰 약점은 정치 체제가 정치적 행위자의 전략적 선택에 상관없이 객관적인 사회경제적 또는 문화적 조건에 의해 결정된다는 입장이어서 정치행위자들은 역사 속에서 정치적으로 무력해질 수밖에 없다는 데 있다. 따라서 구조결정론적 입장은 민주화 과정에서

---

3 Lipsrt, Neubauer, Cutright 같은 학자들은 경제발전, 도시화, 교육의 정도가 일정수준에 도달한 사회경제구조는 자동적으로 정치 체제를 민주화하는 방향으로 이끌어 간다고 보았다. 구조결정론적 입장에 관한 자세한 설명은 임혁백, 1990: 53-54를 참고할 것.

엘리트의 역할을 중시하는 발생론적 입장에 의해 비판을 받는다(윤성이, 1998: 111). 발생론적 입장은 궁극적으로 전환 과정이 서로 갈등하는 행위자들의 전략적 선택에 의해 결정된다는 입장을 취하고 있다. 발생론적 입장에 따르면 객관적 구조적 조건들은 외생적으로(exogenously) 정치행위자의 선택을 제약하는 중요한 조건들에는 틀림없으나, 그 자체가 정치행위자의 선택을 결정하지 않는, '선택의 구조(structure of choice)'로서만 작용한다는 것이다(임혁백, 1990: 55). 민주화를 정치 엘리트 간의 전략적 상호 작용과 타협의 산물로 보고 있는 발생론적 입장은 대체로 두 가지 시각으로 다시 분류할 수 있다. 하나는 권위주의 지배블럭 내에서의 분열이 민주화를 향한 역동성을 낳는다는 '위로부터의 민주화(democratization from above)' 시각이고, 다른 하나는 권위주의 체제에 대항하는 민중적 동원이 축적된 결과로서의 민주화를 강조하는 '아래로부터의 민주화(democratization from below)' 시각이다.

'위로부터의 민주화'를 강조하는 학자들은 어떠한 민주화 전환도 그 시작이 권위주의 체제 내부의 심각한 분열, 주로 강경파와 온건파의 갈등에 기인하지 않은 예가 없다고 주장한다(O'Donnell and Schmitter, 1986: 19). 온건파가 권력경쟁에서의 승리를 위해 스스로 개혁파가 되어 지배블럭 밖의 세력들과 연합을 모색하고 지지를 구함으로써 민주화에 이른다는 것이다. 따라서 이 시각은 기본적으로 민주화는 '위로부터의' 양보에 의한 개혁을 통해 이뤄진다는 입장이다. 이 입장을 따르는 대표적 학자들은 러스토우(Rustow, 1970) 이후 린쯔(Linz, 1978), 오도넬과 슈미터(O'Donnell and Schmitter, 1986), 쉐보르스키(Przeworski, 1986; 1990) 등이 있다. 러스토우는 민주화란 지배 세력과 저항 세력이 벌이는 장기적이고 치열한 대치관계 속에서, 최선은 아니지만 '대타협'을 통해 모두가 공존할 수 있는 차선책으로서 민주주의를 수용함으로써 가능하게 되는 것이라고 주장한다(Rustow, 1970: 335). 오도넬과 슈미터는 러스토우의 발생론적 관점을 따르면서도 러스토우보다 훨씬 정교한 분석모델을 제시하고 있다(성경륭, 1993: 98). 이들은 행위자들의 전략적 선택을 중심으로 민주주의 이행에서 발생할 수 있는 다양한 가능성을 탐색하는 것이다. 오도넬과 슈미터는 먼저 권위주의 체제의 민주화에 있어서 '숨은 선(virtue disguise)'의 작용으로 파악하는 지배 세력 내부의 강경파와 온건파의 분열을 노정한다. 그리고 자유화 조치의 결과로 활성화된 시민사회에 의해 대규모 민중동원이 발생하는 상황 속에서 지배 세력 내의 온건파와 시민사회 내의 개혁파 세력을 중심으로 협약(pacts)[4]이 이루어짐을 강조한다. 그 결과 권위주의 체제의 변동은 애초에 권위주의 정권이 의도했던 자유화의 범위를 훨씬 넘어 국가 권력의 조직 방식, 정부구성의 방식, 국가─시민사회의 관계양식 등이 모두 민주화하는 수준까지 진행하게 된다고 주장하는 것이다(성경륭, 1993: 100).

쉐보르스키는 이들과 이론적 기반을 공유하면서 민주화 이행에서의 각 세력들의 행위와 전략, 과정, 경로를 게임이론에 근거하여 비교적 정교하게 분석하였다. 그에 따르면 권위주의 체제의 위기·분열과 시민사회의 자율적인 조직들 간의 상호작용으로 자유화가 출현한다. 이 과정에서 체제 내 온건파들이 개혁파로 변신하여 반대파와 협상을 할 경우, 체제전환의 동학이 시작된다고 보는 것이다. 그리고 평화로운 민주주의 이행은 그 과정을 역전시킬 수 있는 자들의 이익을 위협하지 않으면서 불확실성을 제도화하는 방법으로써 낡은 권위주의 체제를 해체시키면서

---

4 여기서 협약(pacts)이란 각자 자신의 포기할 수 없는 이해관계에 대한 상호 보장에 기초하여 권력행사의 규칙을 해석할 것을 모색하는, 즉 행위자들 사이에서 이루어진 하나의 명시적인, 그러나 항상 공개적으로 밝혀지거나 정당화되지 않는 합의를 의미한다. 이 협약의 핵심은 각 행위집단의 자율성 및 핵심적 이해관계의 상호 보장을 확대하여 서로 해칠 수 있는 능력 및 그 사용을 유예한다는 데 있다. 그러므로 협약은 바로 지배블럭과 반대 세력과의 각각의 전략적 이익의 최적 지점인 것이다. 이에 관해서는 O'Donnell and Schmitter, 1986: 75와 김호기, 1995: 311을 볼 것.

동시에 새로운 민주주의 제도를 건설하는 이중의 과정을 통해서 진행된다는 것이다(윤상철, 1997: 16). 그런데 이처럼 행위자들의 전략적 선택에 의한 협약으로 민주화를 설명하는 논의들은 각 행위자가 선택할 수 있는 선택의 가능성을 형식적으로 나열하는 형식주의에 매몰되고, 또 선택에 의해 생겨나는 결과를 자의적이고 기계적인 1 : 1 조응관계를 설정함으로서 현실적인 인과관계를 사장시키고 왜곡시켜버리는 문제점을 드러낸다(손호철, 2003: 381). 그리고 이외에도 이들의 행위론적 모델은 주요한 정치행위자를 전제할 뿐만 아니라 행위자의 전략적 선택에 지속적으로 미치는 구조적 한계를 경시하고 있다는 비판을 받는다(윤상철, 1997: 17).

'아래로부터의 민주화'를 강조하는 학자들은 권위주의 체제에 내재하고 있는 정통성의 부재 혹은 정통성의 위기를 강조하고, 정통성이 없다고 인정된 체제는 민중의 체제 거부 또는 체제에 대한 저항운동을 불러일으킨다는 입장이다(임혁백, 1990: 56). 이는 정치 엘리트의 분열을 중심으로 하는 위로부터의 민주화의 입장과는 달리 어떠한 지배 엘리트도 자발적으로 민주화 전환을 주도하지는 않으며 아래로부터의 심각한 도전 없이 권위주의 체제에서 물러나지 않는다는 점을 강조하는 것이다. 따라서 정권이 아래로부터의 심각한 도전에 처하게 되는 원인과 과정에 대한 연구가 반드시 필요하다고 주장한다. 포우레이커(Foweraker)가 이 문제에 대해 정확히 지적하고 있는데, 그는 민주주의 쟁취를 위한 국민의 고통과 투쟁은 무시한 채 민주화 전환의 마지막 단계에서 협약을 체결한 엘리트에게 민주화의 모든 공을 돌리고 있다고 비판한다(윤성이, 1998: 112). 또한 엘리트 중심 이론가들은 엘리트 이외의 행위자(actor)들도 민주화를 선택하고 이를 위해 집단행동을 취할 수 있다는 단순한 사실을 애써 외면하고 있다는 비판을 받는다(Tarrow, 1995: 207). 즉 '아래로부터의 민주화'를 강조하는 입장에서는 민주화를 아래로부터 비롯된 압력의 결과라고 주장하는 것이다.

한국의 민주화에 관한 기존의 연구들 가운데 이러한 입장들에 기초하고 있는 연구를 살펴보면, 먼저 '위로부터의 민주화'를 강조하는 전략적 선택 이론을 한국의 민주화에 적용하여 분석하고 있는 임혁백의 연구(1990)를 들 수 있다. 임혁백은 민주화 전환이 권위주의 정권 내부의 분열과 시민사회로부터의 민중동원 사이에서 벌어지는 상호작용에 의해 초래된다는 것을 전제하면서도 협약이 실제로 이루어지는 조건 또는 메커니즘을 밝히지 않은 것을 본격적으로 문제 삼고 있다. 그리하여 임혁백은 게임 이론적 분석 도구를 동원하여 한국의 경우 1979년 10월부터 1980년 5월 사이의 정치적 호기에는 민주화가 유산되고, 왜 1987년 6월 항쟁에서만 민주화가 성취되었는가를 집중적으로 분석하였다(성경륭, 1993: 101). 즉 임혁백은 1987년의 민주화에 대하여 6월 항쟁 이전에 지배 세력 내부로부터 강경파와 온건파의 분열이 있었고, 저항 세력은 최대 다수 연합을 형성하여 6월 항쟁을 전개하였다는 점을 제시한다. 그리고 지배 세력의 온건파와 시민사회의 개혁파가 타협하여 6·29 선언을 이끌어 냈다는 점을 강조하여, 6·29 선언이 각 당사자에게 최선의 대안은 아니지만 양자가 공존할 수 있는 차선책이어서 모두에게 수용될 수 있었던 것으로 파악하고 있다. 그러나 이러한 임혁백의 주장에 대하여 사회운동론적 입장을 취하고 있는 성경륭(1983)은 지배 세력 내의 강경파와 온건파의 분열이 없었고, 87년 민주화는 타협의 결과가 아니라 광범위한 연대구조를 형성한 '사회운동'이 엄청난 규모와 강도의 저항을 전개하여 지배 세력을 강제한 결과이며, 이 과정에서 1988년 올림픽 개최와 미국의 압력이 중요한 역할을 했다는 반론을 펴고 있다. 성경륭은 틸리의 정체모델을 보완하여 국가-시민사회와 지배연합-대항 세력이라는 분석틀을 동시에 사용하여 민주화를 설명하고 있다. 윤성이(1998)도 사회운동론적 접근 속에서 한국 민주화를 설명하고 있는데, 전략선택이론에서 주장하는 것처럼 엘리트의 분열이나 갈등이 곧바로 민주화 전환을 보장하는 것이 아니라 사회 내 도전 세력이 그러한 엘리트 분열을 이용하여 민주화 전환을 촉진시킬 수 있는 준비가 갖추어졌을 때 비로소 민주화 전환이 가능하다고 주장하는 것이다. 특히나 윤성이는 사회운동의 성장과 쇠퇴는 정치기회구조(political opportunity structure)의 확장 및 축소에 의해 영향을 받는다는 점을 통하여 1983년 말 이후의 정부의 유화 조치, 강성 야당의 등장, 지식인 및 중산층의 지지, 미국의 민주화 운동지지 등에 힘입어 정치기회구조가 점차 확장되었고 그에 따라 사회운동 조직도 그 세력을 확장하게 됨으로써 강력한 민주화 운동을 전개할 수 있었다고 보고 있는 것이다.

한국 민주화를 설명하는 많은 이론들이 '전략적 선택' 등 행위에 주목하는 반면, 김호기(1995)는 '구조와 전략의 변증법'에 기초하여 전략적 측면만이 아니라 구조적 요인 특히 토대의 변화를 동시에 주목하고자 한다. 조절이론적 시각이라고 할 수 있는 김호기의 연구는 축적전략, 헤게모니 프로젝트, 국가형태의 분석틀을 기본적으로 사용하지만, 미시적 국면에서 진행되는 민주화 과정을 이론화하기 위해 쉐보르스키의 전략선택이론을 도입하여 구체적 국면의 전환동학을 설명하고자 하는 것이다(손호철, 2003: 393). 이 이론은 한국의 자본주의 축적 체제가 포드주의화로 변화하고 이에 따른 시민사회의 성장이 궁극적으로 민주화를 가져다주었다는 입장이다.[5] 즉 자본주의적 발전은 시민사회의 밀도를 증대시키고 또한 국가에 대항하는 집단행동을 위한 조직화를 용이하게 하여 억압적 국가기구에 대항하게 함으로써 민주화가 가능하게 되었다고 보는 것이다.

---

5 김호기는 포드주의는 실질임금상승이라는 물질적 양보와 계급적 균형, 나아가 계급갈등을 제도권에 포섭하려는 헤게모니 프로젝트를 추진하기 때문에 장기적인 추세로 민주주의의 확장을 가져온다는 대전제에서 출발하여, 한국의 자본주의가 본원적 테일러주의로부터 주변부 포드주의로의 축적 체제의 변화를 가져옴으로써 민주화가 가능하게 되었다는 것이다(김호기, 1995: 309-310).

이외에도 한국의 민주화 이행에 대한 논의들은 다양한데, 미국의 제 3세계 민주화 프로젝트 때문에 한국의 민주화가 가능하였다는 세계 체제론적 시각의 커밍스(Cumings)가 있고, 주변부 사회 중간 계급의 특수성을 강조하면서 중간 계급의 정치적 향배가 민주화의 이행과 공고화 과정에 있어서 핵심적인 역할을 수행하였음을 경험적으로 분석하고 있는 구해근(1991; 1994)의 연구를 들 수 있다.

이 같은 민주화 이행 논의에 비추어 천주교회의 역할을 고찰할 때, 크게 두 가지 관점에서 천주교회의 역할을 설명할 수 있다. 첫째는 권위주의 국가와의 관계에서, 그리고 둘째는 시민사회와의 관계 속에서 천주교회의 역할을 파악할 수 있는 것이다. 다시 말해 한국 민주화 이행 논의에서 주장되고 있는 '위로부터의 민주화'와 '아래로부터의 민주화' 논의 속에서 천주교회의 역할은 더욱 분명해진다고 할 수 있다.

2) 국가에 대한 압력

천주교회는 직접적인 체제저항운동을 전개함과 동시에, 도덕적 영향력을 배경으로 권위주의 체제 국가의 폭력성에 대해 끊임없이 문제를 제기하며 국가의 본질과 역할에 대해 규정하였다. 또한 국가 권력의 유지, 재생산을 위한 지배 이데올로기의 부당성을 지적하여 권위주의 체제의 명분을 약화시켰다. 천주교회의 이러한 활동은 권위주의 권력의 통치를 탈정당화하다 결과를 가져왔고, 권위주의 국가 권력을 통제하는 압력으로 작용하였다고 할 수 있다. 천주교회의 활동은 국제적인 연결망 속에서 지지를 받고 있었으므로, 국가로서는 천주교회의 요구를 묵살하거나 탄압하기가 쉽지 않았다. 천주교회는 이 같은 조직적 특성을 활용하여 권위주의 국가 권력의 억압을 완화시키며, 체제저항세력의 활동공간을 열어 주었다. 폭력적 국가에 대한 천주교회의 저항이 갖는 도덕적 정당

성은 그동안 공포로 인해 움츠려 있던 저항 세력들을 결집하고 저항운동
을 본격화하는 데에 촉매로서 작용하여 정당성이 약한 지배 체제를 위기
에 빠지게 하였던 것이다.

　권위주의 체제에 대한 천주교회의 압력은 신군부 권위주의 체제에 들
어서도 지속되었다. 광주 민주화 항쟁을 무력으로 진압하고 정권을 장악
한 신군부의 공포정치에 맞서 국가 권력의 무차별적인 억압에 저항하고,
민주주의 회복을 위해 활발한 사회 참여 활동을 전개함으로써 국가 권력
을 압박하였던 것이다. 국가 권력은 천주교회의 저항에도 불구하고 천주
교회가 가지는 도덕적 영향력 때문에 천주교회와 갈등관계에 놓이기를
원하지 않았고, 오히려 천주교회의 협력을 통해 정당성을 인정받고자 노
력하였다. 이것은 천주교회의 도덕적 권위의 사회적 영향력을 지배블럭
내부에서도 암묵적으로 인정하고 있었다는 것을 의미하는 것이다. 그러
므로 도덕적 영향력을 행사하는 천주교회의 민주화 활동은, 87년 민주화
대투쟁 시기의 지배블럭에게 도덕적 정당성을 통한 체제전환의 압력으
로 작용할 수 있었다. 그리고 이는 결국 지배블럭 내에서 온건파의 입지
를 강화시켜 ‘위로부터의 양보’를 이끌어 내는 데에 있어서도 영향을 미
쳤다고 할 수 있는 것이다.

　이미 앞에서 살펴보았듯이, 87년 대전환기에 지배블럭 내 강경파들은
일체의 개헌 협상을 중지하고 호헌조치를 선언하며 민주화에 대해 강경
하게 대치하였다. 그런데 천주교회 정의구현 사제단이 박종철 고문치사
사건의 조작과 은폐의 폭로함으로써 정권의 도덕성과 정당성에 치명적
으로 영향을 미치게 되었고, 강경파의 입지를 위축시키고 온건파의 역량
을 끌어올려 시민사회와 대타협에 임할 수밖에 없게 만들었던 것이다.
‘위로부터의 민주화’의 시도라고 할 수 있는 6 · 29 선언은 바로 이 같은
활동들의 결과였다. 따라서 이 시기의 천주교회의 활동은 권위주의 체제
를 해체하고 민주주의로 체제전환을 하는 데 있어서 결정적인 역할을

수행하였다고 할 수 있다. 도덕적 정당성을 사회적으로 부여받은 천주교회의 활동은 국가로 하여금 민주화의 요구들을 수용하지 않을 수 없게 강한 압력으로 작용하였고, 도덕적 정당성을 상실한 국가는 이러한 압력에 굴복하여 '위로부터' 체제전환을 시도하였다고 볼 수 있기 때문이다.

3) 체제저항운동과 지원

한국 민주화를 사회운동론적 입장에서 분석하는 학자들은 한국의 민주화가 권위주의 정권 내부의 분열에 의한 '위로부터의 양보'로 가능하게 되었다는 입장에 반하여, 권위주의 정권의 지배구조에 도전하는 체제저항운동의 중요성을 강조하고 있다. 즉 한국의 민주화는 엘리트의 균열이나 갈등으로 비롯된 것이 아니라 사회 내 체제저항세력이 세력을 확장하여 강력한 저항운동을 전개함으로써 가능했다고 보는 것이다(성경륭, 1993; 윤성이, 1998). '아래로부터의 민주화'를 대변하고 있는 이 같은 주장에 비추어 볼 때, 한국 사회에서 체제저항세력의 형성과 저항 활동에 미친 천주교회의 영향은 그 자체가 한국 민주화에 기여한 역할이 된다.

지학순 주교의 구속 이후 전국의 천주교 성당은 유신 체제 저항운동을 전개하는 저항공간으로 활용되었고, 정의구현 사제단의 결성과 활동은 최초의 체제저항운동의 통합적이고 연대적인 기구라고 할 수 있는 '민주회복 국민회의'를 결성하는 데 중심이 되었다. 국가는 모든 정치적 저항을 묵살하고자 긴급 조치를 발동하고 체제저항세력들에 대한 탄압을 강화하였지만, 신·구교 성직자들과 재야 명망가들이 연대하여 주도하는 체제저항운동은 갈수록 확산되어 갔고 민주화를 위한 국민적 요구는 거세어져 갔던 것이다. 다시 말해 천주교회의 반유신 투쟁은 민주화를 주장하는 학생, 종교계, 구속자 가족, 민주인사 등 각계각층의 연대를 이끌어 내는 기제가 되어 70년대 말 유신 체제의 붕괴 때까지 체제저항운동이 지속적으로 전개되도록 하는 데 밑바탕이 되었던 것이다. 따라서 이 시기의 천주교회의 두드러진 역할은 국가의 폭압에 의해 학생운동 세력을 제외하고 뚜렷한 체제저항세력이 존재할 수 없었던 유신 체제하에서 천주교회가 체제저항운동을 실질적으로 주도함으로써 체제저항운동이 세력화되고 활성화되도록 만들었다는 데에 있다. 천주교회는 천주교회의 조직적 특성을 활용하여 국가 권력의 폭력성을 고발하고 비판하였을 뿐 아니라, 저항의 정당성을 고취시킴으로써 체제저항운동을 활성화시켰던 것이다. 또한 천주교회의 높은 도덕적 영향력을 통하여 개별적인 저항수준에 머무르고 있던 체제저항 인사들을 연대하여 세력화하는 데 기여하였던 것이다.

유신 체제하에서부터 체제저항운동을 주도하고 지원해 오던 천주교회는 신군부 권위주의 체제하에서도 신군부 정권의 유화 정책으로 사회운동 세력이 침체를 벗어나기 전까지 거의 유일한 체제저항운동 세력으로서 자리하였다고 할 수 있다. 정권의 자유화 조치로 체제저항세력에 대한 탄압이 완화되고 정치사회가 복원되기 시작하여 체제저항운동의 주도권이 사회운동 세력으로 넘어가게 될 때까지 천주교회는 신군부 세력들에 대한 저항을 중단하지 않았던 것이다. 그러나 이 후에도 천주교회는 비록 주도권을 넘겨주었지만 한국 사회의 정치경제적 상황에 대한 해석과 투쟁의 방향을 둘러싸고 사회운동 세력 내부에서 심각한 이데올로기적 분열양상을 보일 때마다 조정자로서의 역할을 수행하였다. 구체적으로 천주교회는 체제저항운동이 급진적 사회운동 세력들로 인해 분열되고, 국민적인 신뢰를 잃어 감으로써 쇠퇴하였던 때에, 4·13 호헌 조치에 반대하는 단식 투쟁을 통하여 체제저항운동을 직선제 개헌이라는 온건한 투쟁으로 전환하게 하였을 뿐 아니라, '박종철 고문치사 사건'의 조작과 은폐를 폭로함으로써 국가 공권력의 폭력성에 대한 국민적 저항을 이끌어 내어 체제저항운동의 대중적 확산과 활성화에 기여했던 것이다.

그러므로 한국의 민주화를 사회운동 세력들의 아래로부터의 체제저항 운동의 결과로 보고 있는 사회운동론적 입장에서도 한국 민주화에 미친 천주교회의 역할은 간과할 수 없는 중대한 것이라고 할 수 있다. 즉 천주교회는 체제저항운동이 극히 위축된 유신 체제와 신군부 정권의 초기에는 실질적인 체제저항운동의 중심 세력으로서, 사회운동 세력이 활성화 되었지만 이념적 분화로 내부 갈등을 겪을 때에는 조정자로서, 그리고 사회운동 세력이 위축되어 민주화로의 전환이 위기에 봉착하였을 때에는 체제저항운동을 재점화하고 활성화하는 데 주도적인 역할을 수행하 였던 것이다.

제 2절_ 도덕적 권위의 종교사회학적 특징

1. 세속화: 종교적 영향력의 쇠퇴

종교의 사회적 기능에 대한 전통적인 이론은 종교가 사회 안에서 종교 의 영향력을 통하여 사회통합, 사회갈등, 혹은 사회변동을 이끌어 내는 기능을 담당하고 있다고 주장한다. 그런데 이 같은 종교의 사회적 기능 에 대한 이론은 현대세계에서의 종교현상을 종합적으로 이해하고자 하 는 세속화 이론들에 의해 이론적 설득력이 크게 약화되었고, 현대 세계 안에서 종교는 지극히 개인적인 부문으로 취급되고 있다고 할 수 있다. 일반적으로 세속화는 '종교의 쇠퇴(decline of religion)'[6], '종교로부터의 사회의 이탈(disengagement of society from religion)', '종교의 변형 (transformation)'이라는 의미로 이해되는데, 이는 계몽주의의 영향을 받아 이성에 기초한 합리주의, 과학과 기술의 발달, 정치와 사회의 분화 및 발달 등에 의해 종교적 영향력이 쇠퇴하고 종교 인구가 감소하는 현상을 일컫는 것이다. 따라서 세속화는 대체로 거시적인 측면에서 탈정치화와 탈사회화 혹은 사사화(privatization)의 추세를 보이고, 또 개인적인 차원에서는 개인의 종교 신념의 쇠퇴를 보인다고 하겠다. 이점은 버거(P. Berger)의 세속화 논의에서 잘 드러난다.

버거는 세속화를 사회와 문화의 어떤 영역이 종교적인 제도와 상징 체계의 지배로부터 벗어나는 과정이라고 정의한다(P. Berger, 1981: 125). 버거는 세계를 설명하는 종교의 설득력 구조(plausibility structure)와 연결해서 세속화를 설명하는데, 세속화는 곧 이 종교의 설득력 구조가 도전받으면서 종교적 믿음 체계가 재규정되거나 사회적 환경에 적응하기 위해 종교의 기능과 위치에 변화가 생기는 과정을 의미하는 것이다. 버거는 이 같은 세속화가 다원주의 상황 때문에 발생한다고 보고 있다. 즉 다원주의 상황은 경쟁적인 세계관들을 상대화하고 그것들에게서 당연시되는 지위를 빼앗아 가고, 이러한 변화가 종교에 파급되면서 실재에 대한 전통적인 종교적 규정의 설득력이 붕괴된다고 보고 있는 것이다(이원규, 1997: 581-582). 따라서 종교적 전통의 탈독점화가 초래되고 종교들 간의 정당화 경쟁이 불가피하게 되는 '시장상황(market situation)'이 발생하게 된다고 버거는 주장한다. 즉 다원주의 상황에서는 종교적인 제 전통이 소비자의 선호에 의해 구매되는 상품이 되어 종교적인 내용도 소비자의 욕구에 맞게 변형되는 결과를 낳게 된다는 것이다(P. Berger, 1981: 156-164).

---

6 세속화를 종교의 쇠퇴로 이해하는 대표적인 학자는 윌슨(B. Wilson)이다. 그는 세속화를 종교적 사고, 수행 그리고 제도들이 사회적 중요성을 상실하는 과정으로 규정짓고 있다. 이에 관한 자세한 설명은 이원규, 『종교사회학의 이해』, 서울: 나남, 1997, 576-580; 권규식, 『종교의 사회학적 이해』, 대구: 이문출판사, 1995, 279-286쪽을 참고할 것.

또 하나 버거에게 있어서 중요한 것은 다원주의 상황하에서 종교가 일상적인 사회생활의 사적인 영역에 위치하게 되었다는 사사화(私事化: privatization)에 관한 주장이라고 할 수 있다. 종교의 사사화는 종교가 개인이나 핵가족의 선호의 문제이며, 결과적으로 공통적인 구속력 있는 성격을 사실상 박탈당해 버렸다는 것이다. 즉 종교가 당연시되던 객체적 실재의 지위를 박탈당하고 주관화되어 버려서, 이제 더 이상 코스모스(cosmos)나 역사와 관계되는 것이 아니라 개개인의 실존이나 심리와 연관된다는 것이다(P. Berger, 1981: 168). 결국 버거에게 있어 현대의 종교는 기능에서는 사적인 일로서 크게 축소되었고, 위치에서는 사회적 정당화를 독점하던 중심적 위치에서 많은 경쟁자들과 시장상황에서 경쟁할 수밖에 없는 상대적 위치로 전락했다는 말이다. 세속화 논의에서 종교의 쇠퇴현상이 종교의 외형적인 변화를 의미한다면 버거식의 종교의 변형은 종교 내적 변화라고 할 수 있다(이원규, 1997: 583-584).

세속화 논의에서 버거와 맥을 같이 하는 학자로 루크만(T. Luckmann)을 들 수 있다. 루크만에 따르면 세속화 현상은 종교의 쇠퇴를 뜻하는 것이 아니라 개인화된 종교성이라는 종교의 새로운 사회형태로 귀착되는 변화를 의미한다(T. Luckmann, 1982: 102-103; M. McGuire, 2002: 293). 그리고 이러한 변화는 종교의 제도적 전문화에 원인이 있다고 본다. 실제로 루크만은 서구 문명의 역사는 종교의 제도적 전문화의 지속적인 확장으로 특징지어지고, 종교의 제도적 전문화는 전통적인 사회 질서를 현대 산업사회에서 변형시켰던 뿌리 깊은 역사적 과정의 일부였다고 주장하는 것이다(T. Luckmann, 1982: 136). 그런데 이 과정은 정치적인, 종교적인, 그리고 경제적인 제도들이 그 기능들에 있어서 점차 전문화되어 가는, 그리고 동시에 그 제도들의 영역이 점차 합리화되어 가는 계속적인 추세들의 한 복잡한 형태로 특징지어지는 것이다. 그리고 이 과정은 현대 사회들을 특징짓는 여러 제도적 영역들의 분명한 분할(segmenta-tion)을 초래했고, 그 결과 이른바 하나의 사적 영역(private sphere)이 생겨났다고 보는 것이다. 즉 개인의식의 사회구조로부터의 해방(liberation)과 사적영역에 있어서의 자유(freedom)로 표현되는 개인의 자율성의 토대가 마련되었다는 것이다(T. Luckmann, 1982: 140).

종교의 제도적 전문화의 또 다른 결과는 종교적 표상들과 규범들의 설득력을 약화시킨다는 점이다. 종교가 제도적으로 전문화되기 이전에는 종교적 표상들이 개인의 의식에 있어서 궁극적으로 중요한 위치를 차지하고 있었지만, 종교의 제도적 전문화가 이 표상들의 효율성을 약화시키거나 파괴한다. 그래서 개인들은 삶의 문제에 있어서 개인주의적인 해결책을 강구하게 되고, 개인이 그의 개인적 정체성과 궁극적으로 중요한 그의 개인적 체계까지도 구성한다는 것이다. 따라서 종교는 하나의 사적인 일(a private affair)이 되고, 자율적인 개인은 소비자 성향(consumer orientation)을 가지고 다소 소비자의 입장에서 그에게 적합한 종교를 선택할 수 있게 되는 것이다(T. Luckmann, 1982: 140-142).

루크만은 이 같은 논리를 근거로 해서 현대의 종교를 '보이지 않는 종교(invisible religion)'로서 포괄적으로 정의하고 있다. 즉 개인들에게 일상생활에 실질적인 중요성을 결정하는 규범으로서 주관적 적합성, 궁극적 중요성을 부여하는 모든 사적인 체계를 '보이지 않는 종교'로 규정하는 것이다(이원규, 1997: 597). 이것은 전통종교에 대한 하나의 기능적 대행물(functional alternative)로서 개인의 정체성 확립에 결정적으로 중요한 것이다. 그러므로 루크만의 '보이지 않는 종교'는 사사화된 종교의 전형적인 양상을 보여주는 것이라 할 수 있다.

2. 도덕적 권위의 종교사회학적 의의

종교의 영향력 쇠퇴와 사사화(privatization)로 특징지어지는 세속화 이론에 따르면 현대 사회 안에서 종교의 사회적 기능은 축소되고 개인과 관련된 기능만 남는다고 볼 수 있다. 종교가 일상적인 사회생활의 사적인 영역에 위치하게 되었고, 결과적으로 공통적인, 구속력 있는 성격을 사실상 박탈당해버렸다는 말이다. 그러나 이 같은 종교의 사사화와 영향력 쇠퇴에 관한 세속화 이론에 대해 한국 천주교회의 도덕적 권위에 관한 분석은 새로운 전망을 제시한다. 따라서 여기서는 세속화 이론이 주장하는 종교의 영향력 쇠퇴와 사사화에 대해 천주교회의 도덕적 권위를 통해 새롭게 조명해보고자 한다.

이미 앞에서 보았듯이, 천주교회의 도덕적 권위는 현대 사회 안에서도 여전히 종교의 사회적 영향력이 강력하게 작용하고 있음을 보여주고 있다. 그러므로 단일 종교의 전통이 강한 서구 사회와는 달리, 다종교적 사회인 한국 사회에서 상대적으로 소수임에도 불구하고 강력한 영향력을 행사하는 천주교회의 도덕적 권위는 종교의 쇠퇴를 주장하는 세속화 이론에 대해 시사하는 바가 매우 크다고 할 수 있다. 한국 사회에서 천주교회의 영향력은 오히려 확대되었기 때문이다.

세속화 이론에서 종교의 쇠퇴를 주장하는 또 하나의 논거로서 종교인구의 감소를 들고 있다. 종교의 영향력이 쇠퇴하면서 결과적으로 종교인구의 감소를 초래한다는 것이다. 실제로 세계 종교인구 변화에 대한 통계자료에 따르면, 전체적으로 종교인구는 그 비율이 감소하는 것으로 나타난다.[7] 그러나 한국 천주교회의 경우는 다른 양상을 보인다. 한국 천주교회가 활발한 사회 참여운동 전개를 통해 실천적 신앙을 강조하면서 오히려 성장추세를 나타내 보였던 것이다. 즉 천주교회는 1970년에서 2000년까지의 시기에 신자 비율이 약 4배 정도 성장한 것으로 나타났다. 한국 사회에서 천주교 신자 비율의 성장이 의미하는 바는 타 종교에 비해 교회가 도덕적으로 신뢰성을 인정받고 있다는 것을 입증하는 것이라 할 수 있다. 여기서 매우 중요한 사실은 한국 천주교회의 성장이 천주교회 사회 참여 활동의 결과로서 나타나고 있다는 점이다. 다시 말해 천주교회의 사회 참여 활동이 한국 사회에서 천주교회를 도덕적인 집단으로 인정받게 하였으며, 따라서 천주교회는 상대적으로 소수임에도 불구하고 사회적으로 강력한 영향력을 행사할 수 있게 되었고, 그 결과는 천주교회의 양적인 성장으로 표현되고 있다는 것이다. 천주교회의 사회 참여 활동과 교회성장의 관계를 제시하는 또 다른 연구도 이 점을 논증하고 있다. 오경환은 천주교회 5개 교구의 신자비율의 변화를 분석함으로써 천주교회의 사회 참여와 인권운동이 교회성장의 중요한 요인이었음을 밝히고 있다(오경환, 1993: 26). 천주교회 5개 교구 가운데 사회 참여 활동과 예언자적 활동을 활발히 수행한 교구와 그렇지 않은 교구를 비교한 이 분석에서, 사회 참여 활동을 활발하게 전개한 교구에서의 신자비율의 증가가 그렇지 않은 교구의 비율보다 상대적으로 높게 나타났다.[8] 그러므로

---

7 1970년에서 2000년 사이의 대륙별, 종교별 종교인구 변화의 추이를 살펴보면, 종교인구가 증가된 곳은 남아시아뿐이고, 다른 지역은 모두 종교인구 비율이 감소하고 있다. 그러나 기독교, 이슬람교, 힌두교, 불교의 4대 종교만을 고려한다면, 아프리카와 구소련지역에서는 종교인구의 비율의 증가한 반면 유럽, 오세아니아, 북아메리카와 같은 기독교권 지역의 종교인구 감소율이 두드러지게 높은 것으로 나타난다. 즉 전통적인 기독교 지역은 그 종교가 쇠퇴하는 반면에 비기독교지역에서는 그것이 성장하고 있는 것이다. 이러한 결과를 통하여 쇠퇴로서의 종교의 세속화는 분명 진행되고 있다고 할 수 있다. 그러나 여기서 주의해야할 것은 종교인구의 일반적인 감소추세에도 불구하고 지역에 따라, 그리고 종교에 따라 그 반대의 현상이 나타나는 경우도 있다는 사실이다. 이에 관한 보다 자세한 설명은 이원규, 1997: 584-587을 참고할 것.

8 1997년 천주교 신자들의 종교의식과 신앙생활을 조사한 보고서에서도 천주교 신자들이 바람직한 선교방법으로 '행동을 통한 모범'(34.9%), '소외되고 억눌린 이들에 대한 봉사와 나눔의 실천'(32.5%)을 제시하여 이 같은 분석을 뒷받침하고 있다. 이를 통해 볼 때 천주교 신자들은 '전문적인 선교단체 지원'(3.3%), '홍보매체나 출판물을 통한 대중선교'(3.8%), '호별방문이나 가두선교를 통한 적극적인 선교방법'(2.3%)보다 사회 참여 활동을 더욱 중시하는 것을 알 수 있다(가톨릭신문사, 2000: 228).

이 같은 현상들을 고려할 때, 적어도 한국 천주교회의 경우에서는 세속화 이론의 주장하는 종교의 영향력 쇠퇴와 종교인구의 감소 현상을 찾아보기 힘들다고 할 수 있다. 오히려 종교가 공동선의 가치 위에서 사회 문제를 해결하고자 실천적 신앙을 보일 때, 종교의 도덕적 영향력은 높아지고 종교인구의 성장을 가져온다는 것을 한국 천주교회의 경우를 통해 알 수 있는 것이다.

세속화 이론에서 종교 변화에 대해 중요하게 거론하고 있는 또 하나는 종교의 사사화 현상이라고 할 수 있다. 버거(P. Berger)에 따르면, 다원주의 상황으로부터 비롯되는 종교의 사사화는 종교가 사회생활의 사적인 영역에 위치하게 된다는 것을 의미한다(P. Berger, 1981: 151). 이것은 나아가 의미와 소속감을 마련해 주는 기능들이 사적 영역의 제도로 퇴행하고 있음을 뜻하기도 한다. 그래서 종교가 결과적으로 공통적인, 구속력 있는 성격을 사실상 박탈당해버렸다고 주장하고 있는 것이다. 그러나 이러한 버거의 주장도 한국 천주교회의 도덕적 권위가 드러내 보이는 사회적 기능과 역할을 통해 비판될 수 있다. 천주교회의 도덕적 권위 자체가 이미 사회적 역할로부터 비롯되는 것일 뿐 아니라, 천주교회가 사회로부터 도덕적 정당성을 인정받음으로써 행사하게 되는 사회적 영향력은 종교의 사사화 주장과는 다른 관점을 제공하고 있기 때문이다. 또한 천주교회의 도덕적 권위는 그 영향력을 통하여 보편적 가치를 제시하고, 공적 영역을 재구성하는 데에도 기여함으로써 종교의 사사화 주장에 이의를 제기하게 하는 것이다.

이상의 통찰을 종합해 볼 때, 천주교회의 도덕적 권위는 종교의 영향력 쇠퇴와 종교인구의 감소, 그리고 종교의 사사화를 주장하는 세속화 이론에 대해 새로운 관점을 제시하고 있고, 현대 사회에서의 종교의 역할에 대해 긍정적인 전망을 드러내고 있음을 알 수 있다. 다시 말해 천주교회의 도덕적 권위는 현대사회에서도 여전히 종교의 사회적 가치와 영향력을 통해 종교와 사회의 관계를 새롭게 고찰하고, 종교의 사회적 기능에 대한 논의를 전개할 수 있게 하는 이론적 근거가 되는 것이다. 특히 천주교회의 도덕적 권위는 한국과 같은 다종교적 사회에서 종교가 사적인 영역에로 퇴행하지 않고, 한국 사회발전과 통합에 기여할 수 있는 방향성을 제시한다는 점에서 종교사회학적으로 새로운 전망을 제시하고 있다고 할 수 있다.

3. 도덕적 권위의 사회적 기능

이미 앞에서 논증하였듯이 한국 천주교회의 도덕적 권위는 군부 권위주의 체제하에서의 천주교회가 활발히 전개한 사회 참여 활동과 연관되어 있다. 천주교회는 권위주의 정권하에서 나타나는 여러 가지 사회적 모순들을 사회적으로 쟁점화하면서 국가 권력에 대항하였다. 특히나 정의구현 사제단은 교회 문제와 사회 문제를 같은 맥락에서 인식하고 군부 권위주의 체제를 반민주적이고 반민중적이며, 반민족적인 모순을 심화시키고 확대시키는 근본적인 원인으로 파악하여 민주회복과 인권회복, 민권회복을 위해 한국 사회현실에 깊이 개입하였던 것이다. 다시 말해 인간의 기본권이 짓밟히고 침해당할 때면 언제 어디서나 유린당한 피해자의 권리를 회복시켜주기 위해 항변하고 저항하는 활동을 전개하였던 것이다. 그 결과 천주교회는 민주화의 중심 세력의 하나로서 자리를 점하게 되었고(마인섭, 1999: 276), 억압받는 자들의 대리자, 옳은 일을 하다가 핍박받는 이들의 옹호자, 부당하게 탄압받는 이들의 보호자와 피난처로 인식될 수 있게 되었다. 다시 말해 한국 사회에서 천주교회의 도덕적 권위는 공동선에 입각한 천주교회의 사회 참여 활동, 구체적으로 민주화를 위한 활동을 통하여 형성되었던 것이다. 그리고 이를 바탕으로 천주교회는 사회적 영향력을 행사하였고 사회운동 세력의 민주화 대연합을 결성하게 하는 데 있어서나, 강력한 민주화 대투쟁을 전개해 가는 데 있어서 구심점이 되었던 것이다.

주지하다시피, 87년 6월의 민주화 대투쟁은 지배블럭의 양보를 획득하여 한국 사회를 형식적이나마 민주주의로 이행하는 데 있어서 분기점이 되었고, 이후 한국 사회는 점차 권위주의로부터 민주주의로 이행하게 되었다. 이렇게 볼 때, 천주교회의 도덕적 권위는 한국 사회의 민주화 이행에 중요하게 작용하였다고 할 수 있다. 정권의 부도덕성과 폭력성을 폭로하여 침체되어 있던 체제저항운동을 재점화하고, 정당성을 제공하였을 뿐 아니라 범민주 세력의 연대에 토대가 됨으로써 민주화 대투쟁이 전개되도록 하는 데 있어 천주교회는 중심적인 역할을 하였기 때문이다. 이러한 사실은 천주교회가 한국 민주화의 전적인 독립변수는 아닐지라도 적어도 민주화로의 이행을 매개하는 중요한 요인이었다는 것을 의미하는 것이다. 그러므로 군부 권위주의 체제하에서 천주교회의 도덕적 권위가 담당하였던 사회적 기능은 넓은 의미에서 사회변동적인 기능, 혹은 사회변동의 매개적 기능으로 규정할 수 있다.

그런데 천주교회의 도덕적 권위가 가지는 사회적 기능이 변동적인 기능만으로 제한되지 않는다는 점도 매우 중요하다. 민주화로의 이행 이후의 천주교회는 도덕적 권위의 영향력을 한국 사회의 갈등과 분열을 조정하고 통합하기 위해서도 활용하였던 것이다. 민주화 이후 천주교회는 군부 권위주의 체제하에서 심각하게 왜곡되고 심화된 노사갈등, 지역갈등, 민족갈등을 해결하기 위한 방편으로 공동선과 사회 정의의 원칙을 제시하였다. 권위주의 체제의 정치질서와 경제제도 때문에 고통 받는 기층 민중들의 입장을 대변하면서 지배 계층과 피지배 계층 간의 불균형을 해결할 수 있는 적절한 경제 정책을 요구하였던 것이다. 또한 한국 사회의 뿌리 깊은 지역갈등을 위해서도 천주교회는 지역차별을 철폐하고 국가의 균형적인 발전과 국민적 통합으로 나아가는 정책적 배려를 촉구하였다. 이러한 원칙과 활동은 계층 간, 지역 간의 갈등을 치유하고 국민통합으로 향하고자 하는 활동이었다고 할 수 있는데, 천주교회는 도덕적 영향력을 통하여 민주화 이후 다양하게 드러나는 사회적 갈등 속에서 사회통합을 이루고자 하였던 것이다. 이를 통해 볼 때, 천주교회의 도덕적 권위가 행하는 사회적 기능에는 사회통합적 기능도 함께 있음을 알 수 있다. 비록 사회통합을 위한 천주교회의 도덕적 영향력이 천주교회의 탈정치화와 보수화에 의해, 그리고 시민사회단체들의 활성화에 의해 이전의 시기보다 약화되었고, 정부의 이데올로기 공세와 지역주의에 뿌리를 두고 있는 야당의 분열로 사회통합의 목적에 이르지는 못하였다 할지라도 한국 사회의 갈등을 치유하고 계층 간, 지역 간의 화해를 통한 사회통합의 방향을 제시하였다는 점에서 도덕적인 정당성을 보였던 것이다.

그러므로 천주교회의 도덕적 권위의 사회적 기능은 한국 사회의 민주화 이전과 민주화 이후의 한국 정치사회적 상황에 따라 다르게 나타난다고 할 수 있다. 즉 군부 권위주의 체제로부터 민주주의로 이행하는 것이 우선적인 요청이었을 때에는 한국 사회를 민주화로 변동하는 데 도덕적 영향력을 행사함으로써 사회변동적 기능이 강하였고, 한국 사회가 민주화 이후 갈등을 넘어 화합으로 향하는 데에 있어서는 사회통합적 경향으로 변화하였던 것이다. 이를 통해서 천주교회의 도덕적 권위는 한국 사회와 무관하게 종교적 영역에만 속해 있는 종교적 권위가 아니라 끊임없이 한국 사회와 연관을 맺으면서 변동적이거나 통합적으로 기능하는 사회적 성격의 권위였음을 알 수 있다.

제 3절_ 도덕적 권위의 사회 규범적 특성

권위주의 체제하에서 한국 사회는 안보와 발전을 최상의 가치로 규범화하는 지배 이데올로기에 의해 질서지어졌다고 할 수 있다. 안보와 발전이라는 이유에서 보편적 가치인 인간적–시민적 권리가 부당하게 국가권력에 의해 억압되었고, 사회의 다른 제도들은 권위주의 체제 유지를 위해 기능하였던 것이다. 이러한 상황에서 한국 천주교회는 종교적이고 도덕적 권위를 통하여 보편적 가치정립을 위한 사회 규범적 체계로서 영향력을 행사하여 왔다. 자연권을 존중하고 이를 지향하는 교회의 사회적 가르침을 따라 보편적 가치인 인간적–시민적 권리를 옹호하고, 지배 이데올로기에 대항하여 보편적 가치규범이 한국 사회 안에 정립될 수 있도록 노력하여 왔던 것이다. 천주교회 도덕적 권위의 규범적 특성은 권위주의적 정치질서하에서 당연시되던 인권침해와 성장제일주의적 개발 정책이 초래한 사회적 불평등, 산업화와 도시화에 따른 소외와 비인간적 현상에 대해 보편적 가치 기준에서 판단을 내리는 것에서, 또 이의 개선 방향을 제시하는 것에서 잘 드러난다.

1. 인간존엄성과 인권의식 신장

천주교회의 사회적 가르침에 따르면, 인간의 권리와 의무는 보편적이고 불가침적인 것이며 어떠한 모양으로든지 양도될 수 없는 것이다(지상의 평화, 6항). 이 같은 천주교회의 신념은 인간은 하느님의 모상을 따라 창조되었고, 인간은 존중받아야 할 거룩한 특성을 가진다는 교회의 인간관위에 놓여 있는 것이다. 즉 어떠한 정치 체제도 인간의 존엄성과 권리를 훼손하거나 억압할 수 없으며, 국가는 인간의 존엄성이 보장되고 인간의 생존에 필요한 권리들이 존중되도록 보장하여야 할 의무가 있는 것이다. 그러므로 인간의 존엄성과 인간의 권리에 대한 교회의 가르침은 안보와 발전이라는 이유로 인간의 권리를 침해하고 그것을 정당화하는 권위주의 체제의 지배 이데올로기와 직접적으로 대립되는 규범적 체계를 드러낸다고 할 수 있다.

한국 천주교회는 이 같은 교회의 사회적 가르침에 근거하여 정당한 법 절차 없이 체포, 투옥, 고문함으로써 고귀한 인간의 존엄성과 민주주의의 요체라고 할 수 있는 인간의 기본권이나 생존권을 유린하는 국가의 행위는 중대한 범죄행위라는 것을 공표하였다. 다시 말해 천주교회는 특정 국가 체제를 주장하지는 않지만, 국가는 근본적으로 인간의 존엄성과 권리를 보장하여야 할 의무가 있음을 천명함으로써 국가의 본질과 역할을 분명히 하였던 것이다. 한국 천주교회는 이 같은 배경 속에서 국가가 내세우는 안보와 경제성장도 진정한 민주주의의 회복과 기본권의 보장 없이는 불가능하다는 점을 강조하며 권위주의 체제에 의해 탄압되는 인권을 옹호하였으며, 한국 사회 안에서 자주 무시되고 소홀히 취급되었던 인간의 기본권에 대한 개념과 내용을 체계화하였다.

천주교회는 우선적으로 인간의 삶을 더욱 인간답게 해 주는 조건들에 대한 권리라고 할 수 있는 생명, 자유 및 신분 보장의 권리를 주장하며 종교의 자유, 사상의 자유, 언론과 출판의 자유, 집회와 결사의 자유에 대한 국가의 보장을 요구하였다. 인간의 권리가 헌법으로 명시되어 있음에도 불구하고 국가 공권력에 의해 인권이 불법적으로 유린되고, 또 그것이 지배 이데올로기에 의해 정당화되며, 사회의 다른 제도들이 인권을 위해 어떠한 기능도 하지 못하는 현실에서 이 같은 천주교회의 인권수호 노력은 한국 사회 안에서 인간의 존엄성과 인권에 대한 인식의 지평을 여는 것이었다. 그러므로 인권의식을 사회규범화하고자 한 천주교회의 노력은 한국 현대 역사에서 매우 중요한 의미를 갖는다고 할 수 있다. 도덕적 체계로서의 천주교회는 정치적 인권침해에 대한 인권수호 활동을 통하여 한국 사회 안에 인간존엄성의 사회적 규범을 뿌리내리게 하고, 인간존엄의 문화가 형성되는 데 매우 특별한 기여를 했기 때문이다.

실제적으로 천주교회는 국가 공권력에 의한 불법적인 구속과 고문이 난무하고 허위 자백을 통한 용공 조작이 빈번하게 발생하는 인권유린의 상황 속에서 모든 양심수와 정치범들을 위한 법률구조 활동과 석방을 위해 활동하였고, 해직교수들의 복직과 제적학생들의 복학, 언론인의 복직과 언론자유를 위한 투쟁을 전개하였다. 이와 함께 노동자와 농민들, 도시 빈민의 생존권과 주거권의 보장을 위해 활동하였다. 또한 미사와 기도회 모임을 통하여 국가의 폭력성을 고발하고, 인간의 존엄성과 인권이 천부적인 권리로서 당연히 존중되어야 함을 교육함으로써 한국 사회에 인권에 대한 의식을 고양시켜 나갔다. 뿐만 아니라 천주교 성직자들은 신·구교 성직자들과 학자, 법조인, 언론인, 종교인들과 연대하여 국가에 의한 인권침해에 대해 효율적으로 대처하기 위하여 '인권운동협의회'를 발족하고 인권수호운동을 지속적으로 전개하였다.

이 같은 천주교회의 활동은 인권을 부당하게 침해하는 국가에 대한 국민들의 판단에 이론적 토대가 되어 주었고, 한국 사회가 인권에 대한 사회적 규범을 확립하는 데 영향을 미쳤다고 할 수 있다. 다시 말해 보편가치에 기초하고 천주교회의 높은 도덕성으로 대중적인 지지를 부여받게 된 천주교회는 도덕적 영향력을 통하여 한국 사회에 보편가치에 대한 가치를 정립시키며, 한국 사회의 가치규범을 재구조화하였던 것이다.

2. 사회 정의의 원칙 확립

한국 사회는 국가 주도의 개발정책으로 인하여 급격한 산업화의 과정을 경험하게 되었고, 이 과정에서 노동자 계급의 양적 성장과 농민층의 감소, 도시 빈민의 증대가 이루어졌다. 그리고 국가 주도의 성장 위주의 경제 정책은 절대적 빈곤의 문제를 상당 부분 해결하였지만, 사회의 분배구조를 극히 악화시켜 빈부의 격차를 증가시키는 결과를 낳게 만들었다. 효율적 자본 축적을 위해 성장의 결과가 소수에게 독점되었고, 대다수 계층은 분배 과정에서 소외됨으로써 사회적 긴장과 갈등이 심화되었던 것이다. 그럼에도 국가는 이를 합리적으로 해결하려고 하기보다는 공권력과 물리력으로 강경하게 대처함으로써 계층 간의 불평등을 방치하였다. 즉 '선 성장 후 분배'라는 주장으로 분배의 문제를 외면함으로써 불균형적 현상들을 양산하였던 것이다. 이러한 상황 속에서 발전 이데올로기는 반공 이데올로기와 접목되어 성장의 과실로부터 소외된 광범위한 민중 계층의 저항운동을 효과적으로 억제하였다. 한마디로 말해, 국가와 독점자본이 단일한 메커니즘을 형성하여 국가가 자본가집단을 대행함으로써 노동통제를 강화시켜 나갔던 것이다. 그 결과 독점자본은 급속히 성장 발전해 나갈 수 있었지만, 극도로 불균등한 발전은 계층 간, 지역 간, 산업 간의 불균형을 확대시키는 결과를 가져왔던 것이다.

천주교회는 이 같은 한국 사회 현실에 사회 정의의 원칙을 확립하고자 노력하였다. 교회가 이해하고 있는 사회 정의는 정의의 기본원리인 '각자가 제 몫을' 확보하는 데 있어서 누구에게나 동등한 기회가 주어짐으로써 각자가 자신의 능력과 노력으로 다른 사람과의 경쟁을 통해 제 몫을 확보할 수 있어야 한다는 것을 의미한다. 이는 추상적 차원의 평등을 의미할 뿐만 아니라 삶의 조건으로서의 구체적 차원의 평등을 포함하고 있다. 따라서 법적, 사회적 차별의 철폐, 불이익에 대한 정당한 보상을 통한 기회균등의 보장, 인간이 인간답게 사는 데 필요한 기본적인 조건들, 즉 물질적 비물질적 조건들을 누구나 똑같이 요구할 수 있는 권리를 보장하는 것이 사회 정의의 원칙인 것이다.

한국 사회의 불의한 사회구조로 심화되어 가는 극단적 불평등 앞에서 천주교회는 일찍부터 한편으로는 사회 정의의 원칙을 천명하였고, 다른 한편으로는 노동자와 농민의 문제를 생존권의 차원에서 파악하여 국가와 지배블럭의 민중 배제 정책과 억압에 대항하는 활동을 동시에 전개하였다.[9] 즉 지속적으로 소수 악덕 기업가와 정상배들에게는 특혜를 베풀고 권력으로 비호하여 경영 외 요인으로 치부와 축재를 일삼으면서도 이 나라의 서민대중을 외면하고 천대하는 정부의 경제제일주의 정책에 대해 천주교회는 부정부패의 근절과 근로자의 신성한 기본권 보장, 농민들의 생존권 보장을 강력히 요구하였다. 이것은 소득의 불균등 분배에서 비롯되는 빈부의 격차가 오히려 반공을 위한 국민총화와 국력배양의 걸림돌임을 일깨우는 것이었다. 뿐만 아니라 극심해져가는 빈부의 격차, 사회적 부패, 불신풍조의 만연은 자유민주주의를 실현하지 못하게 하는 사회적 부조리임을 강조하는 것이었다. 즉 민주국가의 발전을 위해서는 인간의 기본권과 자유를 억압하고 민중의 생존권을 위협하는 모든 악법이 철폐되어야 하고, 억압과 착취의 구조가 개선되어야 하는 것이 천주교회의

---

9 천주교 주교단은 1967년 6월에 『우리사회의 신조』라는 제목으로 발표한 사목교서에서 증가일로의 사회경제적 문제들에 우려를 표명하며 사회 정의의 원칙 속에서 이 문제들이 해결되기를 촉구하였으며, 1968년 강화도 심도직물 사태에서는 주교들이 직접 개입하여 1968 2월 9일 '사회 정의와 노동자의 권익옹호를 위한 성명서'를 발표하였다. 1971년 10월 5일, 원주교구에서는 지학순 주교가 1,500여 명 이상의 성직자 및 신자들과 함께 부정부패 추방궐기대회를 열고 가두시위를 전개하였으며, 3일간의 연좌시위를 통해 정치적 불의에 대한 인간존엄성의 수호, 조직화된 경제 불의에 대한 투쟁, 소외 계층의 단합과 연대의식의 고취, 무감각을 극복하고 참여와 희망을 갖자고 호소하였다. 이후에는 개신교와 연대하여 사회 정의를 위한 미사, 사회 부조리와 부정부패 일소를 촉구한 미사를 봉헌하였고, 1971년 11월에 천주교 주교단은 또다시 『오늘의 부조리를 극복하자』라는 제목의 사목교서를 발표하였다.

입장이었던 것이다. 그러므로 천주교회는 가노청(J.O.C.)과 한가농과 같은 민중운동단체들을 조직하고, 이들의 활동을 범교회적 차원에서 지원하여 민중의 생존권 확보운동을 활성화하고자 하였다. 또한 서민대중을 위한 복지 정책의 수립과 경제발전의 주축인 노동자의 경제적, 사회적 지위 향상을 위한 노동삼권의 보장을 위하여 탄압받는 노동자들을 대신하여 투쟁하였다. 그리고 같은 맥락에서 농민들의 생존권 투쟁에도 적극적으로 개입하고 지원하였던 것이다. 농민의 문제 역시 국제 경쟁력 강화를 위해 노동자들의 저임금구조와 맞물려 국가가 저곡가 정책을 시행함으로써 농가경제를 급속히 악화시켜 농민의 생존권이 위협받기에 이르렀기 때문이었다. 이밖에 1980년대 이후에는 도시 재개발사업을 통해 더욱 시급한 사회 문제로 떠오른 도시 빈민의 문제에 대해서도 천주교회는 대책 없는 강제철거에 맞서 도시서민의 삶의 터전과 생존권 수호 차원에서 노력하였고, 1985년에 '천주교 도시 빈민 사목협의회'를 결성하여 정부 정책의 개선과 주민들의 자립 활동에 깊이 동참하였다.

그런데 이러한 천주교회의 사회 정의의 원칙 확립과 활동은 정부와 지배블럭에 의해, 또한 지배 이데올로기에 의해 억압과 착취를 강요당하던 노동자, 농민 계층에게 있어 현실의 불평등과 빈곤이 왜곡된 경제구조와 사회 부조리의 결과임을 인식하게 하는 데 있어 중요한 이론적 바탕이 되어주었을 뿐 아니라, 한국 사회의 지배 이데올로기의 허구성을 판단하는 데 있어 가치판단의 토대가 되어 주었다. 즉 천주교회의 사회 정의 원칙은 권위주의적 지배 체제나 그것이 생활세계에 대해 강요했던 획일적이고 단순논리적 사고, 행위양식을 비판하고, 한국 사회발전을 위한 새로운 가치 형성에 전망을 제시하는 것으로서 작용하였던 것이다. 이러한 새로운 가치들은 사회운동 세력들에게 민중의 생존권과 민주화의 문제를 같은 관점에서 바라보게 함으로써 권위주의 체제 전환을 위한 투쟁에 정당성을 부여하는 것이었다. 따라서 이 같은 관점에서 대표적 체제저항

세력인 학생운동 세력들은 노동자와 농민들의 권익을 대변하려는 노력으로 '노동 3권 보장', '농민의 권익 보장' 등을 주장하였으며, 더 나아가 이후에 학생운동이 노학연대나 농민들을 의식화시키는 운동으로 이어져 정치 · 경제 체제의 모순을 이론적으로 밝히고 체제의 허상과 실상에 대해 판단하며 행동하는 데 영향을 미쳤던 것이다.

한국 사회의 약한 자, 가난한 자, 소외된 이들을 위한 천주교회의 사회 정의를 위한 활동은 이처럼 한국 사회의 구조적 개혁을 위한 방향을 제시하는 규범으로 기능하였다고 할 수 있다. 사회 정의 활동과 도덕적 권위를 통한 가르침들은 사회 정의의 원칙과 가난한 자들에 관한 사회 구성원들의 의식개혁을 촉진하였을 뿐만 아니라 제도개혁과 함께 기존의 사회구조를 개혁해야 할 필요성을 제기하였기 때문이다. 그리고 이러한 활동들은 한국 사회가 정치적 권위주의와 경제적 독점주의에 심화된 사회구조적인 모순을 치유하고 개혁을 실현해 가는 데 있어 방향성을 제시하는 것이라 할 수 있다. 그러므로 사회 정의에 입각한 천주교회의 가르침과 활동들은 다양한 부문의 개혁운동이 활성화되는 데 영향을 미침으로써, 결국 한국 사회의 체제전환을 위한 사회운동의 밑거름이 되었다고 할 수 있다.

3. 공동선의 규범화

1970–80년대의 한국 사회는 국가 주도에 의한 급격한 경제 발전에 따라 다양한 영역에서 불균형이 심화되었고, 사회적 갈등과 대립이 첨예화하여 심각한 혼란 속에 놓이게 되었다. 고도성장을 지향하는 경제 정책은 성장의 모순을 보완하는 일체의 사회 보장적 체계를 외면하여 성장의 주체인 국민을 성장의 과실로부터 소외함으로써 사회적 갈등과 대립을

야기하였던 것이다. 그리고 이러한 사회적 갈등과 대립은 산업화에 따른 사회 계층의 분화와 사회적 쟁점이 다양화되면서 복잡한 중층 구조를 갖게 되었다. 예컨대 계층별 소득 격차, 도시 농촌 간의 격차, 대기업과 중소기업 간의 격차와 산업화로 초래된 가치관의 변화에 따라 사회적 갈등과 대립도 중층구조를 가지게 되었던 것이다. 이러한 상황에서 국가 권력은 사회불안을 해소하고 국민총화와 경제발전을 이유로 대대적인 이데올로기적 공세를 전개하며 권위주의 체제의 강력한 억압을 정당화하였다. 즉 총화, 안정, 질서를 강조하는 군부 권위주의의 발전과 안보 이데올로기를 통하여 개발과 독재를 연결하였고, 경제적 잉여에 대한 분배와 균점을 주장하는 사회집단들의 요구를 정치적으로 철저히 봉쇄하였던 것이다.

80년대 초반 정부의 유화 조치에 따라 학생, 노동단체, 지식인을 중심으로 한 체제저항 세력이 활성화되고, 전반적으로 운동의 중심축이 민중 부문으로 이동함에 따라 점차 민중적 성격을 띠게 되면서 권위주의 체제의 경제적 불균형 정책과 강력한 정치적 억압에 반발하는 민중의 저항은 더더욱 극한적이고 과격해졌다. 기층 민중을 지원하며 대중의 생활현장과 생산현장 속에서 활동하던 학생운동 세력이 급진혁명적 의식으로 무장하고 저항운동의 주도권을 잡게 되면서 전반적으로 운동주체들의 의식과 운동이 과격해지고 급진화되었던 것이다. 이렇듯 학생운동권과 노동운동 세력을 중심으로 진행된 이념적 급진화는 운동방법과 노선에서 일반대중의 의식과 극심한 유리현상을 노정시켰을 뿐 아니라 사회의 급진적 변혁을 우려하는 온건 개혁 세력이 체제저항세력으로부터 이탈하게 하는 요인으로 작용하였다. 이에 따라 이 시기의 한국 사회는 지배블럭, 온건 개혁 세력, 제도 야당, 급진적인 체제저항세력 등 다양한 집단이 각자의 계급적 이익의 차이에 기반을 두고 이념적으로 대립하며 사회적 갈등과 혼란을 가중시키고 있었다고 할 수 있다.

천주교회는 한국 사회의 이 같은 갈등과 혼란 속에서 도덕적 권위의 영향력을 통하여 한국 사회의 통합의 원칙과 방향을 제시하고자 하였다. 천주교회가 제시하는 원칙은 공동선(common good)의 원칙으로서, 천주교회의 사회적 가르침이 제시하는 인간관과 사회관을 보여주는 것이다. 천주교회는 사회를 다양한 목적, 요구와 권리를 가지는 수많은 집단들이 서로 밀접하게 연결되어 있는 다원적 집합체로서 이해하며, 이러한 사회는 인간을 위해 이루어졌다고 보고 있다(사목헌장 25항 참조). 즉 국가를 포함해서 모든 집단은 개인의 완성과 행복을 위해서 조직되고 존재하는 것이지 절대로 그 반대가 될 수 없다는 것이다. 그런데 다양한 집단들 사이에는 질서의 혼란과 침해가 발생할 수 있으므로 이것을 예방하고 사회 전체가 안정을 얻고 인간들이 행복을 누리기 위해서는 개인과 집단, 개인과 개인의 관계를 조정하는 올바른 원칙이 필요로 하는데 공동선이 바로 그것이라는 것이다. 공동선은 인간 각자의 인격의 발전을 북돋우고 허용하는 사회적 조건들 전체를 통해 구성되는 것이고, 개인과 사회발전의 원리라고 할 수 있다. 또한 공동선은 지위고하를 막론하고 모든 개인이 복지의 혜택을 입을 권리가 있을 뿐 아니라 공동체의 복지 증진에 참여할 의무가 있음을 의미하는 것이다. 따라서 공동선의 원칙에 따르면 개인주의와 집단주의란 없다. 인간은 구조적으로 사회적 존재이고 동시에 사회의 궁극적 목적이 인간 각자의 성숙에 있기 때문에, 전체성 속에서 개인의 자유가 말살되어서도, 또 집단의 역사적 가치를 부정해서도 안 된다고 천주교회는 가르치고 있다.

한국 천주교회는 이 공동선의 원칙을 통하여 가장 먼저 국가 권력의 의무와 역할에 대해 규정하고, 국가는 모든 이가 자신을 실현하며 살아갈 환경을 조성하여야 할 의무가 있음을 적시하였다. 즉 경제 성장의 주역들인 노동자와 농민들을 성장의 과실로부터 배제하는 국가의 경제 정책은 공동선의 원칙에 부합하지 않기 때문에 수정되어야 한다고 촉구하였다. 국가는 노동자와 노인, 그리고 가난한 이들에 대한 대책을 강구하고, 그들이 정당한 권리를 행사하도록 보장해 주어야 한다는 것이다. 이와 함께 한국 사회 구성원들이 모든 영역에 있어서의 인간화를 지향하여야 함을 역설하였다. 피압박과 가난이 제 탓이 아니라 사회의 구조와 체제의 모순이라 할지라도 복음에 입각한 행동을 통해 사회의 인간화를 목표로 하여야 한다는 것이다. 이는 폭력적인 계급 투쟁을 주장하는 급진주의자들의 이념 역시 공동선의 원칙에 배치되는 것임을 표명하는 것이다. 그러므로 한국 천주교회는 기층 민중들의 인간적인 삶을 위한 활동과 규범을 강조하였지만, 그것은 급진주의 이념에 기반을 둔 것이 아니라, 성경과 교회가 제시하는 공동선의 원칙을 따르고자 한 것이다. 즉 공동선의 원칙 안에서 천주교회는 민중의 권리를 회복하기 위한 모든 운동에서도 모든 폭력적인 방법을 거부하고 평화적이며, 비폭력적이어야 한다는 점을 분명히 하였다. 이를 천주교회의 구체적인 활동 속에서 살펴보면, 광주 민주화 항쟁 기간 동안 사태수습을 위한 천주교회의 활동, 87년 6월 명동성당 농성 기간 동안 정부와 학생들을 끈질기게 설득하면서 폭력적 대응을 막았던 사례들을 들 수 있다.

이처럼 인간을 중심에 두는 천주교회의 공동선의 원칙은 한국 사회의 다양한 갈등과 대립을 해결하는 데 있어서 중요한 원칙을 제공하는 사회적 규범으로 작용하였다고 할 수 있다. 비록 체제저항운동에 적극적으로 참여하지 않았지만 한국 사회의 민주화와 개혁을 바라는 '침묵하는 다수'들에게 한편으로는 체제전환의 정당성을 제시하였으며, 또한 다른 한편으로는 체제전환의 필요성을 인정하면서도 체제저항세력들의 급진적이고 과격한 노선과 활동 속에서 반복되는 시위와 폭력사태로 인해 유리되어 갔던 온건 개혁 세력들에게 저항운동의 새로운 관점을 제공하였던 것이다. 즉 계급적 관점에서 극한적인 폭력사태로 치닫는 대립 세력들에게 그 어떤 체제도 이념도 인간을 수단으로 삼을 수 없음을 분명히 함으로써, 갈등을 해결하는 완화된 방식과 규범을 제시한 것이었다. 천주교회의 공동선의 원칙은 민주화 이후에도 그동안의 권위주의 체제로 인해 심화된 노사갈등, 지역갈등, 민족갈등의 왜곡된 형태를 바로잡기 위한 규범으로서 강조되었다고 할 수 있다. 민주화 이후 분출하였던 다양한 사회적 갈등 속에서 국민통합과 화합을 위해서 우선적이고 구체적인 실천들이 무엇인가를 제시했던 것이다. 천주교회는 특히 권위주의 체제의 정치질서와 경제제도로 고통 받는 기층 민중들의 입장을 옹호하고, 노동자의 권리를 존중하는 노동 정책과 도시 빈민들의 주거권 보장, 농촌을 위한 대책을 공동선의 원칙 속에서 적절한 정책을 요구하였다. 그리고 이와 함께 국민통합과 화해를 위해 양심수의 석방과 사면복권, 지역갈등의 해소를 위한 대책, 민족의 화해를 위한 남북 간의 개방과 교류 확대를 촉구하였다. 이러한 천주교회의 주장들은 공동선과 사회 정의의 원칙에 입각하여 한국 사회의 계층 간, 지역 간, 민족 간의 갈등을 해소하고 민족 전체의 화해와 일치를 지향하는 것이었다.

그런데 천주교회의 사회원리들이 한국 사회의 사회적 규범으로 뿌리 내릴 수 있었던 것은 그 자체가 보편적인 정당성을 가지는 것이었고, 이는 또한 천주교회의 높은 도덕성을 통하여 제시되었기 때문에 한국 사회 구성원들에게 영향을 미칠 수 있었던 것이라고 할 수 있다. 즉 사회적 공신력이 높은 천주교회가 제시하는 공동선의 원칙은 한국 사회에서 다양한 계급적 이익의 대립으로 발생하는 갈등을 보편적이고 도덕적인 틀 안에서 해결할 수 있는 기준과 전망을 동시에 제공하였기 때문에 사회적으로 수용될 수 있었다는 것이다. 이러한 과정 속에서 천주교회는 사회 참여 활동을 통하여 사회적으로 부여받은 도덕적 권위를 더욱 강화할 수 있었으며, 한국 사회의 방향성을 제시하고 사회적 규범을 구조화하는 특성을 보일 수 있었다고 할 수 있다.

제 6 장

요약 및 결론

1. 요약

  본 논문은 한국 민주화 과정에서 천주교회의 역할을 어떻게 규정할 수 있는지를 알아보고자 하는 데 일차적인 목적이 있음을 서론에서 지적한 바 있다. 따라서 본 논문에서는 국가-시민사회-천주교회를 분석틀로 구성하고, 권위주의 국가 체제 아래서 국가-시민사회-천주교회의 관계를 통하여 드러나는 천주교회의 역할을 규명하고자 하였다. 그런데 천주교회의 역할을 좀 더 명확히 규명하기 위해서는, 천주교회의 어떤 요인이 얼마만큼 어떤 과정을 통하여 영향을 미쳤는지를 함께 살펴야 할 것이다. 이런 이유에서 본 논문에서는 천주교회의 도덕적 권위를 중요한 요인으로 파악하고, 이를 중심으로 논의를 전개하고자 하였다. 천주교회의 도덕적 권위는 한국 민주화 과정에서 중요한 체제저항세력 중의 하나로 활동한 천주교회가 국가와 시민사회와의 관계 안에서 행사하였던 영향력을 설명해 주는 요인으로, 민주화 운동의 행위적 수준에까지 미쳤던 천주교회의 영향력을 객관적으로 파악하게 해 줄 수 있다고 믿기 때문이다. 따라서 본 논문에서는 천주교회 도덕적 권위의 형성과 그 사회적 근거를 밝히고자 1970년대 초반부터 활발하게 전개된 천주교회의 사회 참여 활동을 국가와 시민사회의 틀 안에서 분석하고자 하였다.

먼저 본 논문의 제 2장은 천주교회의 도덕적 권위가 형성되는 과정을 설명하기 위해 유신시대 권위주의 국가 체제와 시민사회의 특성을 살펴보았다. 주지하다시피 군부 권위주의 체제의 억압이 극심하였던 유신시대는 모든 정치적 권력을 대통령에게 일원화하고, 체제에 대한 어떠한 반대나 비판도 허용하지 않는 강력한 지배 체제였다. 그리고 지배 이데올로기를 통하여 일인 절대 권력 체제의 국가 체제가 드러내는 폭력성을 정당화하였다. 뿐만 아니라 유신 체제는 절대적 통치권을 행사하면서 국가주도의 발전 정책을 실시하였는데, 이는 원활한 독점자본 축적을 위해 노동을 통제하고, 같은 맥락에서 농민들을 배제하는 정책이었다. 그 결과 독점자본은 급속히 성장하였지만, 국민경제의 대외의존성의 심화, 국내 산업 간의 괴리 확대, 노동자 · 농민 등 기층 민중들의 생활은 더욱 피폐해져갔고, 사회 계층 간의 소득 격차는 더욱 확대되어 갔다. 그럼에도 이 시기의 시민사회는 국가에 의해 과도하게 함몰되어 어떠한 조직이나 체계를 갖추지 못하였고, 계급 구성은 이루어졌으나 조직화하여 동원할 수 있는 역량을 구축하지 못한 상황에 있었다.

이러한 상황에서 천주교회는 인간의 존엄성과 인권을 수호하기 위한 사회 참여 활동을 전개하였던 것이다. 천주교회는 1970년대 이전까지는 정교분리의 원칙을 고수하면서 그다지 사회현실의 문제에 개입하지 않았지만, 유신 체제하에서 지학순 주교의 구속을 계기로 점차 한국 사회현실에 대해 각성하게 되었다. 이때부터 천주교회의 사회 참여 활동은 조직화되어 '정의구현 사제단'이 결성되고 '천주교 정의평화위원회'가 재발족하여 반유신 체제저항운동에 참여하게 되었던 것이다. 천주교회는 인간의 존엄성과 기본권을 탄압하는 국가 권력에 저항하는 것은 교회의 정당한 사명이라고 천명하면서, 인간의 자유와 권리를 억압하는 폭력적인 유신헌법의 철폐를 주장하였다. 기도회 모임과 성명서, 시국선언문 등을 통하여 체제의 부당성을 폭로하고 저항함으로써 체제저항세력들을 자극하고 저항운동의 정당성을 역설하여 유신 체제에 대한 저항운동이 활성화하는 데 중요한 배경으로 역할하였던 것이다. 이로써 천주교회와 국가 간의 갈등은 증폭되었지만, 민주화를 갈망하는 체제저항세력에게 있어서 천주교회는 인권의 수호자, 민주화 운동의 중심으로 인정받게 되었다. 이 같은 사회적 정당성의 토대 속에서 천주교회는 도덕적 권위로 전화하였고, 한국 사회 안에서 사회적 영향력을 확대해 나갈 수 있었던 것이다.

제 3장에서는 1970년대 사회 참여 활동의 결과로 얻게 된 천주교회의 도덕적 권위의 영향력이 신군부 권위주의 체제하에서는 어떻게 강화되었는지를 중점적으로 살펴보았다. 학생, 노동자, 체제저항세력들의 격렬한 저항이 전개되는 과정에서 유신 체제의 붕괴를 맞았지만, 새롭게 권력을 장악한 신군부는 국가, 정치사회, 시민사회, 정권의 근본적인 변화 없이 군부 권위주의 체제를 복원하였고, 정치적 억압과 민중 배제적 경제 정책을 유신 체제와 동일하게 유지하였다. 쿠데타로 정권을 장악한 신군부는 그들의 권력행위에 대한 정당성이 결여되어 있었던 관계로 집권 초기와 정권강화의 과정에서 폭력적 국가기구를 동원하여 정치사회와 저항 세력을 탈동원하여 군부 권위주의 체제의 성격을 그대로 계승하였던 것이다. 따라서 이 시기도 권위주의 체제에 저항하면서 이를 변화시켜 나갈 수 있는 정치적, 사회적 잠재 세력은 철저하게 억압되었고, 학생운동 세력을 제외한 대부분의 사회운동 세력들은 활성화될 수 없는 시기였다. 1983년 말부터 정권은 형식적 민주주의적 틀 안에서 통치의 정당성을 확보하고 도시의 신 중간 계급을 끌어들이기 위하여 유화 정책을 실시하였는데, 학생운동가의 복학 및 해직교수들의 복직 허용, 재야 운동 세력들에 대한 감압조치, 정치사회의 복원 등을 허용하였던 것이다.

그런데 이러한 정치적 해빙은 결과적으로 정치공간이 재생될 수 있는 이상적인 기회를 제공해 주었고, 동시에 광범위하게 공개적인 반체제 민주화 운동이 확산되는 데 기여하였다. 선명한 제도 야당의 출현할 수 있게 되어 그간 국가의 종속영역으로서 존재하던 정치사회영역이 국가에 반하는 새로운 영역으로 분화될 수 있었고, 정권이 통제할 수 없을 정도의 속도와 규모로 학생, 노동단체, 지식인들을 중심으로 한 재야 단체들이 조직되어 제도 야당과 제휴하면서 정권에 저항하는 도전 세력으로 역량을 결집시켜 나갔던 것이다. 그러나 운동의 중심축이 엘리트 주도의 형태에서 탈피하여 민중부문으로 이동함에 따라 점차 민중적 성격을 띠게 되었고, 이는 결국 민주변혁논쟁을 둘러싸고 이념적 급진화를 가져와 사회운동 세력의 분화를 초래하였다. 또한 급진 사회운동 세력들에 의한 폭력적이고 과격한 체제저항운동은 운동의 기반인 대중들과 유리되게 만들었고, 정권은 이를 기회로 강력한 탄압 조치를 통하여 사회운동권 전반을 위축시킬 수 있었던 것이다.

천주교회는 신군부 권위주의 체제하에서도 국가의 부당한 인권침해에 대항하고, 기층 민중들의 권리 회복을 위한 활동을 지속적으로 전개하였다. 그런데 이 시기의 가장 중요한 천주교회의 활동은 '직선제 개헌'을 위한 투쟁과 '박종철 고문치사 사건 조작'의 폭로라고 할 수 있다. 이는 사그라져 가던 민주화 운동을 재점화하는 것이 되었고, 급진적 사회운동 세력의 이념을 온건한 노선으로 수렴하여 체제 도전 세력들이 결집할 수 있는 토대를 마련하였으며, 국가의 무자비한 폭력성을 고발함으로써 국민적 공분과 저항의식을 불러 일으켜 민주화 대투쟁이 가능하도록 하였던 것이다. 천주교회의 이 같은 활동들은 천주교회의 도덕적 권위를 더욱 강화시켜 한국 사회 안에서 천주교회의 사회적 영향력을 높였다. 특히나 천주교회의 이러한 활동들은 도덕적인 정당성의 바탕위에서 영향력을 발휘하여 잠재적인 대중으로서만 인식되어왔던 중산층의 도덕적 공감을 불러 일으켜 중산층이 민주화 대투쟁에 동원되는 데 있어서 중요하게 작용하였던 것이다. 이러한 분석을 통해 볼 때, 한국 사회가 권위주의 체제의 해체로부터 민주화로 이행하는 데 있어서 천주교회는 매우 중요한 역할을 담당하였음을 알 수 있다.

본 논문의 제 4장에서는 앞에서 분석한 도덕적 권위의 의미를 사회학적으로 종합·정리하고자 하였다. 즉 도덕적 권위를 정치사회학적 관점과 종교사회학적인 측면에서, 그리고 사회규범적인 면에서 그 의의를 살펴보고자 한 것이다. 그리고 이를 통해 도덕적 권위를 통해 드러나는 천주교회의 민주화 과정에서의 역할을 규정하고자 하였다. 한국 천주교회는 권위주의 체제의 폭력적 억압에 저항하면서 국가 권력을 탈정당화하였고 지배 이데올로기의 허구성을 폭로함으로써, 공포로 인해 숨죽이고 있던 저항 세력들을 결집시키고 저항운동을 본격화하는 데에 특별한 역할을 수행하였던 것이다. 천주교회의 활동과 도덕적 권위의 영향력은 도덕적인 정당성을 확보하여 국가에게는 민주화에로의 압력으로, 저항 세력에게는 저항운동의 정당성을 인식시켜 동원에 이르도록 만들었다는 것이다.

이상의 논의를 통하여, 한국 민주화 과정에서의 천주교회는 전적인 독립요인이 아니라 하더라도, 적어도 매개요인으로서의 역할을 수행하였음을 알 수 있다. 그리고 이러한 천주교회의 역할에는 천주교회가 사회참여 활동을 통하여 확보한 도덕적 권위의 영향력이 깊이 작용하고 있음을 알 수 있다. 천주교회는 이 도덕적 권위의 영향력을 통하여 국가 권력과 시민사회를 추동하여 한국 사회가 탈권위주의화하고 민주화로 이행하는 데 기여하였던 것이다.

본 논문의 제 5장에서는 민주화 이후의 시기에 드러나는 천주교회의 역할과 도덕적 권위의 작용에 대해 도덕적 권위의 한계와 변화라는 관점에서 살펴보았다. 87년 민주화 대투쟁과 6·29 선언은 한국 사회가 탈권위

282

주의 체제로 이행하는 데 있어 중요한 계기가 되었다. 6·29 선언은 정치사회의 민주당과 시민사회의 중간 계급의 요구를 수용함으로써 그들을 탈동원화하고 나아가서 사회운동 세력들과 분리시킴으로써 권력 재생산을 도모하기 위한 정치적인 협약의 성격이 강하였다. 지배블럭은 이러한 전략을 통하여 주도권을 상실하지 않으면서도 군부 정권의 위기를 극복하였고, 선거라는 합법적인 절차를 통하여 위로부터의 보수적이고 제한적이며 형식적인 민주화로 이행할 수 있었던 것이다. 게다가 지배블럭은 재집권에 성공하자 제도 야권을 정치사회 내에 묶어두고, 안보위기를 내세워 중간 계급을 사회운동 세력으로부터 탈동원화함과 동시에 사회운동권을 급진 폭력 세력으로 조작하여 위기의식을 증대시켜 나가는 이른바 '두 국민전략'을 통하여 민중 배제적 지배를 계속하였다. 그리고 여소야대의 불안한 정국 속에서 공안정국과 정계 개편을 병행하여 전개함으로써 통치기반을 확고히 다지고자 하였다. 즉 공안정국을 통하여 사회운동 세력들의 급진적인 개혁의 요구와 통일에 대한 논의를 억압하고, 체제 도전연합의 가능성을 약화시키기 위하여 3당 합당이라는 정계 개편을 단행하였던 것이다. 이로써 민주 대 반민주 대립전선이 모호해졌고, 반호남 지역주의가 심화되었으며 중간 계급과 노동자 계급의 분절이 강화되었다.

김영삼 정부에 들어와서 사정개혁과 군부개혁을 통하여 권력 과두집단을 해체하고, 정치개혁입법을 통하여 정치적 경쟁의 틀을 민주주의와 부합하도록 제도적인 장치를 마련하였다. 그러나 그럼에도 개혁의 범위가 국가기구와 정치사회 내의 지배 엘리트의 정화와 교체를 넘어서지 못하였고, 국가와 시민사회, 국가와 경제사회의 관계를 재정립하는 데에까지는 이르지 못하였다고 할 수 있다. 또한 대통령 중심의 임기응변적인 '위로부터의 개혁'으로 일관하여 다원적인 중간매개집단의 역할을 약화시켜 장기적으로는 민주주의의 공고화를 저해하는 것이었다. 뿐만 아니라 법제화와 제도화의 부족은 개혁의 지속성을 어렵게 만들고, 개혁 주체 세력을 개혁의 처벌대상에서 제외함으로써 개혁의 공정성 시비를 불러 일으켰던 것이다. 그러므로 김영삼 정부는 형식적인 또는 절차적인 면에서는 그 출발선으로부터 다소 진전을 이루었지만, 내용적인 또는 실질적인 면에서는 오히려 출발선으로부터 후퇴하였다고 할 수 있다. 그런데 김영삼 정부에 의해 추진된 위로부터의 개혁의 한계가 갖는 문제점들은 자발적 시민운동이 확장될 수 있는 여건으로 작용하였다. 시민적 관심의 변화에도 불구하고 이를 반영하지 못하는 대의체에 대한 불신이 커지면서 시민운동단체의 확대 및 성장을 자극했으며, 시민단체들의 활동은 변화된 시민의식을 적극 반영하여 결과적으로 한국 사회의 실질적 민주화에 기여하였던 것이다.

민주화 이후 천주교회의 도덕적 권위는 이전의 시기와는 다르게 변화된 모습을 보였다. 민주화 이후 천주교회는 보수적인 입장을 강화하는 제도로서의 교회와 진보적이고 개혁적인 주장이 강한 민중교회의 모습으로 분화되었고, 이는 천주교회의 도덕적 권위의 성격에 변화를 가져오게 하였던 것이다. 천주교회의 보수화는 급속도로 탈정치화하여 정치사회적인 개입보다는 영신적이고 종교적인 가르침을 강화하는 것으로 나타났다. 따라서 실질적인 민주화를 위한 한국 천주교회의 역할이 중요하게 요청되고 있었음에도, 천주교회는 이에 부응하지 못하였던 것이다. 이와는 별도로 진보적이고 개혁적인 민중교회는 대중과는 유리된 급진적인 통일운동에 지나치게 몰두하여 교회 안팎의 비판을 불러 일으켰고, 이에 따라 도덕적 권위의 영향력이 약화되는 결과를 맞게 되었다. 이 같은 결과는 민주화 이후 천주교회가 시민사회의 요구를 제대로 읽어 내지 못하고 대중과 유리됨으로써 시민사회 내에 고립된 결과라고 할 수 있다. 물론, 이 시기에도 천주교회는 민주화 이후의 한국 사회의 통합과 화해를 위해 도덕적 원칙들을 제시하고, 이를 실현하기 위해 활동하였지만 그 성과가 그다지 크지 않았다. 천주교회의 도덕적 영향력이 앞서 밝힌 이유들로 인해 크게 감소되었고, 또 시민사회 내의 다른 운동단체들의 활약이 두드러져 상대적으로 천주교회는 침체되었던 까닭이다. 그러나 그럼에도 불구하고 한국 사회 구성원들의 의식 안에 천주교회는 여전히 '인권과 사회 정의의 수호자'로서 자리잡고 있고, 이를 통해 도덕적 권위가 비록 상징적인 형태이지만 여전히 한국 사회 안에서 영향력을 발휘하고 있음을 알 수 있다.

2. 도덕적 권위의 미래 전망

한국 사회는 민주화 이후에 획일적이고 수동적인 사회로부터 다원적이고 능동적인 사회로 탈바꿈하였고, 각종의 자발적인 시민사회 조직과 운동들이 활발히 전개되면서 실질적 민주화를 위한 과정 속에 있다고 할 수 있다. 시민들이 시민권을 효과적으로 행사할 수 있도록 보장하는 효과적인 국가를 지향하는 정치개혁과 왜곡된 경제구조로 심화되는 불평등을 시정할 수 있는 경제사회의 구축, 각종의 규제완화, 교육개혁, 사법개혁, 복지와 노동 정책의 개혁 등을 통하여 제도적으로 민주주의를 공고화하기 위한 과제를 안고 있는 것이다. 그리고 민주주의가 이러한 제도의 완성만으로 실현되는 것이 아니라 다원적이고 평등한 가치와 규범, 사적 이기주의를 넘어선 공공정신, 질서의식 및 준법의식, 자발적 결사체를 통한 능동적인 참여의식, 토론과 설득을 통한 합의 창출 방식 등과 같은 시민문화의 사회화를 의미하는 것이므로(김호기, 1997: 243), 이와 같은 사회적 기반을 만들어 나가는 것도 또한 실질적 민주화를 위해서는 매우 중요하다고 할 수 있다.

그럼에도 한국 사회는 여전히 실질적 민주주의를 위한 제도적 개혁과 규범적 내면화에서는 부족한 수준에 있다. 서구와는 달리, 한국의 시민사회는 강력한 중앙집권적 국가주의 전통, 분단구조에 의한 국가건설의 미완성, 연고주의 문화에 따른 시민사회의 분열과 파편화, 국가–자본–언론의 삼각 지배동맹, 복지국가적 기반의 취약성, 시민운동의 풀뿌리화 저조라는 구조적 제한성을 드러내 보이고 있기 때문이다(김성국, 2002: 98). 특히나 다원주의화에서 파생하는 배타적 개인주의의 확산은 특정 계급이나 계층의 이해관계를 초월하여 합리적 의사결정과 사고행위 양식을 통한 사회적 공공성을 추구하는 데 있어 장애요인으로 작용하고 있다. 뿐만 아니라 복지 국가적 기반이 취약한 가운데에서 '세계화'와 '국가경쟁력 강화'라는 신자유주의적 담론은 사회적 약자에 대한 공동체적 지원을 추진하기 어렵게 만들어 계층 간, 지역 간, 부문 간의 사회적 갈등이 끊임없이 발생하고 있다.

그러므로 민주화 이후 한국 사회가 드러내 보이는 사회적 요구를 살펴보면, 우선적으로 노동자·농민·여성·소수집단·장애인·노인 등 주변화되고 소외된 모든 계층의 사회경제적 평등을 제도적인 차원에서 확립하는 것에 있다고 할 수 있다. 또한 이와 함께 보편주의적 가치관을 확립하여 도덕성을 회복하고 공공영역을 재구조화함으로써 우리 사회의 실질적 민주화와 통합을 실현해 나가는 것도 중요한 시대적 요청이라고 할 것이다. 그것은 민주화 이후 한국 사회는 개인주의와 지역이기주의, 그리고 특수한 인간관계를 중심으로 한 사회분파적 이익집단이 분출함으로써 우리 사회의 공동체적 가치가 압도당하여 사회적 통합과 공공적 이익을 추구하는 것이 대단히 어려워졌기 때문이다. 즉 정책현안의 의사결정 과정에서의 국가와 이익집단 간의 관계, 이익집단과 이익집단 간의 관계와 갈등의 처리 등이 문제가 되고 있는 것이다. 공공정책 결정을 둘러싼 중앙정부 또는 지방정부와 지역주민단체들 간의 갈등, 동일한 정책현안을 둘러싼 상호 경쟁적 이익집단들 간의 갈등, 동일한 사회기능

분야에서 동종 이익집단의 동시적 대립 문제 등을 통해 민주화 이후 한국 사회는 공동체적 가치 속에서 다양한 사회적 갈등을 조정하고 중재하는 것이 중요한 사회적 과제로 남는다고 할 것이다. 이러한 점에서 천주교회의 도덕적 권위의 역할이 새롭게 요구되는 것이다.

한국 천주교회의 도덕적 권위는 민주화 이후 영향력이 약화되었고, 그 성격이 상징적인 권위의 형태로 변화되었음을 앞 장에서 살펴보았다. 천주교회의 도덕적 권위의 상징화는 비록 천주교회의 영향력이 약화되었음에도 여전히 한국 사회 구성원들의 의식 안에 천주교회는 '사회 정의와 인권수호의 보루'로 자리잡고 있음을 의미하는 것이다. 즉 천주교회가 하나의 사회 제도로서 지니는 영향력을 넘어서 특히 인권과 사회 정의의 문제에 관해서 한국 사회 안에서 여전히 중요한 위치를 점하고 있다는 것이다. 그러므로 천주교회는 민주화 이후의 한국 사회에서 드러나는 다양한 사회적 문제들과 갈등을 해결하고, 한국 사회가 실질적으로 민주화된 사회로 나아가는 데 있어 사회 구성원들부터 도덕적 합리성과 공적 권위를 인정받을 수 있는 중재자로서 도덕적인 영향력을 행사하는 역할을 수행하기가 쉽다고 할 수 있다. 천주교회는 이미 한국 사회 구성원들에게 도덕적 권위를 인정받고 있기 때문이다.

그러나 천주교회가 다시 한국 사회 구성원들의 생활 안에 작용하는 강력한 도덕적 영향력을 실현하기 위해서는 천주교회의 변화가 함께 요구된다고 하겠다. 즉 선교와 성장을 우선으로 하는 교회 중심적이고 보수적 입장에서 벗어나 한국 사회 현실에 대한 보다 철저한 분석을 통하여 시대적 상황이 요청하는 사회적 요구가 무엇인지를 분명하게 판단할 수 있어야 하는 것이다. 천주교회의 도덕적 권위가 인간의 존엄성과 권리가 유린당하던 시기에 천주교회가 보편가치를 확립하는 가운데 이 사회의 억눌린 자, 가난한 자, 소외된 자들을 위한 활동에 참여함으로써 또 정치적·경제적인 모순구조를 타파하기 위한 투쟁을 전개함으로써 사회적으로 부여받았던 것을 기억하며, 민주화 이후의 한국 사회가 인간다운 사회로 나아가는 데 절실히 요청되는 공동체적 가치관의 확립을 위해 활동하여야 하는 것이다. 천주교회가 오늘날의 시대가 요구하는 사회적 요구를 올바르게 판별하고 이의 개선을 위하여 노력할 때, 천주교회의 도덕적 권위는 한국 사회의 민주화에 기여한 것처럼 여전히 한국 사회에 영향력을 행사하며 한국 사회의 변동에 긍정적이고 특별한 사회적 역할을 담당할 수 있을 것이라 기대된다.

▌참고문헌

1) 한국어 논문과 문헌

가톨릭신문사, "가톨릭 신자의 종교의식과 신앙생활", 대구: 가톨릭신문사, 2000.

가톨릭 정의평화연구소 편, 『한국 가톨릭교회와 소외층, 그리고 사회운동』, 광주: 빛고
　　　을출판사, 1990.

강문구, "한국 사회의 민주화, 사회변혁 그리고 피지배연합", 『사회비평』 제 7호,
　　　1992.

______, 『한국민주주의의 구조와 진로』, 서울: 한울, 1994.

______, "한국의 민주화 이행과 국가–시민사회의 변모", 임희섭 · 양종회 공편, 『한국
　　　의 시민사회와 신사회운동』, 서울: 나남, 1998.

강문규, 『시민참여의 시대』, 서울: 한울, 1996.

강원돈, "한국교회에서의 지배 이데올로기의 재생산", 한국산업사회연구회 편, 『한국
　　　사회와 지배이데올로기』, 서울: 녹두, 1991.

강인철, 『한국기독교회와 국가, 시민사회: 1945–1960』, 서울: 한국 기독교역사연구소,
　　　1996a.

______, "종교 문제: 굴복, 불안정, 갈등으로 점철된 한국 종교", 권태환 외, 『전환기
　　　한국의 사회문제』, 서울: 민음사, 1996b.

______, "천주교 사회운동과 가톨릭의 한국화", 우리사상연구소 편, 『한국 가톨릭,
　　　어디로 갈 것인가』, 서울: 서광사, 1997.

______, "변화하는 사회, 새로운 도전들: 21세기 한국 가톨릭교회의 과제", 『가톨릭사
　　　회과학연구』 제 11집, 한국가톨릭사회과학연구회, 1999.

______, "사회 문제로서의 한국 종교", 『종교문화연구』, 한신인문학연구소, 제 3호,
　　　2001

강정구, 『현대 한국사회의 이해와 전망』, 서울: 한울, 2003.

고재식, 『해방신학의 재조명』, 서울: 사계절, 1986.

구해근, "한국의 중간 계급, 민주화, 그리고 계급형성", 『남북한 정치의 구조와 전망』, 서울: 한울, 1994.

권규식, "한국 종교와 사회변동의 특수성 연구", 『현대 한국종교변동 연구』, 한국정신문화원, 1993.

______, 『종교의 사회학적 이해』, 대구: 이문출판사, 1995.

기쁨과 희망 사목연구원 편, 『암흑속의 횃불: 70-80년대 민주화 운동의 증언』(제1-10권), 서울: 가톨릭출판사, 2003.

김경동, 『한국사회변동론』, 서울: 나남, 1993.

김경일, "한국의 민주화와 사회운동", 한국사회사연구회 편, 『한국 현대사와 사회변동』, 서울: 문학과지성사, 1997.

김기태 외, 『한국경제의 구조』, 서울: 한울, 1993.

김 녕, 『한국정치와 교회-국가 갈등』, 서울: 소나무, 1996.

______, "제 5공화국 이후의 교회와 국가", 오경환 외, 『교회와 국가』, 인천: 인천가톨릭대학교 출판부, 1997.

______, "가톨릭교회의 사회·정치적 영향력과 제약요인", 『가톨릭사회과학연구』 제 9집, 한국가톨릭사회과학연구회, 1998.

______, "유신시대 명동성당에서의 민주화 운동", 『가톨릭사회과학연구』 제 10집, 한국가톨릭사회과학연구회, 1999.

김동춘, "1980년대 민주변혁 운동의 성장과 그 성격", 『6월 민주항쟁과 한국 사회 10년』 제 1권, 서울: 당대, 1997.

______, 『근대의 그늘: 한국의 근대성과 민족주의』, 서울: 당대, 2000.

김문조, "시민종교론", 그리스도교 철학연구소 편, 『현대사회와 종교』, 서울: 서광사, 1987.

김병서, "한국 사회의 민주화와 기독교", 이삼열 외, 『한국 사회발전과 기독교의 역할』, 숭실대 기독교사회연구소 편, 서울: 한울, 2000.

김석준, "민주화 과정에서의 국가와 지배연합", 『사회비평』 제 7호 1992.

김선업, "한국 사회의 변동과 사회적 결속양식", 최경구 편, 『한국 사회의 이해』, 서울: 일신사, 1997.

김성건, 『종교와 이데올로기』, 서울: 민영사, 1991.

김성국, "한국자본주의 발전과 시민사회의 성격", 한국사회학회 · 한국정치학회 편, 『한국의 국가와 시민사회』, 서울: 한울, 1992.

______, "국가와 시민사회의 변화: 민주화를 중심으로", 안계춘 편, 『한국 사회와 한국 사회학』, 서울: 나남, 1998.

______, "한국 시민사회의 구조적 불안정성과 시민 권력 형성의 과제", 김일철 외 공저, 『한국 사회의 구조론적 이해』, 서울: 아르케, 2002.

김성재, "민중의 외침, 하나님의 외침-해방신학의 역사적 상황", 『기독교 사상』 제 317호, 서울: 대한기독교 출판사, 1984.

김성택, "교회와 국가의 관계", 『사목』 제 83호, 한국 천주교 중앙협의회, 1982.

김수환, "교회는 왜 사회 참여를 하였는가? 70-80년대 군사정권하에서", 『종교와 문화』 2권, 서울대학교 종교문제연구소, 1996.

김영명, 『한국 현대 정치사』, 서울: 을유문화사, 1998.

______, 『고쳐 쓴 한국 현대 정치사』, 서울: 을유문화사, 2003.

김영정 편, 『집합행동과 사회변동』, 서울: 현암사, 1988.

김용복, "한국 민주주의와 야당정치", 조희연 편, 『국가폭력, 민주주의의 투쟁, 그리고 희생-한국 민주주의와 사회운동의 동학 2』, 서울: 함께읽는책, 2002.

김용호, "1970년대 후반 국내정치동태", 한국정신문화연구원 편, 『1970년대 후반기의 정치사회변동』, 서울: 백산서당, 1999.

김일영, "1960년대의 정치지형 변화", 한국정신문화연구원 편, 『1960년대의 정치사회 변동』, 서울: 백산서당, 1999.

김일철, 『한국 사회와 재구조화 과정』, 서울: 서울대 출판부, 1991.

김정훈 · 조희연, "지배담론으로서의 반공주의와 그 변화", 조희연 편, 『한국의 정치 사회적 지배담론과 민주주의 동학』, 서울: 함께읽는책, 2003.

김종서, "현대사회와 종교의 역할", 『현대사회』 봄 호(통권 25호), 1987.

______, "종교의 현실참여논쟁", 90년대 한국 사회의 쟁점, 『사회와 사상』 특별 호 2호, 1990.

김진균, 『비판과 변동의 사회학』, 서울: 한울, 1983.

김진균 외 공저, 『한국 사회론』, 서울: 한울, 1994.

김필동, "한국 사회사를 어떻게 이해할 것인가", 신용하 · 박명규 · 김필동 엮음,

292

『한국 사회사의 이해』, 서울: 문학과지성사, 1995.

김필동 · 지승종 외, 『한국사회사연구』, 서울: 나남출판, 2003.

김형국, "산업구조변화에 따른 국가와 자본의 관계변화", 한국 사회학회 · 한국 정치학회 편, 『한국의 국가와 시민사회』, 서울: 한울, 1992.

김호기, "권위주의 정권의 해체와 민주주의로의 이행, 1987–1992", 한국산업사회연구회 편, 『한국 사회의 변동–민주주의, 자본주의, 이데올로기』, 서울: 한울, 1994.

______, 『현대 자본주의와 한국 사회』, 서울: 사회비평사, 1995.

______, "그람시적 시민사회론과 비판이론의 시민사회론", 유팔무 · 김호기 편, 『시민사회와 시민운동』, 서울: 한울, 1996.

______, "한국의 시민사회와 참여민주주의의 과제", 참여연구소 편, 『참여민주주의와 한국사회』, 서울: 창작과 비평사, 1997.

______, "1970년대 후반기의 사회구조와 사회 정책의 변화", 한국정신문화연구원 편, 『1970년대 후반기의 정치 사회변동』, 서울: 백산서당, 1999.

노길명, "가톨릭과 한국 사회 발전", 『가톨릭사회과학연구』 제 2집, 한국가톨릭사회과학연구회, 1983.

______, 『한국 사회와 종교 운동』, 서울: 빅벨출판사, 1988.

노길명 · 오경환, 『가톨릭 신자의 종교의식과 신앙생활』, 대구: 가톨릭출판사, 1988.

노치준, "한국 교회의 개교회주의에 관한 연구", 『기독교사상』 5월 호, 1986.

______, 「일제하 한국교회 민족 운동의 특성에 관한 연구」, 연세대 사회학과 박사학위 논문, 1990.

______, 『한국의 교회조직』, 서울: 민영사, 1995.

마인섭, "1970년대 후반기의 민주화 운동과 유신 체제의 붕괴", 한국정신문화연구원 편, 『1970년대 후반기의 정치사회변동』, 서울: 백산서당, 1999.

명동천주교회 편, 『한국가톨릭인권운동사』, 서울: 명동천주교회, 1984.

박문수, "교회와 국가 간의 관계", 오경환 외, 『교회와 국가』, 인천: 인천가톨릭대학 출판부, 1997.

박상훈, "민주화 이후의 한국정치와 지역주의 지배담론", 조희연 편, 『한국의 정치사회적 지배담론과 민주주의 동학』, 서울: 함께읽는책, 2003.

박승길, "해방이후 한국인의 종교생활과 종교사회학", 안계춘 편, 『한국 사회와 한국 사회학』, 서울: 나남, 1998.

______, "현대 한국 사회에서의 국가와 교회 그리고 시민사회", 김필동 · 지승종 외, 『한국 사회사연구』, 서울: 나남출판, 2003.

박영신, "한국 근대 사회변동과 기독교", 『기독교사상』 7월 호, 1984.

박재정, "국가, 시민사회와 가톨릭교회의 관계", 한국정치학회, 『한국정치학회보』 29권 2호, 1995.

박현채 · 변형윤 외 공저, 『한국사회의 재인식』, 서울: 한울, 1988.

박형신, 『정치위기의 사회학』, 서울: 한울, 1995.

박형준, "새로운 사회운동과 경실련 운동", 임희섭 · 양종회 공편, 『한국의 시민사회와 신사회운동』, 서울: 나남, 1998.

배동인 외, 『막스베버 사회학의 쟁점들』, 서울: 민음사, 1995.

백욱인, "소비 사회와 변화하는 삶의 모습", 한완상 · 권태환 편저, 『한국사회학』, 서울: 민음사, 1998.

백종국, "민중연합, 민주연합과 한국의 민주화", 『사회비평』 제7호, 1992.

사회문화연구소 편, 『사회운동론』, 서울: 사회문화연구소출판부, 1995.

서중석, "권위주의 체제에서의 인권 문제", 『평화강좌』, 고려대학교 평화연구소, 1990.

성경륭, "한국 정치민주화의 사회적 기원: 사회운동론적 접근", 경남대극동문제연구소 편, 『한국 정치 · 사회의 새 흐름』, 서울: 나남, 1993.

손호철, 『현대 한국정치: 이론과 역사』, 서울: 나남, 1997.

______, 『현대 한국정치: 이론과 역사: 1945-2003』, 서울: 사회평론, 2003.

손호철 · 김윤철 공저, "국가주의 지배담론", 조희연 편, 『한국의 정치사회적 지배담론과 민주주의 동학』, 서울: 함께읽는책, 2003.

송호근, "배제적 민주화와 유보된 이중전환", 최장집 · 임현진 공편, 『한국 사회와 민주주의』, 서울: 나남출판, 1997.

신광영, "시민사회 개념과 시민사회 형성", 유팔무 · 김호기 편, 『시민사회와 시민운동』, 서울: 한울, 1996.

______, "1970년대 전반기 한국의 민주화 운동", 한국정신문화연구원 편, 『1970년대

전반기의 정치사회변동』, 서울: 백산서당, 1999.

신용하 편, 『사회사와 사회학』, 서울: 창작과 비평사, 1982.

신용하·박명규·김필동 엮음, 『한국 사회사의 이해』, 서울: 문학과지성사, 1995.

안병준, "정치변동과 제도화", 한국정치학회 편, 『현대한국정치론』, 서울: 법문사, 1989.

안병준 외, 『국가, 시민사회, 정치민주화』, 서울: 한울, 1995.

양길현, "한국의 1987년 민주화이행과 위로부터의 책략-구조화된 가능성의 시각에서", 경남대극동문제연구소, 『한국과 국제정치』 11권 1호, 1995.

양영진, "뒤르켐의 종교사회학 이론에 대한 비판적 고찰", 한국사회사연구회, 『사회사연구의 이론과 실제』, 한국사회사연구회 논문집 제 24집, 서울: 문학과지성사, 1990.

______, "막스 베버의 종교 사회학에 대한 일고찰", 배동인 외, 『막스베버 사회학의 쟁점들』, 서울: 민음사, 1995.

양우진·홍장표 외, 『한국자본주의 분석』, 서울: 일빛, 1991.

양춘·김문조 외 공저, 『현대 한국사회의 계층구조』, 서울: 집문당, 2001.

엄주웅, "변혁적 노동운동의 대중화와 계급적 지평의 확대", 조희연 편, 『한국사회운동사』, 서울: 죽산, 1990.

오명호, 『한국현대정치사의 이해』, 서울: 도서출판 오름, 1999.

오경환, "중남미 교회의 해방운동과 해방신학", 『사목』 제 97호, 한국 천주교 중앙협의회, 1985.

______, "정치와 종교에 대한 가톨릭의 입장", 『사목』 제 130호, 한국 천주교 중앙협의회, 1989.

______, 『종교사회학』, 서울: 서광사, 1990a.

______, "교회윤리의 기본 원리와 한국 사회", 『사목』 제 140호, 한국 천주교 중앙협의회, 1990b.

______, "교회의 목적과 예언자직의 중요성", 『사목』 제 179호, 한국 천주교 중앙협의회, 1993.

______, "교회의 사회 참여가 성장의 중요요인", 〈광복 50주년 기념 특별기획: 한국천주교회의 어제, 오늘, 내일(3)〉, 〈가톨릭신문〉, 1995. 1. 22.

______, 『교회와 국가』, 인천: 인천가톨릭대학 출판부, 1997.

유석춘 · 박병영, "한국 학생운동의 구조와 기능", 한국사회학회 편, 『현대한국사회문제론』, 한국복지정책연구소출판부, 1991.

유재일, "한국 정치사회의 구조형성과 변화", 경남대극동문제연구소 편, 『한국 정치 · 사회의 새 흐름』, 서울: 나남, 1993.

유재천, "현대 한국의 언론", 정창수 편, 『한국사회론』, 서울: 사회비평사, 1995.

유팔무, "이데올로기분석과 비판의 방법론", 한국산업사회연구회 편, 『한국사회와 지배이데올로기』, 서울: 녹두, 1991.

______, "한국 시민사회론과 시민사회 분석을 위한 개념틀의 모색", 1996.

유팔무 · 김호기 편, 『시민사회와 시민운동』, 서울: 한울, 1996.

윤상철, 『1980년대 한국의 민주화이행과정』, 서울: 서울대 출판부, 1997.

윤수종 · 김종채, "80년대 한국 농촌사회 구조와 농민운동", 한국사회학회 편, 『한국사회의 비판적 인식』, 서울: 나남, 1990.

윤성이, "사회운동론의 관점에서 본 한국 권위주의 체제 변동", 한국정치학회, 『한국정치학회보』 제32집 4호, 1998.

윤승용, 「사회변동에 대한 종교의 반응형태연구: 산업화 이후 한국 사회를 중심으로」, 서울대 종교학과 박사학위논문, 1992.

______, 『현대 한국종교문화의 이해』, 서울: 한울, 1997.

윤이흠, "한국의 종교적 상황과 다종교사회의 문제", 『사상과 정책』 제3호, 1984.

______, 『한국종교연구』(제1-3권), 서울: 집문당, 1991.

이광일, "개발독재 시기의 국가-제도정치의 성격과 변화", 조희연 편, 『한국 민주주의와 사회운동의 동학』, 서울: 나눔의 집, 2001.

이시재, "사회운동과 사회구조의 제수준: 1980년대 민주화운동을 중심으로", 한상진 · 양종회 편, 『사회운동과 사회개혁론』, 서울: 전예원, 1992.

______, "한국의 사회운동", 안계춘 편, 『한국사회와 한국사회학』, 서울: 나남, 1998a.

______, "한국의 시민사회와 환경운동", 임희섭 · 양종회 공편, 『한국의 시민사회와 신사회운동』, 서울: 나남, 1998b.

이신행, 『한국의 사회운동과 정치변동』, 서울: 민음사, 1997.

이수인, 「한국의 국가, 시민사회와 개신교의 정치사회적 태도 변동」, 이화여자대학교

296

박사학위논문, 2002.

이영숙, "진보적 개신교 지도자들의 사회변동 방안연구", 한국사회사연구회, 『현대 한국의 종교와 사회』, 한국사회사연구회 논문집 제 35집, 서울: 문학과지성사, 1992.

이영조, "김영삼 정부 개혁정치의 딜레마", 최장집 · 임현진 공편, 『한국사회와 민주주의』, 서울: 나남출판, 1997.

이영환 편, 『한국 시민사회의 변동과 사회문제』, 서울: 나눔의집, 2001.

이원규, 『종교의 세속화』, 서울: 대한기독교 출판사, 1987a.

______, "한국 개신교의 정치참여현실에 대한 연구", 『신학과 세계』, 가을 호 1987b.

______, "한국 종교계의 문제와 개혁과제", 한국사회학회, 『한국사회 개혁의 과제와 전망』, 서울: 새길, 1994.

______, 『종교사회학』, 천안: 한국신학연구소, 1991.

______, 『종교사회학의 이해』, 서울: 사회비평사, 1997.

______, "한국기독교의 사회변동적 기능", 이삼열 외, 『한국 사회발전과 기독교의 역할』, 숭실대 기독교사회연구소 편, 서울: 한울, 2000.

______, 『한국교회의 사회학적 이해』, 서울: 성서연구사, 2002.

이재희, "1970년대 후반기의 경제정책과 산업구조의 변화", 한국정신문화연구원 편, 『1970년대 전반기의 정치사회변동』, 서울: 백산서당, 1999.

이종은, "국가와 공동선", 한국사회학회 · 한국정치학회 편, 『한국의 국가와 시민사회』, 서울: 한울, 1992.

이창호, "한국 사회의 국가와 지배 이데올로기", 장상환 외, 『한국사회의 이해』, 서울: 한울, 1990.

이향순, "민주화와 시민사회, 그리고 공공성의 위기", 한국사회역사학회, 『담론 201』 제 5권 2호, 2002.

이혜숙, "미군정기 한국의 정치사회변동: 국가-시민사회 관계의 역사적 구조화", 김필동 · 지승종 외, 『한국사회사연구』, 서울: 나남출판, 2003.

이효선, 『현대한국의 시민운동』, 서울: 집문당, 1997.

임영일, "한국사회의 지배이데올로기", 한국산업사회연구회 편, 『한국사회와 지배이데올로기』, 서울: 녹두, 1991.

______, "한국의 산업화와 계급정치", 한국사회학회 · 한국정치학회 편,『한국의 국가와 시민사회』, 서울: 한울, 1992.

임혁백, "한국에서의 민주화과정분석-전략적 선택이론을 중심으로", 법문사,『한국정치학회보』24권 1호, 1990.

______, "민주화시대의 국가-시민사회 관계의 틀 모색: 국가, 시장, 민주주의", 한국사회학회 · 한국정치학회 편,『한국의 국가와 시민사회』, 서울: 한울, 1992.

______,『시장 · 국가 · 민주주의』, 서울: 나남, 1997a.

______, "지연되고 있는 민주주의의 공고화", 최장집 · 임현진 공편,『한국사회와 민주주의』, 서울: 나남출판, 1997b.

임현진, "한국 민주화의 과제",『한국사회와 민주주의』, 서울: 나남, 1997.

______,『21세기 한국사회의 안과 밖』, 서울: 서울대학교 출판부, 2002.

임현진 · 송호근 공편,『전환의 정치, 전환의 한국사회』, 서울: 사회비평사, 1995.

임현진 외,『신사회운동의 사회학』, 서울: 서울대학교 출판부, 2001.

임희섭,『한국의 사회변동과 가치관』, 서울: 나남, 1995.

______,『집합행동과 사회운동의 이론』, 서울: 고려대학교 출판부, 1999.

임희섭 · 양종회 공편,『한국의 시민사회와 신사회운동』, 서울: 나남, 1998.

장상환 외,『한국사회의 이해』, 서울: 한울, 1990.

전상인, "한국의 국가, 그 생성과 역사적 추이",『사회비평』제 5호, 1991.

전철환, "국제경제의 체질변화와 70년대의 한국경제", 박현채 · 변형윤 외 공저,『한국사회의 재인식』, 서울: 한울, 1988.

정근식, "민주화, 지역주의와 지방자치", 최장집 · 임현진 공편,『한국사회와 민주주의』, 서울: 나남출판, 1997.

정대화,『한국의 정치변동 1987-1992: 국가-정치사회-시민사회를 중심으로』, 서울대학교 정치학과 박사학위논문, 1995.

정영국, "한국의 국가-사회 관계변화와 정치체제변동", 경남대극동문제연구소 편,『한국 정치 · 사회의 새 흐름』, 서울: 나남, 1993.

______, "유신 체제 성립 전후의 국내정치", 한국정신문화연구원 편,『1970년대 전반기의 정치사회변동』, 서울: 백산서당, 1999.

정진성, "새로운 사회운동의 전개", 한국사회사연구회 편,『한국 현대사와 사회 변동』,

　　　　서울: 문학과지성사, 1997.

정진홍, "종교와 카리스마", 『사상과 정책』 제3호, 1984.

정창수 편, 『한국사회론』, 서울: 사회비평사, 1995.

정철희, "한국 민주화 운동의 사회적 기원", 『한국사회학』 제29호 가을 호, 1995.

______, "중위동원과 6월 항쟁", 『한국사회학』 제30호 봄 호, 1996.

______, 『한국 시민사회의 궤적』, 서울: 아르케, 2003.

정태석, "한국의 시민사회 논쟁", 최종철 외 공저, 『현대사회의 이해』, 서울: 민음사,
　　　　1996.

______, 『사회이론의 구성』, 서울: 한울, 2002.

정학섭, "한국의 시민사회 형성과 사회운동", 『사회과학연구』 제23권, 전북대사회과
　　　　학연구소, 1997.

정해구, "한국 민주주의와 재야운동", 조희연 편, 『한국 민주주의와 사회운동의 동학』,
　　　　서울: 나눔의 집, 2001.

조대엽, 「한국의 사회운동과 조직유형의 변화에 관한 연구: 1987–1994」, 고려대 박사
　　　　학위논문, 1995.

______, "한국에서의 사회운동연구: 동향과 과제", 『경제와 사회』 가을 호, 1995.

______, 『한국의 시민운동』, 서울: 나남출판, 1999.

조현연, 『한국 현대정치의 악몽—국가폭력』, 서울: 책세상, 2003.

조현연 · 조희연, "한국 민주주의 이행의 성격", 조희연 편, 『한국 민주주의와 사회운
　　　　동의 동학』, 서울: 나눔의 집, 2001a.

______, "민주주의 이행 시대의 시민사회와 운동정치", 조희연 편, 『한국 민주주의와
　　　　사회운동의 동학』, 서울: 나눔의 집, 2001b.

조형제, "한국국가와 정치의 역사적 전개", 김진균 외 공저, 『한국사회론』, 서울: 한
　　　　울, 1994.

조혜인, "종교와 사회", 한완상 · 권태환 편, 『한국사회학: 한국 사회에 대한 이해와
　　　　전망』, 서울: 민음사, 1998.

조희연, "80년대 한국 사회와 민족민주 운동의 전개", 박현채 · 조희연 편, 『한국사회
　　　　구성체논쟁』, 서울: 죽산, 1991.

______, "한국의 민주주의 이행과정에 관한 연구", 임현진 · 송호근 공편, 『전환의

정치, 전환의 한국사회』, 서울: 사회비평사, 1995a.

______, "민중운동과 '시민사회', '시민운동'", 유팔무·김호기 편, 『시민사회와 시민운동』, 서울: 한울, 1995b.

______, 『한국의 민주주의와 사회운동』, 서울: 당대, 1998a.

______, 『한국의 국가·민주주의·정치변동』, 서울: 당대, 1998b.

조희연 편, 『한국사회운동사』, 서울: 죽산, 1990.

______, 『한국 민주주의와 사회운동의 동학』, 서울: 나눔의 집, 2001.

______, 『국가폭력, 민주주의 투쟁, 그리고 희생』, 서울: 함께읽는책, 2002.

______, 『한국의 정치사회적 지배담론과 민주주의 동학』, 서울: 함께읽는책, 2003.

지학순, 『정의가 강물처럼』, 서울: 형성사, 1984.

진덕규, "미군정시대 정치사회의 시민사회적 함의성에 대하여", 한국사회학회·한국정치학회 편, 『한국의 국가와 시민사회』, 서울: 한울, 1992.

진미경, "권위주의 체제와 정당성의 위기", 한국정치학회, 『한국정치학회보』 제 23권 1호, 1989.

채만수·김장한, "통일전선운동의 전개", 조희연 편, 『한국사회운동사』, 서울: 죽산, 1990.

천선영, 「한국 가톨릭 사제들의 정의구현 활동, 그 논리적 구조와 대안적 전망」, 서강대학교 석사학위논문, 1992.

천주교 정의구현 사제단 편, 『한국천주교회의 위상: 70년대 정의구현 활동에 대한 종합과 평가』, 왜관: 분도출판사, 1985.

최연구, "80년대 학생운동의 이념적·조직적 발전과정", 조희연 편, 『한국사회운동사』, 서울: 죽산, 1990.

최완규, "전환기의 남북한 관계", 경남대극동문제연구소 편, 『한국 정치·사회의 새 흐름』, 서울: 나남, 1993.

최장집, 『한국현대정치의 구조와 변화』, 서울: 까치, 1989.

______, 『한국 민주주의의 조건과 전망』, 서울: 나남, 1996.

______, 『한국 민주주의의 이론』, 서울: 한길사, 1996.

______, 『한국의 노동운동과 국가』, 서울: 나남, 1997.

최장집·이성형, "한국사회의 정치 이데올로기", 한국산업사회연구회 편, 『한국사회와 지배이데올로기』, 서울: 녹두, 1991.

최장집 · 임현진 공편, 『한국사회와 민주주의』, 서울: 나남출판, 1997.

최종철, "한국 기독교교회들의 정치적 태도: 1972-1990", 한국산업사회연구회 편, 『경제와 사회』 제 15호, 1992.

추교윤, "1990년도 한국 사회 변동과 명동성당", 명동대성당 축성 100주년 기념사업회, 『민족사와 명동성당』, 서울: 가톨릭출판사, 2001.

학술단체협의회 편, 『한국민주주의의 현재적 과제』, 서울: 창작과 비평사, 1993.

한배호, 『한국정치변동론』, 서울: 법문사, 1994.

한배호 편, 『한국의 민주화와 개혁』, 성남: 세종연구소, 1997.

한국갤럽조사연구소, 『한국인의 종교와 종교의식 1차 조사』, 서울: 한국갤럽코리아, 1984.

__________________, 『한국인의 종교와 종교의식 2차 조사』, 서울: 한국갤럽코리아, 1989.

__________________, 『한국인의 종교와 종교의식 3차 조사』, 서울: 한국갤럽코리아, 1997.

한국기독교사회문제연구원, 『6월 민주화 대투쟁』, 한국기독교사회문제연구원 리포트 제 2호, 1987.

한국사회사연구회 편, 『사회사 연구의 이론과 방법』, 서울: 문학과지성사, 1988.

__________________, 『사회사 연구의 이론과 실제』, 서울: 문학과지성사, 1990.

__________________, 『사회사 연구와 사회이론』, 서울: 문학과지성사, 1991.

__________________, 『현대 한국의 종교와 사회』, 서울: 문학과지성사, 1992.

__________________, 『한국 현대사와 사회 변동』, 서울: 문학과지성사, 1997.

한국사회학회 편, 『한국사회의 비판적 인식』, 서울: 나남, 1990.

__________________, 『한국 사회개혁의 과제와 전망』, 서울: 새길, 1994.

__________________, 『세계화 시대의 인권과 사회운동』, 서울: 나남, 1998.

한국사회학회 · 한국정치학회 편 , 『한국의 국가와 시민사회』, 서울: 한울, 1992.

한국산업사회연구회 편, 『한국 사회의 변동』, 서울: 한울, 1994.

한국정신문화연구원 편, 『한국전쟁과 사회구조의 변화』, 서울: 백산서당, 1999a.

__________________, 『1960년대의 정치 사회변동』, 서울: 백산서당, 1999b.

______________________, 『1970년대 전반기의 정치 사회변동』, 서울: 백산서당, 1999c.

______________________, 『1970년대 후반기의 정치 사회변동』, 서울: 백산서당, 1999d.

한국 천주교 정의평화위원회 편, 『한국 천주교 정의평화위원회 설립 25주년 기념 자료
　　　집- 이 땅의 정의와 평화를 위하여』, 서울: 도서출판 빅벨, 1994.

한국 천주교회 200주년 기념 사목회의위원회, 『200주년 기념 사목회의 사회조사 보고서』,
　　　1985.

한상진, 『중민 이론의 탐색』, 서울: 문학과지성사, 1991.

한상진 · 양종회 편, 『사회운동과 사회개혁론』, 서울: 전예원, 1992.

한완상 · 권태환 편, 『전환기 한국의 사회문제』, 서울: 민음사, 1997.

______, 『한국 사회학: 한국 사회에 대한 이해와 전망』, 서울: 민음사, 1998.

한용희, "1970년대의 한국교회와 정치", 『가톨릭사회과학연구』 제 4집, 한국가톨릭사
　　　회과학연구회, 1987.

함세웅, "1970년대 가톨릭 사회정의구현 활동과 평가", 『가톨릭사회과학연구』 제 3집,
　　　한국가톨릭사회과학연구회, 1984a.

______, 『고난의 땅 거룩한 땅』, 서울: 두레, 1984b.

______, "단절과 굴절: 제 2차 바티칸 공의회와 한국의 사회현실", 『사목』 제 101호,
　　　한국 천주교 중앙협의회, 1985.

______, "구원을 지향하는 해방신학", 『사목』 제 106호, 한국 천주교 중앙협의회, 1986.

______, "천주교 정의구현 사제단의 역사와 증언", 서울: 서강대학교 종교신학연구소,
　　　『종교신학연구』 제 1집, 1988.

______, "교회쇄신을 위한 근원적 성찰: 교회내의 민주화를 지향하며", 『사목』 제 132호,
　　　한국 천주교 중앙협의회, 1990.

허상수, "개발독재 시기와 위기 시기의 운동정치", 조희연 편, 『한국 민주주의와 사회
　　　운동의 동학』, 서울: 나눔의 집, 2001.

홍두승, "중산층의 성장과 사회변동", 한국사회학회 · 한국정치학회 편, 『한국의 국가
　　　와 시민사회』, 서울: 한울, 1992.

홍장표, "1970년대 이후 대자본의 중소자본 지배구조의 변화", 양우진 · 홍장표 외,
　　　『한국 자본주의 분석』, 서울: 일빛, 1991.

홍　철, "한국 시민사회의 민주화 과정에서의 저항유형 분석", 대한정치학회, 『대한

정치학회보』 제 7권 1호, 1999.

2) 영어 논문과 문헌

Abrams, Philip, 『역사사회학』, 신용하 외 역, 서울: 문학과지성사, 1995.

Appelbaum, Richard P., 『사회 변동의 이론』, 김지화 역, 서울: 한울, 1994.

Bainbridge, William Sims, *The Sociology of Religious Movements*, New York: Routledge, 1997.

Batstone, David and Mendieta, Eduardo(ed.), *The Good Citizen*, New York: Routledge, 1999.

Bell, Daniel, *The Cultural Contradictions Of Capitalism*, New York: Basic Books, 1978.

Bell, David V.J., *Power, Influence, and Authority*, New York: Oxford University Press, 1975.

Bellah, Robert N., *Tokukawa Religion*, New York: The Free Press, 1957.

_______________, *The Broken Covenant*, Chicago: The University of Chicago Press, Ltd., 1975.

_______________, 『사회 변동의 상징구조』, 박영신 역, 서울: 삼영사, 1981.

_______________, *Beyond Belief*, University of California Press, 1991.

Berger, Morroe, Abel, Theodore and Page, Charles H.(eds.), *Freedom and Control in Modern Society*, New York: D. Van Nostrand Company, Inc., 1954.

Berger, Peter L., 『종교와 사회』, 이양구 역, 서울: 종로서적, 1981.

Beyer, Peter, *Religion and Globalization*, London: Sage Publications., 1994.

Birnbaum, Pierre, *States and Collective Action: the European Experience*, Cambridge: Cambridge University Press, 1988.

Boff, Leonardo and Clodovis, *Introducing Liberation Theology*, Maryknoll: Orbis Books, 1994.

Bourdieu, Pierre, *The Logic of Pratice*, Stanford: Stanford University Press, 1990.

_______________, *The Field of Cultural Production*, New York: Columbia University Press, 1993.

Bourricaud Francois, *The Sociology of Talcott Parsons*, Chicago: The University of Chicago Press, 1977.

Bronaugh, Richard, *Philsophical Law*, Connecticut: Greenwood Press, 1978.

Brubaker, Rogers, *The Limits of Rationality: An Essay on the Social and Moral Thought of Max Weber*, New York: Routledge, 1991.

Bruce, Steve(ed.), *The Sociology of Religion vol I-II*, Bookfield: Edward Elgar Publishing Ltd., 1995.

＿＿＿＿＿＿＿＿＿＿, *Religion in the Modern World*, Oxford: Oxford University Press, 1996.

Buechler, Steven M.and Cylke, F.Kurt Jr.(eds.), *Social Movements: Perspectivesand Issues*, Mayfield Publishing Co., 1997.

Cardoso, Fernando, "On the Characterization of Authorotarian Regimes in Latin America", C. David(ed.), *The New Authoritarianism in Latin America*, New Jersey: Princeton University Press, 1979.

Chalmers, D.A. & Robinson, C., *"Why Power Contenders Choose Liberalization"*, Interaction Studies Quarterly, 26(March), 1982.

Childress, James F., *Civil Disobedience and Political Obligation*, New Haven: Yale University Press, 1971.

Christie, George C., *Law, Norms, and Authority*, London: Duckworth, 1982.

Cook, Guillermo(ed.), *New Face of the Church in Latin America*, Maryknoll: Orbis Books, 1994.

Cupitt, Don, *Crisis of Moral Authority*, Philadelphia: The Westminster Press, 1972.

Dalton, Russell J. and Kuechler, Manfred(eds.), 「새로운 사회운동의 도전」, 박형신 · 한상필 역, 서울: 한울, 1996.

Darnovsky, Marcy, Epstein, Barbara and Flacks, Ricahrd(eds.), *Cultural Politics and Social Movements*, Philadelphia: Temple University Press, 1995.

Donovan, Vincent J., *Christianity Rediscovered*, Maryknoll: Orbis Books, 1994.

Durkheim, Emile, *The Elementary Forms of the Religious Life*, New York: Free Press, 1915.

_______________, *On Morality and Society*, Chicago: The University of Chicago Press, Ltd., 1973.

_______________, *Professional Ethics and Civic Morals*, New York: Routledge., 1996.

_______________, 『자살론』, 김충선 역, 서울: 청아출판사, 1995.

Eckstein, Harry, Gurr Ted R., *Patterns of Authority*, New York: A Wiley-Interscience Publication, 1975.

Ehrenberg, John, *Civil Society: The Critical History of an Idea*, New York: New York University Press, 1999.

Etzioni, Amitai, *The New Golden Rule*, New York: Basic Books, 1996.

Eyerman, Ron and Jamison, Andrew, *Social Movements: A Cognitive Approach*, Penn State University Press, 1991.

Featherstone, Mike(ed.), *Global Culture*, London: Sage Publications, 1990.

Fenn, Richard K., *Beyond Idols: The Shape of a Secular Society*, New York: Oxford University Press, 2001.

Gauchet, Marcel, *The Disenchantment of the World*, New Jersey: Princeton University Press, 1997.

Gelm, Richard J., *Politics and Religious Authority*, Westport: Greenwood Press, 1994.

George, Robert P., *Making Men Moral*, New York: Oxford University Press, 1993.

Gerth, H. H. and C. Wright Mill, *From Max Weber*, New York: Oxford University Press, 1964.

Giddens, Anthony, *The Constitution of Society*, Berkeley: University of California Press, 1984.

_______________, *Social Theory and Modern Sociology*, Stanford: Stanford University Press, 1987.

_______________, *The Consequences of Modernity*, Stanford: Stanford University Press, 1990.

_______________, *Modernity and Self-Identity*, Stanford: Stanford University

Press, 1991.

______________, *A Contemporary Critique of Historical Materialism*, Stanford: Stanford University Press, 1995.

Giddens, Anthony & turner, Jonathan(ed.), *Social Theory Today*, Stanford: Stanford University Press, 1987.

Gottlieb, Rogers S., *Joining Hands: Politics and Religion Together For Social Change*, Westview Press, 2002.

Graumann, C. F. and Moscovici, S.(ed.), *Changing Conceptions of Leadership*, New York: Springer-Verlag, 1986.

Gregg, Samuel, *Challenging The Modern World*, New York: Lexington Books, 1999.

Griswold, Wendy, *Cultures and Societies in a Changing World*, London: Pine Forge Press, 1994.

Hall, Robert T., *The Morality of Civil Disobedience*, New York: Haper & Row, Publishers, Inc., 1971.

Harrison, David, 『사회변동론』, 양춘 역, 서울: 나남, 1994.

Hargrove, Barbara, *The Sociology of Religion*, Harlan Davidson, Inc., 1989.

Haferkamp, Hans and Smelser, Neil J.(eds.), *The Social Change and Modernity*, Berkeley: University of California Press, 1992.

Hamilton, Malcolm B., *The Sociology of Religion*, London: Routledge, 1995.

Hammond, Phillip E.(ed.), *The Sacred In a Secular Age*, Berkeley: University of California Press, 1985.

Hardin, Russell, 『집합행동』, 황수익 역, 서울: 나남, 1995.

Heelas, Paul(ed.), *Religion, Modernity and Postmodernity*, Oxford: Blackwell Publishers Ltd., 1998.

Hughes, Gerard J., *Authority in Morals*, Georgetown University Press, 1978.

Hutch, Richard A., *Religious Leadership*, New York: Peter Lang, 1991.

Janara, Laura, *Democracy Growing Up*, Albany: State University of New York Press, 2002.

Johstone, Ronald L., *Religion and Society in Interaction: The Sociology of Religion*, Englewood Cliffs(N. J.): Prentice Hall, 1975.

Kalberg, Stephen, *Max Weber's Comparative-Historical Sociology*, Chicago: The University of Press, 1994.

Kaspersen, Lars Bo, *Anthony Giddens*, Oxford: Blackwell Publishers Inc., 2000.

Kaufman, Robert, *"Liberalization and Democratization in South America: Perspectives from the 1970s"*, O'Donnell, G., P. Schmitter, and L. Whitehead(eds.), *Transition from Authoritarian Rule*: Latin America, Baltimore and London: The Johns Hopkins University Press, 1986.

Kennedy, Moorhead, Hoxie, R. Gordon and Repland, Brenda(eds.), *The Moral Authority of Government*, New Brunswick: Transaction Publishers, 2000.

Lamounier, Bolivar, "Authoritarian Brazil Revisited: The Impact of Elections on the Abertura", Stepan, A.(ed.), *Democratizing Brazil*, New York: Oxford University Press, 1989.

Lash, Scott and Whimster, Sam(ed.), *Max Weber, Rationality and Modernity*, London: Allen & Unwin, 1987.

Luckmann, Thomas, 『보이지 않는 종교』, 이원규 역, 서울: 기독교문사, 1982.

Maduro, Otto, 『사회적 갈등과 종교』, 강인철 역, 천안: 한국신학연구소, 1988.

Mainwaring, Scott, "Transitions to Democracy and Demoaratic Consolidation: Theoretical and Comparative Issues", Mainwaring et al.(eds.), *Issues in Democratic Consolidation*, Notre Dame University Press, 1992.

Mainwaring, Scott, O'Donnell & Valenzuela(eds.), *Issues in Democratic Consolidation*, Notre Dame University Press, 1992.

Marshall, Gordon, *A Dictionary of Sociology*, New York: Oxford University Press, 1998.

McAdam, Doug, *Political Process and the Development of Black Insurgency, 1930-1970*, Chicago: University of Chicago Press, 1982.

McAdam, Doug, John D. McCarthy and Mayer N. Zald(eds.), *Comparative Perspectives on Social Movements*, Cambridge: Cambridge University

Press, 1996.

McAdam, Doug and Snow, David A.(eds.), *Social Movements*, Roxbury Publishing
        Company, 1997.

McGuire, Meredith B., *Religion: The Social Context*, Belmont: Wackworth
        Publishing Co., 1981.

Merkl, Peter H. and Samrt, Ninian(ed.), *Religion and Politics in the Modern World*,
        New York: New York University Press, 1985.

Meyer, David S. and Sidney Tarrow, *The Social Movement Society*, Maryland:
        Rowman & Littlefield Publishers, Inc., 1998.

Milgram, Stanley, *Obedience to Authority*, New York: Harper Perennial, 1969.

Mommsen, Wolfgang J., *The Political and Social Theory of Max Weber*, Chicago:
        The University of Chicago Press, 1989.

Monahan, Susanne C., Mirola, William A. and Emerson, Michael O.,(eds.),
        Sociology of Religion, New Jersey: Prentice Hall, Inc., 2001.

Morris, Aldon D. and Mueller C. M.(eds.), *Frontiers in Social Movement Theory*,
        New Haven: Yale University Press, 1992.

Nottingham, Elizabeth K., *Religion: A Sociological View*, New York: Random
        House, 1979.

O'Donnell, G., P. Schmitter, and L. Whitehead(eds.), *Transition from
        Authoritarian Rule: Tentative conclusion about Uncertain Democraties*, 한
        완상 · 김기환 역, 『독재의 극복과 민주화』, 서울: 다리, 1987.

O'Donnell, G., P. Schmitter, and L. Whitehead(eds), *Transition from Authoritarian
        Rule: Latin America*, 염홍철 역, 『라틴아메리카와 민주화』, 서울: 한울, 1988.

Parsons, Talcott, *The Social System*, New York: Free Press, 1951.

____________, *On Institutions and Social Evolution*, Chicago: The University of
        Chicago Press, 1982.

Preston, Roland H., *Religion and the Ambiguities of Capitalism*, Cleveland: The
        Pilgrim Press, 1991.

Przeworski, Adam, *"Some Problems in the Study of Transition to Democracy"*,

O'Donnell, G., P. Schmitter, and L. Whitehead(eds), *Transition from Authoritarin Rule: Latin America*, Baltimore and London: The Johns Hopkins University Press, 1986.

Przeworski, Adam, *"The Game of Transition"*, Mainwaring, Scott, O'Donnell & Valenzuela(eds.), Issues in Democratic Consolidation, Notre Dame University Press, 1992.

Raz, Joseph, *The Authority of Law*, New York: Oxford University Press, 1979.

__________, *Engaging Reason: on the Theory of Value and Action*, New York: Oxford University Press, 1999.

__________(ed.), *Authority*, New York: New York University Press, 1995.

Rauer, R. H., 『사회변동의 이론과 전망』, 정근식 · 김해식 역, 서울: 한울, 1995.

Roberts, Keith A., *Religion in Sociological Perspective*, Belmont: Wadsworth Publishing Company, 1995.

Robertson, Roland, 『종교의 사회학적 이해』, 서울: 대한기독교 출판사, 1984.

Rossi, Ino(ed.), *Structural Sociology*, New York: Columbia university Press, 1982.

Russell, Bertrand, *Authority and the Individual*, New York: Simon and Schuster, 1949.

Rustow, Dankwart, *"Transitions to Democracy"*, Comparative Politics, 2(April), 1970.

Sadri, Ahmad, *Max Weber's Sociology of Intellectuals*, New York: Oxford University Press, 1992.

Schmaus, Warren, *Durkheim's Philosophy of Science and the Sociology of Knowledge*, Chicago: The University of Chicago, 1994.

Schwartz, Thomas, *Freedom and Authority*, Belmont: Dickeson Publishing Company, Inc., 1973.

Segundo, Juan Luis(S. J.), *The Liberation of Dogma*, Maryknoll: Orbis Books, 1992.

Sica, Alan, eber, *Irratonality, and Social Order*, Berkeley: University of California Press, 1988.

Skocpol, Theda, 『역사 사회학의 방법과 전망』, 박영신 · 이준식 · 박희 역, 서울: 민영사, 1995.

Smelser, Neil J., 『사회변동과 사회운동』, 박영신 역, 서울: 세경사, 1993.

Smith, William, *"The Political Transition in Brazil: FromAuthoritarian Liberalization and Elite Conciliation to Democratization"*, Baloyra(ed.),1987, *Comparing New Democraties*, So, Alvin Y.(1990), *Social Change and Development*, London: Sage Publications.

Stepan, Alfred, *Rethinking Military Politics—Brazil and the Southern Cone*, Princeton University Press, 1988.

Sztompka, Piotr, *The Sociology of Social Change*, Oxford: Blackwell Publishers, 1993.

Tarrow, Sidney, *Power in Movement*, Cambridge: Cambridge University Press, 1998.

Tilly, Charles, *From Mobilization to Revolution*, Reading(M.A.): Addison—Wesley Publishing Company, 1978.

Turner, Bryan S., *Religion and Social Theory*, London: Sage Publications, 1991.

__________, *Max Weber*, New York: Routledge, 1992.

Turner, Jonathan H., *A Theory of Social Interaction*, Stanford: Stanford University Press, 1988.

Turner, Stephen P. and Factor Regis A., *Max Weber*, London: Routledge, 1994.

Udoidem, S. Iniobong, *Authority and The Common Good in Social and Political Philosophy*, Lanham: University Press of America, 1988.

Vago, Steven, *Social Change*, New Jersey: Prentice Hall, Inc., 1999.

Wallace, Ruth A., Wolf, Alison, *Contemporary Sociological Theory*, New Jersey: Prentice—Hall, 1995.

Weber, Max, *The Sociology of Religion*, Boston: Beacon Press, 1922.

__________, *The Theory Social and Economic Organization*, New york: The Free Press, 1947.

__________, *The Religion of China*, New York: The Free Press, 1951.

__________, *The Protestant Ethic and the Spirit of Capitalism*, New York: Charles

Scribner Sons, 1958.

__________, *On Charisma and Institution Building*, Chicago: The university of Chicago Press, 1968.

__________, *Economy and Society*, New York: Bedminster Press, 1968.

Weinstein, Jay, *Social and Cultural Change*, Boston: Allyn & Bacon, 1997.

Wood, Jr., James E.(ed.), *Religion and State*, Texas: Baylor University Press, 1985

Wuthnow, Robert, *Meaning and Moral Order*, Berkeley: University of California Press, 1987.

__________, *Christianity in the 21st Century*, New York: Oxford University Press, 1993.

__________, *Producing the Sacred*, Chicago: University of Illinos Press, 1994.

__________, *Christianity and Civil Society*, Valley Forge(PA): Trinity Press International, 1996.

Yarnold, Barbara M.(ed.), *The Role of Religious Organizations in Social Move*, New York: Praeger Publishers, 1991.

Nihil Obstat:
Rev. Benedict Ahn
Censor Librorum
Imprimatur:
Most Rev. Boniface CHOI Ki-San, D.D.
Episc. Incheon
2009. 2. 16.

미래사목총서 03

한국 천주교회의
도덕적 권위와 사회적 역할

2009년 3월 16일 1판 1쇄 발행
2010년 6월 14일 1판 2쇄 발행

글 추교윤

펴낸이 백인순
펴낸곳 위즈앤비즈
주소 서울시 마포구 합정동 364-11
전화 02-324-5677
출판등록 2005년 4월 12일 제 313-2005-000070호

ISBN 978-89-92825-36-8 94230
        978-89-92825-11-5 (세트)
값 15,000원